Hans-Peter Steden

Psychologie

Eine Einführung für soziale Berufe

W0244777

Hans-Peter Steden

Psychologie

Eine Einführung für soziale Berufe

Lambertus

ISBN 3-7841-1501-2

2., überarbeitete und erweiterte Auflage, 2004
Alle Rechte vorbehalten
© 2000, Lambertus-Verlag, Freiburg im Breisgau
Umschlag: Christa Berger, Solingen
Gestaltung, Satz: Ursi Aeschbacher, Biel-Bienne (Schweiz)
Herstellung: Franz X. Stückle, Druck und Verlag, Ettenheim

Bibliografische Information Der Deutschen Bibliothek

Die Deutsche Bibliothek verzeichnet diese Publikation in der
Deutschen Nationalbibliografie; detaillierte bibliografische Daten
sind im Internet über http://dnb.ddb.de abrufbar.

Inhalt

Vorwort 9

Einführung: Psychologie und Soziale Arbeit 11

TEIL 1
GRUNDFRAGEN DER PSYCHOLOGIE 17

1.   PSYCHOLOGIE ALS WISSENSCHAFT 19
1.1   Psychologie in der Alltagsvorstellung 19
1.2   Psychologie als Wissenschaft 21
1.3   Das psychische System 23
1.4   Teilgebiete der Psychologie 26
1.5   Die Geschichte der Psychologie 28

2.   FRAGESTELLUNGEN UND AUFGABEN DER PSYCHOLOGIE 32
2.1   Wissenschaftliche Fragestellungen 32
2.2   Die Verbindung zu anderen Wissenschaften
      des Menschen 33
2.3   Praxisfelder der Psychologie
      (angewandte Psychologie) 34

3.   RICHTUNGEN DER PSYCHOLOGIE 36
3.1   Tiefenpsychologischer Ansatz und Psychoanalyse 36
3.2   Der Behaviorismus 46
3.3   Der Kognitivismus 52
3.4   Die humanistische Psychologie 54

4.   METHODEN DER PSYCHOLOGISCHEN FORSCHUNG 59
4.1   Quantitative Methoden 59
4.2   Qualitative Methoden (Verstehende Psychologie) 65

5.	DIE PSYCHOLOGISCHE ERKLÄRUNG DER GEFÜHLE	72
5.1	Der Zusammenhang von Gefühl und Denken	72
5.2	Modelle für die Rolle der Gefühle in der Psychologie	74
5.3	Zusammenfassung und Perspektiven	79

TEIL 2
TEILBEREICHE DER PSYCHOLOGIE 83

1.	PERSÖNLICHKEITSPSYCHOLOGIE	85
1.1	Theorien der Persönlichkeit	85
1.2	Das Menschenbild der humanistischen Psychologie	92
1.3	Die Begriffe Person, Individualität und Persönlichkeit	95
1.4	Das aktive Subjekt	98
1.5	Ich-Kompetenz	101
1.6	Die Persönlichkeitsentwicklung im Säuglings-, Kindes- und Jugendalter	102
1.7	Die Persönlichkeit im Alter	108

2.	ENTWICKLUNGSPSYCHOLOGIE	113
2.1	Paradigmenwechsel in der Entwicklungspsychologie	113
2.2	Der Alltagsbegriff der Entwicklung	117
2.3	Grundannahmen der Entwicklungspsychologie	119
2.4	Theorien der Entwicklung	125
2.5	Entwicklung als Sozialisation	132
2.6	Pränatale Entwicklung und die Entwicklung des Neugeborenen	134
2.7	Die Entwicklungstheorie Jean Piagets	137
2.8	Eriksons Theorie der Entwicklung von Ich-Identität	150

3. MOTIVATIONSPSYCHOLOGIE 163
3.1 Die Begriffe Motiv, Motivation, Trieb und Bedürfnis 163
3.2 Motivarten 166
3.3 Die Motivationshierarchie nach Maslow 171
3.4 Motivationen als Dispositionen zur Aufrechterhaltung
von Gleichgewichtszuständen 176
3.5 Motive als Steuerungselemente der Persönlichkeit 177
3.6 Motivation und Handeln 179

4. LERNPSYCHOLOGIE 182
4.1 Der Begriff „Lernen" 182
4.2 Der Prozess des Lernens 184
4.3 Lerntheorien 186
4.4 Die sozial-kognitive Theorie Banduras 196
4.5 Lernen und Angst 200
4.6 Lernen als subjektive Erfahrung 207
4.7 Lernen und Leistung im Erwachsenenalter 209

TEIL 3
ANWENDUNGEN DER PSYCHOLOGIE IN BEREICHEN
DER SOZIALEN ARBEIT 219

1. PSYCHOLOGISCHE STRESSFORSCHUNG 221
1.1 Stress als Belastung und als Herausforderung 221
1.2 Stressbewältigung 230

2. DIE PSYCHOLOGIE DES HELFENS 239
2.1 Soziales Engagement 239
2.2 Das Helfersyndrom 241
2.3 Das Burnout-Syndrom in helfenden Berufen 245
2.4 Konzepte der Burnoutprävention 247

INHALT

LITERATUR 254

DER AUTOR 263

Vorwort

Wir leben in einer „Risikogesellschaft", deren Kennzeichen unter anderem darin besteht, dass immer neue Gruppen der Gesellschaft vor allem durch Arbeitslosigkeit auf ein Niveau der Lebenshaltung „absteigen", auf welchem sie die Dienste der Sozialen Arbeit in Anspruch nehmen müssen. Mit dem Konzept der „Resozialisierung" kann die Sozialpädagogik diese Menschen kaum noch erreichen. Sie erwarten persönliche Hilfe. Auch die klassische Klientel der sozialen Arbeit, Menschen mit abweichender sozialer Integration, ist selbstbewusster geworden. Seit Jahren wird daher über ein verändertes Konzept der Sozialen Arbeit diskutiert, das sich stärker an der „Sozialisation", das heißt an den biografischen Bewältigungsstrategien der Betroffenen orientiert. Für diesen Prozess, in welchem die Persönlichkeit der Betroffenen im Mittelpunkt steht, gewinnt die Psychologie immer mehr an Bedeutung.

Auch die Psychologie befindet sich in einem enormen Veränderungsprozess. Die Zeit, in welcher sich die verschiedenen Richtungen ignorierten oder wechselseitig als „unwissenschaftlich" abwerteten, scheint vorbei zu sein. Heute bestimmt ein pluralistisches Verständnis das Menschenbild vieler Psychologen. Die experimentelle Psychologie bedient sich tiefenpsychologischer Hypothesen (zum Beispiel über den Wirkungszusammenhang von „Frustration" und Aggression oder über „intrinsische Motivation"), und die Psychoanalyse öffnet sich empirischen Daten. Immer häufiger werden Veröffentlichungen verfasst, die sich mit dem subjektiven Erleben, der subjektiven Wahrnehmung oder der biografischen Identität befassen. Die Psychologie ist insgesamt offener geworden für Prozesse, in welchen sich Personen um Selbstverwirklichung und Selbsterkenntnis bemühen. Damit rückt der ursprüngliche Gegenstand der Psychologie, die Seele – oder mit einem moderneren Wort: das „Selbst" – wieder ins Zentrum der Betrachtung. Diese Tür aufgestoßen hat eine Richtung in der Psychologie, die als „Humanistische Psychologie" bezeichnet wird.

Heute werden Einzelergebnisse der unterschiedlichen Richtungen zum Teil neu bewertet, weil das subjektive Erleben neue Fragen aufwirft. Wir verstehen heute, dass Individuen lebenslang konditioniert werden, wir studieren kognitive Verarbeitungsprozesse, wobei die Erkenntnisse der Genforschung unser Verständnis erweitern, und wir beziehen wie selbstverständlich in unsere psychologischen Überlegungen ein, dass Individuen Abwehrmechanismen entwickeln und dass die frühe Mutter-Kind-Beziehung ausschlaggebend für das realitätsorientierte Handeln des Erwachsenen ist. Diese Zusammenhänge wären früher in drei verschiedenen Richtungen zersplittert und in dem jeweiligen System des Denkens isoliert betrachtet worden. Das Verblassen des Dogmatismus hat die Psychologie reicher gemacht.

Das an subjektiven Bewältigungsstrategien orientierte Menschenbild der Psychologie, das den ganzen Menschen in die Betrachtung einbezieht, hat zu Erweiterungen der Perspektive und zu Verschiebungen in der Bewertung von psychologischen Prozessen geführt. Erweitert hat sich zum Beispiel das Verständnis von Entwicklung. Während die Klassiker der Psychologie ausnahmslos Entwicklungsprozesse der Kindheit und der Jugend untersuchten, wird seit einigen Jahren die lebenslange Entwicklung erforscht, die sowohl die pränatale Phase, wie auch das Erwachsenenalter und die letzte Phase des Lebens einschließt. Verschoben hat sich zum Teil die Gewichtung innerhalb der Teilbereiche der Psychologie. Während früher Lern- und Einstellungsprozesse im Mittelpunkt standen, richtet sich heute die Aufmerksamkeit stärker auf das subjektive Erleben, das heißt auf die Persönlichkeit, deren Motivationen und Entwicklungen.

Das vorliegende Buch vermittelt die psychologischen Grundlagen, um das subjektive Handeln von Individuen zu verstehen. Mein Engagement gilt der pluralistischen Betrachtung psychologischer Tatsachen. Im ersten Kapitel werden die Bemühungen verschiedener Richtungen der Psychologie gewürdigt. Als Leitfaden dienen die grundlegenden Erkenntnisse der humanistischen Psychologie, die um das „Selbst" kreisen: unter anderem Selbsterfahrung, Selbstverwirklichung, Selbstbehauptung und Selbstausdruck. Die Teilbereiche der Psychologie – Persönlichkeit, Entwicklung, Motivation und Lernen – werden aus aktueller Sicht dargestellt. Mit der psychologischen Stressforschung und der Psychologie des Helfens untersuche ich abschließend zwei psychologische Brennpunkte im Anwendungsbereich der Sozialen Arbeit.

In dieses Buch sind die Erfahrungen eingegangen, die ich durch meine Tätigkeit als Hochschullehrer an der Evangelischen Fachhochschule in Bochum gewonnen habe, an welcher ich das Fach Psychologie im Studiengang Sozialpädagogik vertrete. Mein Dank gilt den Mitarbeitern und Studenten, die durch ihre offene und konstruktive Kommunikation viel zum Gelingen diese Buches beigetragen haben.

Einführung: Psychologie und Soziale Arbeit

Die Psychologie ist eine Wissenschaft, die das menschliche Verhalten und Erleben zu verstehen versucht und Konzepte der Therapie beziehungsweise der Veränderung des Verhaltens entwickelt. Welchen Beitrag sie für die Praxis der Sozialen Arbeit leisten kann, hängt von deren Selbstverständnis ab. In den vergangenen Jahren hat es zahlreiche Entwürfe für eine Theorie der Sozialen Arbeit gegeben (Engelke 1999). Die neueren Versuche, eine eigenständige Disziplin Sozialarbeitswissenschaft/Sozialpädagogik zu begründen, zeigen gemeinsame Bezugspunkte, bei welchen die Rolle der Psychologie für die Soziale Arbeit erkennbar wird. Es wird deutlich, dass eine um die „Repädagogisierung" bemühte Praxis der Sozialen Arbeit die Probleme der beschädigten Subjektivität und Möglichkeiten für eine selbstbewusste und selbstbestimmte Lebenspraxis von Individuen als ihre Kernaufgabe betrachtet (Dewe/Ferchhoff/Scherr/Stüwe 1999, 10). Die Psychologie kann einen Beitrag leisten zum Verständnis der psychosozialen Stabilisierung von Individuen, welche in der „Risikogesellschaft" Desintegration und Irrationalität (Anomie) erfahren (Böhnisch 1997, 18).

Die Praxis der Sozialen Arbeit wurde bislang von dem Konzept der „Resozialisierung" getragen. Da Entscheidungen oft in Situationen gefällt werden müssen, die äußerst vielschichtig sind, entwickelten Psychologen in der Vergangenheit für verschiedene Bereiche der Sozialen Arbeit standardisierte Verfahren der psychosozialen Diagnostik, die in professioneller Weise das Erleben und Verhalten von Menschen in schwierigen Lebenslagen erkennen beziehungsweise bestimmte Verhaltenseffekte feststellen können (Harnach Beck 1997, 18). In den Bereichen der Forensik, der Entwicklungs- und Sozialpsychologie, der Schulpsychologie sowie der medizinischen und der Gesundheitspsychologie konnten Testverfahren der psychosozialen Diagnostik entwickelt werden, die oft eine verlässliche und unverzichtbare Hilfe für Sozialarbeiter darstellen (Kapitel 1, Abschnitt 4, „Methoden der Psychologie").

Die diagnostischen Aufgaben in der sozialen Arbeit sind allerdings mit besonderen Problemen behaftet (Harnach-Beck 1997, 27): Gespräche erstrecken sich oft über einen langen Zeitraum, so dass Erinnerungslücken auftreten können. Meistens werden kognitive Daten erhoben, welche die emotionale Empfindlichkeit und den sozialen Realitätsgehalt nicht immer zutreffend widerspiegeln. Der subjektive Ermessensspielraum des Sozialarbeiters, der aus der Vielzahl der Informationen relevante Ergebnisse herausfiltern muss, ist naturgemäß groß. Bei den Konstrukten, die der psychosozialen Diagnose vorgegeben werden, handelt es sich oft um sehr komplexe und dementsprechend fehleranfällige Vorgaben: Wenn die „Erziehungsfähigkeit" ermittelt, eine „altersentsprechende Entwicklung" festgestellt oder ein „Familienklima" untersucht werden sollen, spielen Erwartungen und Normvorstellungen eine große Rolle. Auch die therapeutischen Zielsetzungen, die in die Diagnose einfließen, sind häufig sehr vage, wenn es zum Beispiel darum geht, die Erziehungsbedingungen zu „verbessern", die Handlungskompetenz zu „erweitern" oder die Fähigkeit zur Verantwortungsübernahme „nachreifen" zu lassen (Harnach-Beck 1997, 28).

Die Erschwernisse der diagnostischen Arbeit mit komplexen und oft undurchsichtigen sozialen Subsystemen haben andererseits dazu geführt, dass die psychosoziale Diagnostik sich ihrer Fehlermöglichkeiten besonders bewusst geworden ist. Für die Soziale Arbeit bedeutet dies, dass Schlussfolgerungen aus Diagnosen sehr vorsichtig gezogen werden sollten. Insbesondere muss die Praxis ein Bewusstsein darüber bilden, dass die Einordnung „auffälliger" Verhaltens- und Erlebnisqualitäten in bestimmte psychologische oder psychiatrische Kategorien Stigmatisierungsprozesse nach dem Motto auslösen kann „wer einmal lügt, dem glaubt man nicht". Stigmatisierungen können unter ungünstigen Umständen eine Abweichungskarriere einleiten („ist der Ruf erst ruiniert …"), die alle Bemühungen zunichte macht. Auf rein beschreibende Diagnosen sollte daher verzichtet werden. Psychologische Diagnosen in der Sozialen Arbeit sind nur sinnvoll, wenn sie beitragen, Entscheidungen vorzubereiten und therapeutische Hilfestellungen zu ermöglichen (Harnach-Beck 1997, 31).

Die psychologische Diagnostik liefert Entscheidungshilfen für die „Resozialisierung", das heißt für die Wiedereingliederung oder die Selektion von Menschen, die in schwierige Lebenslagen geraten sind. Damit orientiert sie sich an gegebenen Werten, Institutionen und Strukturen der Gesellschaft. In dem Maße jedoch, wie „Werte" im Wertepluralimus untergehen und zur sozialen Orientierungslosigkeit führen und Institutionen wie die Familie nicht mehr den gewünschten sozialen und psychologischen Rückhalt bieten, ist ein „Zurück" in die „Normalität" nicht mehr möglich. Im Mittelpunkt der Auseinandersetzung mit psychosozialen Problemen und sozialen Konflikten steht dann nicht mehr nur die unbedingte und selbstverständliche Anpassung an beziehungsweise die Abweichung von vorgegebene(n) Normen und überlieferte(n) Sozialmuster(n), sondern das Streben nach biografischer Identität und Handlungsfähigkeit (Böhnisch 1997, 26). Die Soziale Arbeit leistet bei diesem Verständnis des gesellschaftlichen Wandels einen Beitrag zur „Sozialisierung" von Menschen in sozialen Schwierigkeiten.

Für das Selbstverständnis der Sozialen Arbeit ergibt sich aus dem Konzept der „Risikogesellschaft", die alle vorgegebenen Strukturen auflöst, die Möglichkeit zu einer neuen Identität: Sie kann sich aus der ideologischen Fixierung auf abweichendes Verhalten und traditionelle Normen lösen und mit dem Konzept der „biografischen Lebensbewältigung" die subjektive Suche Betroffener nach Identität verstehen und unterstützen. Die Kunst der Sozialpädagogik besteht dann darin, die subjektive Sicht und das subjektiv motivierte Handeln der Betroffenen zu akzeptieren – ohne das Ziel aus den Augen zu verlieren, die gestörte und zu erneuernde Integration zu betreiben (Böhnisch 1997, 27).

Wo die biografische Handlungsfähigkeit und die Sozialintegration so bedroht sind, dass sie von den Betroffenen nicht mehr aus eigener Kraft hergestellt und ausbalanciert werden können, wird ein psychologisches Verständnis ihrer Situation hilfreich. Die Psychologie hat Theorien und Methoden entwickelt, um festzustellen, wie Menschen sich aufgrund ihrer Persönlichkeit und ihrer Motivation mit ihrer sozialen Lage auseinander setzen, wie sie sich dabei fühlen, was sie erleben, welche Lernprozesse sie durchmachen und welche Entwicklung sie anstreben. Mit Hilfe der Psychologie können typische Bewältigungsmuster bewusst und normierte Erwartungen transparent gemacht werden.

Da viele Schwierigkeiten, die sich subjektiv als „soziale" Probleme darstellen, oft eine tiefenpsychologische Dimension haben, kann die Psychologie zu Rate gezogen werden, um biografische Krisen zu meistern. Dazu muss sie die hermeneutische Methode des Verstehens beherrschen und anwenden. Für die Erfahrung des Selbstwertverlustes und des Strebens nach Selbstbehauptung von Betroffenen sind die psychologischen Konzepte des „Ich" und des „Selbst" von Bedeutung. Der folgenden Darstellung liegen Theorien und Therapiekonzepte der „Humanistischen Psychologie" zugrunde.

Die moderne Sozialpädagogik kommt zu der Erkenntnis, dass das Streben nach subjektiver Handlungsfähigkeit den Kern der Sozialen Arbeit ausmacht (Böhnisch 1997, 24). Daher wird ihr die Biografie des Einzelnen zum entscheidenden Bezugspunkt. Das Biografiekonzept der Sozialen Arbeit setzt sich zum Ziel, Betroffenen zu helfen, ihre gestörte Handlungskompetenz wieder zu erlangen, damit sie den Prozess der lebenslangen Sozialisation besser fortsetzen können (Wedekind 1986, 60). Um an der Verwirklichung dieses Ziels mitzuwirken stellt die Psychologie die Subjektivität des Erlebens bei Lern-, Entwicklungs- und Motivationsprozessen in den Mittelpunkt der Betrachtung.

Eine Psychologie, welche die Soziale Arbeit in ihrem Ziel unterstützt, zu einem gelingenden Alltag ihrer Klienten beizutragen (Thiersch, zit. n. Engelke 1999, 333), stellt die psychosoziale Handlungsfähigkeit in den Mittelpunkt. Nach Staub-Bernasconi sind Menschen „selbstwissensfähige Biosysteme" mit biologischen, psychischen, sozialen und kulturellen Bedürfnissen (Staub-Bernasconi, zit. n. Engelke 1999, 370). Psychosoziale Stabilität entwickelt ein Individuum einerseits aus der Verfügbarkeit der für das Alltagshandeln notwendigen Güter, körperlicher Unversehrtheit sowie dem Erleben von sozialer Gerechtigkeit und Rechtsgleichheit. Entscheidend für die Bewältigung schwieriger Lebenslagen ist jedoch zum anderen die persönliche Handlungskompetenz, das heißt die subjektive Fähigkeit, gegebene Möglichkeiten (optimal) auszuschöpfen.

Bedürfnisse sind „elastisch". Menschen können lernen, sich an eine gegebene soziale Lage anzupassen und mit knappen Gütern, wie Gesundheitsbeeinträchtigung, sozialer Abhängigkeit und sozialer Abwertung zu leben. Indem sie sich Zugang zu den Ressourcen ihrer Bedürfnisbefriedigung schaffen, entwickeln sie aber oft gleichzeitig Konkurrenz, Machtstreben und Gewalt. Der Mensch kann nicht einfach in eine Institution, in einen Beruf oder in eine Weiterbildung „eingepasst" werden. Seine Selbstorganisation, sein „Selbst" entscheiden darüber, welche Hilfe er annimmt und welche er ausschlägt. Hilflose Menschen „klammern" und lavieren zwischen Hilfsangeboten und Chancen hin und her, um einfach „über die Runden zu kommen". Andere erkennen, dass ihnen als Orientierung letztlich nur sie selbst bleiben (Böhnisch 1997, 66). Eine am Konzept der Selbstverwirklichung orientierte Psychologie kann helfen, diese Erkenntnisprozesse zu fördern.

Die Perspektive der modernen Sozialen Arbeit richtet sich auf die Subjektivität des Handelnden. Damit ergeben sich zahlreiche Überschneidungen mit der Psychologie. Auch die Psychologie hat sich entwickelt. An die Stelle von dogmatischen Richtungen sind die Akzeptanz und der Pluralismus verschiedener Konzepte getreten. Vertreter der „Humanistischen Psychologie" – Carl Rogers, Abraham Maslow, Ruth Cohen und andere – haben dem psychologischen Konzept der Selbstverwirklichung Substanz gegeben. Die psychologischen Forschungsbereiche der Entwicklung, des Lernens, der Persönlichkeit und der Motivation haben eine lange Tradition. Der Psychologe kann daher über die psychosoziale Diagnostik hinaus die moderne Soziale Arbeit wirksam dabei unterstützen, die Subjektivität Betroffener zu verstehen.

Die Psychologie der Persönlichkeit kann hilfreich sein, um die verschiedenen Typen der Anpassung und der Bewältigung zu erforschen. Das aus der Stressforschung bekannte psychologische Konzept des „Coping", mit dem die – oft ineffektiven – Anstrengungen zur Überwindung einer Schwierigkeit bezeichnet werden, könnte als Leitidee für das Bemühen Betroffener dienen, ihre Handlungsfähigkeit wieder herzustellen. Da Bedrohungen des Selbst sowie Angst und Spannungen in der Regel emotional erlebt werden, kann die Motivationspsychologie zu Rate gezogen werden. Die Entwicklungspsychologie kann zur Klärung der Tatsache beitragen, dass die den Lebensaltern vorgegebenen Menschenbilder und Lebensmuster oft kulturell überholt sind (Böhnisch 1997, 69). Durch eine „hermeneutische Professionalisierung" (Dewe/ Ferchhoff/Scherr/Stüwe 1999, 11) können Sozialpädagogen und Psychologen gemeinsam zu einer veränderten Gestaltung der Sozialen Arbeit beitragen. Im Dialog mit den Betroffenen können verhinderte und gestörte biografische Prozesse psychologisch und pädagogisch aufgearbeitet und über Selbstfindungsprozesse schrittweise überwunden werden.

Teil 1
Grundfragen der Psychologie

1. Psychologie als Wissenschaft

Psychologie spielt im Alltag eine große Rolle. Wir bilden uns Meinungen und Vorstellungen darüber, warum die Kinder der Nachbarn schüchtern oder aggressiv sind, wir glauben die Gründe für die Ehekrise eines befreundeten Paares zu kennen. Über uns selbst haben wir intensiv psychologische Ursachenforschung betrieben und meinen, uns zu kennen. Unsere Menschenkenntnis vertiefen wir durch das Lesen von Romanen und Fachliteratur, wir erfahren von den Tiefen persönlicher Gefühle und Verstrickungen durch das Kino, Fernsehfilme, Videos und Theater. Die Sprache birgt eine Fülle von Lebensweisheiten, die unser psychologisches Wissen bereichern, (zum Beispiel „durch Schaden wird man klug", „Was Hänschen nicht lernt, lernt Hans nimmer mehr", „Der Apfel fällt nicht weit vom Stamm" etc. – Langfeldt 1993, 3). Auf diese Weise fühlen wir uns gut ausgestattet mit psychologischem Wissen über die Beweggründe des Handelns. Wir kennen Emotionen und verfügen über Erklärungen bei einem bestimmten Verhalten oder beim Scheitern von Beziehungen.

Das psychologische Alltagswissen bildet eine notwendige Orientierungshilfe. Es ermöglicht uns, Standpunkte zu beziehen, psychologische Zusammenhänge zu erklären und daran unerschütterlich zu glauben. Private psychologische Erkenntnisse, die in ungeprüften Behauptungen zum Ausdruck kommen, wie: „eine Ohrfeige schadet nicht", helfen uns, die Entwicklung von Individuen und von Beziehungen einzuschätzen und unser Handeln danach auszurichten. So steuern unsere Alltagstheorien über psychologische Ursache-Wirkungs-Prozesse unser Verhalten in sozialen Situationen. Unsere Handlungen basieren auf dem Bild, das wir uns von den Menschen gemacht haben. Das Leben erhält durch klar umrissene Vorstellungen über die Motive der Mitmenschen Stabilität. Wissenschaftliche Untersuchungen bestätigen oft Inhalte der „Privatpsychologie". So entsteht der Eindruck, dass in jedem ein guter Psychologe steckt. Durch die psychologische Forschung bekräftigt, lassen sich Personen leicht zu der Schlussfolgerung verführen, sie könnten auf die wissenschaftliche Psychologie verzichten, da man von den Psychologen sowieso nur das zu hören bekomme, was man selbst wisse.

Merkmale und Funktionen der Privatpsychologie

Charakteristische Merkmale der Privatpsychologie
(Novak/Finster/Schneider 1989, 24):

- Subjektivität, Orientierung an eigenen Erfahrungen,
- Tradition, Ansammlung von „Alltagsweisheiten",
- Klischeevorstellungen (Denken in Kontrasten, Schwarz-Weiß-Denken),
- unzulässige Verallgemeinerungen (einmal = immer; einer = alle),
- unerschütterlicher Glaube an die private Psychologie,
- Erklärungen auf der Ebene der Plausibilität,
- Stabilität gegenüber Änderungen (Psychologie wird zum „Standpunkt").

Funktionen der Privatpsychologie:

- Schnelle Beurteilung von Personen,
- schnelle Orientierung in (neuen) Situationen,
- schnelles Reagieren,
- Erhöhung des Sicherheitsgefühls, Reduzierung von Angst,
- Rechtfertigung eigener Handlungen,
- Bewertung von Personen und Handlungen (gut/böse, richtig/falsch, wahr/unwahr usw.).

Als selbst ernannte Psychologen stoßen wir jedoch bald auf Mängel und Probleme, die es ratsam erscheinen lassen, den fachlichen Rat von ausgebildeten Psychologen einzuholen. Wir spüren unser psychologisches Unvermögen, wenn wir immer wieder einem Verhaltensmuster folgen, das wir längst als bearbeitet und „erledigt" betrachtet hatten oder wenn wir anderen helfen wollen. Hilflos gestehen wir uns ein, dass uns unser „Problem" wieder eingeholt hat beziehungsweise dass wir nicht helfen können, weil wir die komplexe psychologische Situation nicht verstehen. Zu neuen Rezepten und Strategien haben wir kein Zutrauen. In dieser Situation wird deutlich, dass ein differenziertes psychologisches Wissen notwendig ist, um uns einen Weg aus dem Dilemma zu zeigen. Verzichten wir auf die wissenschaftliche Forschung in sozialen Bereichen wie Schule, Verkehr, Werbung oder Wahlen und vertrauen wir weiter auf unsere private Psychologie, dann kann leicht eine schwierige Lage entstehen, in welcher die Kontrolle unseres Handelns gefährdet wird.

1.2 PSYCHOLOGIE ALS WISSENSCHAFT

Die Psychologie wird als die Wissenschaft vom Verhalten und Erleben definiert (Langfeldt 1993, 19). Sie ist eine empirische Wissenschaft, das heißt, Psychologen befassen sich mit Erscheinungen, die der Erfahrung zugänglich sind. Beobachtung, Experiment und Befragung stellen die entscheidenden empirischen Instrumente der naturwissenschaftlich orientierten psychologischen Forschung dar. Psychologen beschränken sich jedoch in der Regel nicht auf die Beschreibung, Beobachtung und theoretische Erklärung von Verhaltenstatsachen, sondern sind um Behandlung bemüht, das heißt, sie sind bestrebt, Prognosen zu erstellen und Verhalten zu kontrollieren, zu verändern und zu beeinflussen. Daraus ergibt sich die Rangordnung der Ziele der wissenschaftlichen Psychologie (Novak/Finster/Schneider 1989, 25):

- Beschreibung,
- Erklärung,
- Kontrolle, Veränderung, Anwendung der Erkenntnisse, Therapie.

Der Gegenstand der Psychologie, menschliches Verhalten und Erleben zu verstehen, ist komplex und kann durch Begriffe wie Persönlichkeit, Entwicklung oder Motivation oft nur sehr vage erfasst werden (Novak/Finster/Schneider 1989, 25). Auch Gefühle wie Angst oder Glück, Stimmungen wie schlechte Laune und Erregbarkeit sowie Intelligenz und persönliche Fähigkeiten sind der Beobachtung und Messung nur zum Teil zugänglich. Der Psychologe muss sich ständig bewusst machen, dass ein Unterschied besteht zwischen dem, was er beschreibt und der Beschreibung. Aus der Tatsache, dass ein Student sich nicht an der Seminararbeit beteiligt, kann geschlossen werden, dass er desinteressiert, faul oder unfähig ist. Genau so gut kann es aber sein, dass er den Seminarverlauf innerlich sehr konzentriert verfolgt, sich Meinungen bildet und innerlich zutreffende Antworten gibt, oder vielleicht gar unterfordert ist. Er kann aber auch müde oder krank sein.

21

Ziel der wissenschaftlichen Psychologie ist es, verallgemeinerbare Erklärungen für bestimmte Verhaltensweisen zu finden. Dabei stützt sie sich auf Annahmen (Hypothesen), die so „operationalisiert" (in beobachtbare Schritte aufgegliedert) werden sollten, dass die Annahme bestätigt oder verworfen werden kann. Findet sich eine empirische Bestätigung für eine Hypothese, wird oft erst eine weitere Tür in der psychologischen Forschung aufgestoßen. Wenn sich die Behauptung verifizieren lässt, dass Kinder Verhaltensweisen der Eltern nachahmen, könnte in einem nächsten Schritt die Hypothese aufgestellt werden, dass Kinder überwiegend erfolgreiches Verhalten der Eltern imitieren (Novak/Finster/Schneider 1989, 27).

Erkenntnisse der wissenschaftlichen Psychologie werden eingesetzt, um Verhalten zu beeinflussen. Die verifizierte Annahme, dass Anregungen in der frühen Kindheit von großer Bedeutung für die gesamte weitere intellektuelle Entwicklung sind, hat Vorschul- und Kindergartenkonzepte stark beeinflusst. Erkenntnisse über Angst in der Schule haben dazu beigetragen, dass die Lernbedingungen demokratischer und offener organisiert wurden. Die Erforschung der Lese- und Rechtschreibschwierigkeiten (LRS) hat zahlreiche Trainingsprogramme zur Folge gehabt. Kontrolle und Veränderung bedeuten jedoch auch, dass Verhalten manipuliert werden kann. Viele Jahre wurde zum Beispiel die Linkshändigkeit von Kindern nicht akzeptiert und das Trainieren der rechten Hand gefordert. Die Gehirnforschung der letzten 20 Jahre hat jedoch deutlich gemacht, dass die Umstellung der angeborenen Händigkeit ein massives Eingreifen in das menschliche Hirn bedeutet und zu schweren Störungen und Irritationen führen kann (Sattler 1996, 22).

Psychologische Hypothesen können dem Alltagserleben entstammen. Diese werden als Theorieelemente übernommen und anhand intersubjektiv zugänglicher Daten empirisch überprüft. Die Theorie wird auf diese Weise bestätigt (verifiziert) oder verworfen (falsifiziert). Aus der Forschung ergeben sich neue Anhaltspunkte, deren Richtigkeit wiederum durch Beobachtung oder Experiment bestätigt oder verworfen wird. Der wissenschaftliche Prozess bringt neue Erkenntnisse und Methoden hervor. So entfernt sich die wissenschaftliche Psychologie zunehmend vom Alltagswissen, bildet einen eigenen Begriffsapparat und wird ein Gebiet von Spezialisten (Schönpflug 1980, 9). Zahlreiche der vorwissenschaftlichen Psychologie entlehnte Begriffe wie Motivation, Entwicklung, Persönlichkeit, Wahrnehmung u.a. stellen nur scheinbar ein gemeinsames Grundwissen beider Bereiche dar. In Wirklichkeit ist die wissenschaftliche Psychologie, die sich in verschiedene Richtungen entwickelt hat, weit vom Alltagsverständnis dieser Begriffe abgerückt. Wissenschaftliche Theorien werden schriftlich formuliert und damit bewusst der Kritik anderer Wissenschaftler angeboten (Flammer 1996, 13). Die Maßstäbe dieser Kritik sollten die Überprüfbarkeit der Hypothesen, Widerspruchsfreiheit und Messbarkeit sein. Der Wissenschaftler ist damit mehr als der psychologische Laie in der Lage, seine Theorien zu verfeinern und weiterzuentwickeln.

Die gemeinsame Wurzel von vorwissenschaftlicher und wissenschaftlicher Psychologie im Alltagswissen der Menschen führt zu einem ständigen Austausch beider „Systeme" und wirkt sich dadurch bereichernd aus. Während noch vor 20 Jahren die Psychologie überwiegend als „wertfreie" Wissenschaft gesehen wurde, bekennen sich heute immer mehr Psychologen dazu, dass sie ihre theoretischen Annahmen aus dem Erfahrungsschatz der Alltagspsychologie schöpfen. Zahlreiche Fachausdrücke der wissenschaftlichen Psychologie sind von der vorwissenschaftlichen Psychologie aufgenommen worden und bilden heute einen festen Bestandteil unseres kulturellen Wissens über den Menschen, wie zum Beispiel die Begriffe „Frustration" „Stress", „Burnout, „Verdrängung" „Projektion" oder „Placebo". Andererseits bringt die Entwicklung der Gesellschaft zusätzliche Erkenntnisse über die Beziehungen der Menschen hervor und wirkt ihrerseits anregend auf die wissenschaftliche Untersuchung neu in das Bewusstsein tretender psychologischer Zusammenhänge.

1.3 DAS PSYCHISCHE SYSTEM

Zum Wesen des Menschen gehört das Fragen. Wenn ein bestimmtes Verhalten Anlass zur Sorge gibt, werden typische Erklärungsversuche gemacht, um eine Antwort auf das zunächst unverständliche Handeln zu finden. Das Bemühen um ein Verstehen ist historischen Bedingungen unterworfen und durch veränderliche Wertschätzungen beeinflusst. Während in früheren Zeiten Menschen nach ihrem christlichen Lebenswandel, ihrem Gehorsam, ihrem Mut und ihrer Treue, also nach ihrem äußeren Verhalten beurteilt wurden, spielen in der Neuzeit „innere Prozesse" eine größere Rolle. Da mentale Zustände jedoch nicht sichtbar sind, müssen sie von der Psychologie erschlossen werden und können dann durch ein Strukturmodell abgebildet werden.

Für die Veranschaulichung dieser Zusammenhänge kann das einfache Beispiel aus dem Kapitel 1.2 dienen: Was geht in einem Studenten vor, der sich nicht an der Seminardiskussion beteiligt? Er kann desinteressiert, faul oder unfähig sein. Es ist aber auch möglich, dass er den Seminarverlauf innerlich sehr konzentriert verfolgt, sich Meinungen bildet und innerlich zutreffende Antworten gibt, aber schüchtern ist. Er kann auch müde oder krank sein. Die einfachste Form, eine Antwort zu erhalten, wäre natürlich eine Befragung. Das ist aber oft nicht möglich – und auch eine Antwort führt häufig zu weiteren Fragen. Wenn der Psychologe sich mit diesem „Fall" befasst, wird er sich bei der Beobachtung typische Fragen stellen, die das nachfolgende Grundmodell konstituieren und als ein „System" bezeichnet werden können (Nolting/Paulus 1996, 37):

(1) *Stimmungen, Gefühle, mentale Zustände.* Von welcher Stimmung wird die Person aktuell beeinflusst? Welche Gefühle kommen zum Ausdruck? Wie lässt sich der mentale Zustand beschreiben, in welchem der Student sich gerade befindet? Vielleicht ist seine Stimmung schlecht, weil er von den Eltern Vorhaltungen bekam oder andere Beziehungsprobleme ihn drücken? Er ist in Gedanken woanders? Ihn überkommt das Gefühl der Sinnlosigkeit des Studiums, weil er fürchtet, später arbeitslos zu sein?

(2) *Die Situation.* Welche aktuellen Bedingungen in der spezifischen Situation könnten ihn so beeinflussen, dass er es vorzieht, nichts zu sagen? Ist er von einem Kommilitonen „angemacht" worden? Hat der Professor vor der Sitzung etwas zu ihm gesagt? Hat er sich in der letzten Sitzung in der Diskussion zu weit vorgewagt? Hat er den neuen Stoff nicht verstanden oder herrscht in dieser Gruppe ein Diskussionsstil, der ihm nicht zusagt?

(3) *Der Charakter, die Persönlichkeit.* „Passt" das Verhalten zu ihm? Ist er nicht eigentlich ein ganz anderer Typ? Wie lassen sich seine Persönlichkeitsmerkmale beschreiben?

(4) *Entwicklung.* Ist solches oder ein ähnliches Verhalten in der Vergangenheit häufiger aufgetreten? Gibt es Gründe familiärer Art, die ihn veranlassen könnten, so und nicht anders zu reagieren? Der Vater? Die so-

ziale Stellung der Familie? In welcher Position stand er in der Geschwisterreihe? Ist über Erbanlagen etwas bekannt?

Diese verschiedenen Betrachtungs- und Erklärungsaspekte sind heute anerkannter Standard bei der Erfassung psychischer Prozesse. Sie können in folgendem Grundmodell der Verhaltenserklärung abgebildet werden:

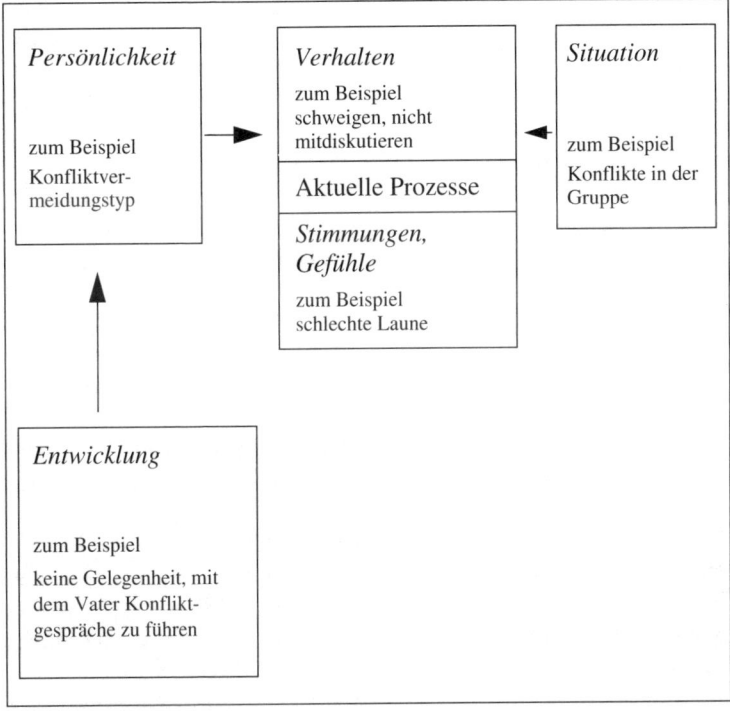

Ein Grundmodell zur Verhaltenserklärung (Nolting/Paulus 1996, 38)

Dieses Modell des psychischen Systems ist in Wirklichkeit sehr komplex und durch ständige Wechselwirkungen gekennzeichnet. Es ist ein Interaktions- und kein Kausalmodell. Die Pfeile geben die Hauptrichtungen der Erklärungsansätze an, können aber je nach dem „Fall" auch in entgegengesetzte Richtung laufen. Der Student mag durch die Gruppensituation zu seinem Schweigen veranlasst worden sein. Sein Verhalten wirkt aber auch auf die Gruppe und prägt das Diskussionsverhalten – schon allein, weil seine Beiträge fehlen. Er hat eine Disposition zur Konfliktvermeidung – aber was heißt das? Vielleicht „entschuldigt" er sich mit dieser Eigenschaft vor sich selbst und gibt sich zu wenig Mühe, sie durch den Besuch eines Rhetorikkurses oder Gespräche mit seinem Freund zu überwinden. Es mag sein, dass der junge Mann wegen der (häufigen beruflichen) Abwesenheit des Vaters oder dessen bewusstem Rückzug aus Familienangelegenheiten keine Gelegenheit hatte, Konflikte durchzukämpfen. Andererseits war ja vielleicht auch das Verhalten des Jungen, der sich lieber auf der Straße aufhielt als in der Wohnstube und sich ansonsten hinter seinen Büchern vergrub für den Vater ein Anlass, sich enttäuscht zurückzuziehen. Und schließlich, was seine momentane Stimmung angeht: Er wäre vielleicht besser beraten, seine privaten (Ver-)Stimmungen nicht auf den Beruf zu übertragen.

Keiner dieser „Blöcke" ist in Wahrheit fest stehend. Alle sind in Bewegung. Die Stimmung wird durch eine andere abgelöst. Die Gruppe geht auseinander. Der Student denkt nach und wird sich bei einer ähnlichen Gelegenheit nicht mehr so „hängen" lassen. Mit weiteren Aufgaben im Leben entwickelt er ein persönliches Konfliktmanagement, mit dem er „leben" kann. Die Entwicklung geht weiter, so oder so. Dieses Grundmodell des psychischen Systems wendet jeder an, der sich mit psychologischen Fragen gründlich befasst. Dabei entstehen leicht Vorurteile, denn der psychologische Laie muss sich schnell eine Meinung bilden, um sich (neu) zu orientieren.

Die Psychologie als Wissenschaft kann sich ganz anders als der Laie auf empirische Ergebnisse, Diagnosen, Erfahrungen und einen großen Reichtum an vielseitigen Methoden und Instrumenten stützen, um die Komplexität, die Interaktion und den Wandel der psychischen Prozesse zu erfassen.

1.4 TEILGEBIETE DER PSYCHOLOGIE

Eine klare Trennung zwischen Teilgebieten der Psychologie ist nicht immer möglich, da grundlegende psychologische Prozesse wie Wahrnehmung, Motivation, Lernen u.a. immer beteiligt sind. Dennoch hat sich eine Unterteilung als sinnvoll erwiesen, um zum Beispiel allgemeine Fragen von speziellen und anwendungsbezogene Fragestellungen von rein forschungsrelevanten Untersuchungen zu unterscheiden (Langfeldt 1993, 23):

- Die *Allgemeine Psychologie* untersucht Gesetzmäßigkeiten des Erlebens und Verhaltens. Die Forscher in diesem Bereich konzentrieren sich auf Spezialgebiete wie Wahrnehmung, Lernen, Gedächtnis, Denken und Motivation. Da die Untersuchungsmethoden der Experten verfeinert und weiterentwickelt werden, zählen auch die Forschungsmethoden zum Bereich der allgemeinen Psychologie.

- Die *Differentielle Psychologie* befasst sich, wie schon der Name sagt, mit den Unterschieden zwischen den Individuen. Die psychologische Diagnostik ist die klassische Arbeitsmethode auf diesem Gebiet.

- Die *Entwicklungspsychologie* beschreibt und erklärt die Entwicklung von Menschen. Häufig wird ein Phasenmodell angewandt, um die Fortschritte im Denken, im sozialen Verhalten und in der Persönlichkeitsentwicklung zu erforschen.

- Die *Sozialpsychologie* beschreibt und erklärt das Verhalten von Menschen in Gruppen beziehungsweise in sozialen Beziehungen.

- Die *angewandte Psychologie* untersucht Fragestellungen in bestimmten Lebensbereichen. Die *Arbeits- und Organisationspsychologie* erforscht zum Beispiel alle psychologischen Fragen der Arbeitswelt und ergründet insbesondere die Einflüsse, denen Individuen durch Organisationsstrukturen, zum Beispiel durch hierarchische Arbeitsorganisationen, ausgesetzt sind. In der *Pädagogischen Psychologie* werden alle psychologischen Fragen der Erziehung und des Unterrichts behandelt. Die *Klinische Psychologie* diagnostiziert Störungen des Verhaltens und Erlebens.

Diese Teilbereiche haben sich als Forschungs- und Anwendungsgebiete herausgebildet. Die Grenzen zwischen den Bereichen sind jedoch oft fließend. Auch die Unterteilung selbst unterliegt der ständigen Veränderung. So hat sich in den letzten Jahren durch den Einfluss der Genforschung unter dem Begriff „Biopsychologie" ein eigenständiger psychologischer Forschungsbereich entwickelt, der biologische Grundlagen für Verhalten und Erleben annimmt. Mit dem Nachlassen des Reformeifers in den Schulen ist auch die Bedeutung der Pädagogischen Psychologie zurückgegangen. Die Zunahme von alten Menschen in der Gesellschaft führt schon seit längerem zu Fragestellungen der Psychologie des Alters und des Alterns (Gerontopsychologie). Schließlich hat die zunehmende Sensibilität der Menschen gegenüber Umweltfragen eigenständige Forschungen über die psychologischen Konsequenzen des Gebrauchs und Missbrauchs der Ökologie hervorgebracht (Ökopsychologie) (Langfeldt 1993,24).

1.5 DIE GESCHICHTE DER PSYCHOLOGIE

Psychologische Fragestellungen sind so alt, wie unser Wissen über menschliches Denken zurückreicht. Der kleinasiatische Philosoph Heraklit (circa 500 v. Chr.) hat mit seiner Feststellung „Alles ist in Fluss" den Prozesscharakter allen Handelns und Erkennens erkannt. Er betonte zugleich die Erfahrung als wichtigstes Erkenntnismittel („Was man sehen, hören, erfahren kann, das ziehe ich vor" – Heraklit 1995, 21). Die Dialoge Platons (427–347 v. Chr.) sind Meisterwerke der psychologischen Fragestellung. Er vertritt die Ansicht, dass der Mensch in einem früheren Leben im Reich der Ideen war und durch Erinnerungen wieder Zugang zu dieser Ursprünglichkeit finden kann. Aristoteles (384–322 v. Chr.) galt lange Jahre als die Hauptquelle der Psychologie. In seiner Schrift „Über die Seele" (Griechisch: psyche) beschreibt er das wirkende Prinzip der Seele in drei Ausdrucksformen als Vitalseele (belebend, ernährend), als Animalseele (empfindend, fühlend, sinnlich begehrend) und als Geistseele (denkend, wollend). Diese Unterscheidung hat die Psychologie bis ins 19. Jahrhundert geprägt. Es wurde nach den „Seelenkräften", dem „Seelenvermögen" oder den „psychischen Kräften und Funktionen" geforscht (Baumgartner 1993, 10). Der Einteilung Aristoteles entspricht die heutige Unterscheidung in Motivation, Emotion und Kognition. Auch in Asien, China und Indien gab es Seelenlehren, deren praktische Anwendung in einer Lebensethik bestand, die zum Teil über Jahrtausende Bestand hatte (zum Beispiel die Konfuzianische Lehre in China und der Buddhismus in zahlreichen Ländern Asiens).

Die Seelenvorstellungen der Griechen wurden durch den christlichen Philosophen und „Kirchenvater" Augustinus (334–430 n. Chr.) umgedeutet. In seiner Schrift „Bekenntnisse" (Lateinisch: Confessiones) unterscheidet er die höheren Seelenvorgänge (Denken und Wollen) von den niedrigen Formen der Vernunft, den Sinnesempfindungen. Das höhere Seelenvermögen habe der Mensch durch göttliche Eingebung erhalten. Durch dieses Vermögen sei der Mensch in der Lage, sich über das Leben im Vergänglichen zu erheben und an der Wahrheit in Gott teilzuhaben. Die Sinneserfahrungen werden bei Augustinus abgewertet. Die letzte Erkenntnis wird nach Augustinus nicht über Lebenserfahrung und Weisheit gewonnen, sondern durch Erleuchtung (Baumgartner 1993, 11). Diese Vorstellung der inneren Erfahrung durchzog die psychologischen Vorstellungen des gesamten Mittelalters und wurde erst in der Neuzeit durch die Renaissance und die Aufklärung verändert. Die Neuzeit stellt den ganzen Menschen, das Individuum, in den Mittelpunkt der Betrachtung.

Eine radikale Wende erfuhr die Psychologie im 19. Jahrhundert durch das 1871 erschiene Buch „Über die Abstammung des Menschen" von Charles Darwin. Der Mensch galt nunmehr in einer Umkehrung der Sichtweise Augustinus' als Naturwesen, dessen Verhaltensweisen, Reaktionen und Erlebnisse mit den Methoden der Naturwissenschaft erforscht werden konnten. Die Annahme einer „Seele" wurde verworfen und statt dessen eine „Psychologie ohne Seele" propagiert – eine paradoxe Formulierung, denn „Psychologie" bedeutet wörtlich übersetzt die „Lehre von der Seele" (Baumgartner 1993,13).

Das heutige Verständnis der experimentellen Psychologie wurde durch die Errichtung des ersten psychologischen Laboratoriums in Leipzig 1879 durch Wilhelm Wundt (geb. 1832) offiziell begründet. Unter „Psychologie" verstand Wundt die Beschreibung von Bewusstseinsvorgängen. In seinem Institut wurden sinnesphysiologische Untersuchungen durchgeführt, in welchen die Wahrnehmung (Tastsinn, visuelle und akustische Perzeption) im Mittelpunkt stand. Ferner widmete sich Wundt den Themen Reaktionszeit, Aufmerksamkeit, Assoziation und Gefühl (Ulich 1993, 65). Die kontrollierte Selbstbeobachtung war ein wesentlicher Bestandteil seiner Experimente.

Das Ziel der Wundtschen Psychologie bestand darin, über die exakte methodische Erfassung einzelner Elemente komplexe geistige und soziale Phänomene in ihren Gesetzmäßigkeiten zu verstehen. Im gleichen Jahr richtete an der Harvard Universität in Boston/USA William James (1842–1910) ein Laboratorium ein. Er gilt als der „Vater der amerikanischen Psychologie". Auch William James verstand Psychologie als die Erforschung des Bewusstseins (Empfindungen, Gedanken, Gefühle, Stimmungen u.ä.). Es folgte 1889 eine Gründung an der Sorbonne in Paris, wo Piaget 30 Jahre später seine ersten psychologischen Studien begann. 1894 wurde ein psychologisches Laboratorium in Graz eingerichtet.

Der Bewusstseinsstrom

Nach William James, dem „Vater der amerikanischen Psychologie", entwickelt sich der „Bewusstseinsstrom" nach fünf Prinzipien (Ulich 1993, 69). Dabei ist die Nähe zur Philosophie, vor allem zu dem Vorsokratiker Heraklit („Alles fließt") unverkennbar.

(1) Jeder Gedanke ist unverwechselbar individuell, persönlich, einem ganz bestimmten Subjekt zugehörig.

(2) Gedanken verändern sich stets, keine zwei Zustände des Bewusstseins sind identisch.

(3) Alles befindet sich im Fluss. Der Bewusstseinsstrom ist kontinuierlich, niemals unterbrochen, stellt eine einzige Kette dar.

(4) Der Bewusstseinsstrom ist immer auf eine äußere Realität bezogen.

(5) Bewusstsein ist selektiv. Es befasst sich zu einer bestimmten Zeit immer nur mit einem ausgewählten Aspekt intensiv.

Die Gründer der naturwissenschaftlichen Psychologie bemühten sich, mit den Methoden des Experiments und der Beobachtung sowie der Selbstbeobachtung exakte Messungen von Sinneswahrnehmungen vorzunehmen. Gleichzeitig waren sie ihrem Grundverständnis nach auch Philosophen und Geisteswissenschaftler, welche die Prinzipien und Gesetzmäßigkeiten geistiger Vorgänge aufdecken wollten. Dieser „kulturelle" Aspekt ging in der Nachfolge aufgrund der Naturwissenschaft-Besessenheit der damaligen Zeit verloren (Ulich 1993, 70). Die naturwissenschaftliche Richtung in der Psychologie hat sich bis heute fortgesetzt. Das dominierende Verständnis der Psychologie orientiert sich an der empirischen Erforschung des menschlichen Verhaltens. Der Behaviorismus (=Verhaltensforschung) wurde zur herrschenden Richtung der Psychologie bis in die 50er Jahre.

Durch die Fortschritte der Genforschung erhält die naturwissenschaftliche Psychologie heute Impulse, welche die in der Psychologie lange vorherrschende Diskussion über das Verhältnis von Anlage und Umwelt neu beleben. Neben der experimentellen Psychologie hat sich seit der Jahrhundertwende die Psychoanalyse Freuds durchgesetzt, die eine dynamische Struktur der Persönlichkeitsentwicklung mit Formen der Bewusstseinsbildung als Therapie verbindet. Ab 1950 entwickelte sich als dritte Kraft neben Behaviorismus und Psychoanalyse die humanistische Psychologie, die die psychologischen Voraussetzungen für die Selbstverwirklichung des Menschen in den Mittelpunkt des Interesses rückte. Insgesamt hat sich ein pluralistisches Verständnis der verschiedenen Theorierichtungen durchgesetzt.

2. Fragestellungen und Aufgaben der Psychologie

Der Gegenstand der Psychologie ist so komplex, dass immer nur begrenzte Fragestellungen untersucht und vereinfachte Annahmen und Modelle zugrunde gelegt werden können. Bei Fragestellungen und Erklärungen der wissenschaftlichen Psychologie muss man sich daher immer bewusst machen, dass es sich um Reduzierungen des komplexen Zusammenhangs menschlichen Verhaltens und Erlebens auf Kausalbeziehungen handelt, die einer verstehenden Interpretation im Gesamtzusammenhang des individuellen Verhaltens bedürfen. Quantitative und qualitative Forschung müssen einander ergänzen (siehe Abschnitt 4 in diesem Kapitel). Beispiele für Fragestellungen der wissenschaftlichen Psychologie sind unter anderem:

Physiologische Grundlagen des Verhaltens

    Der Bauplan des Nervensystems

    Wie werden Funktionen des Hirnzentrums bestimmt?

    Die Informationsverarbeitung im zentralen Nervensystem

Wahrnehmung

    Reiz und Empfindung

    Psychophysik; das Messen von Erlebnissen

    Beeinflussung der Wahrnehmung durch äußere und innere Faktoren

    Die Struktur der Wahrnehmung

Bewusstseinsprozesse

    Aufmerksamkeit

    Soziale Wahrnehmung

    Das Unbewusste

    Meditation

Emotionen

Methoden der Emotionsforschung

Die frühkindliche Entwicklung von Emotionen

Stress und Stressbewältigung

Motivation

Was sind Beweggründe des Verhaltens?

Warum verhalten sich verschiedene Menschen in gleicher Situation unterschiedlich?

Biologische Motivation

Soziale Motivation

Lernen

Das Lernen von Signalen

Das Lernen von Verhaltensweisen

Kognitives Lernen

Soziales Lernen

Entwicklung

Gibt es Gesetzmäßigkeiten und Regeln der Entwicklung?

Welche Rolle spielen Phasen?

Lebenslange Entwicklung

2.2 DIE VERBINDUNG ZU ANDEREN WISSENSCHAFTEN DES MENSCHEN

Die Psychologie gehört zu den Wissenschaften vom Menschen, den so genannten Humanwissenschaften. Die Aufgaben, die sich dem Psychologen stellen, kann dieser oft nur in Zusammenarbeit mit Vertretern dieser Fachgebiete bearbeiten, und die Vertreter dieser Fachgebiete ziehen oft den Psychologen zu Rate. Komplexe Probleme sind oft nur durch ein interdisziplinäres Projekt zu lösen. Enge Verbindungen bestehen zum Fachgebiet der Medizin, wobei die Zuständigkeitsbereiche abgegrenzt werden müssen: Während sich die Psychologie überwiegend mit dem Verhalten und Erleben des Menschen befasst, untersucht die Medizin vor allem körperliche Vorgänge. Überschneidungen ergeben sich aus der Tatsache, dass der Mediziner das subjektive Befinden des Patienten und Symptome des äußeren Verhaltens nicht völlig aus seiner Diagnose ausschließen kann und der Psychologe andererseits die körperliche Verfassung von Menschen (zum Beispiel geistige oder körperliche Behinderungen, Krankheiten u.a.) nicht vernachlässigen kann (Schönpflug 1980, 24). Weitere enge fachliche Verbindungen ergeben sich zur Soziologie, welche die soziale Umwelt eines Individuums – Familie, Berufsstruktur, Erziehung u.a. – untersucht und zur Sprachwissenschaft, die sich auf die mündlichen und schriftlichen Ausdrucksfähigkeiten eines Individuums spezialisiert.

Für diese Bereiche sind so genannte Bindestrich-Psychologien entstanden, welche sich auf den Brückenschlag zu einer Partnerwissenschaft der Psychologie spezialisiert haben, zum Beispiel die Sozialpsychologie, die im Wesentlichen psychologische Prozesse in Kleingruppen erforscht, die medizinische Psychologie, welche unter anderem Probleme der Psychosomatik untersucht, die pädagogische Psychologie, die unter anderem Fragen der Sozialisation analysiert, die Psycholinguistik, die mit der Sprachwissenschaft eine enge Verbindung eingegangen ist, ferner die Psychophysiologe, Verkehrspsychologie, Sportpsychologie, politische Psychologie u.a. (Schönpflug 1980,25; Wawrinowski 1985, 29).

2.3 PRAXISFELDER DER PSYCHOLOGIE (ANGEWANDTE PSYCHOLOGIE)

Die Psychologie bietet aufgrund ihrer breit gefächerten wissenschaftlichen Untersuchungsgebiete ein großes Spektrum von Betätigungsfeldern (Wawrinowski 1985, 28). In die angewandte Psychologie fließen Ergebnisse der wissenschaftlichen Psychologie aus verschiedenen Bereichen ein – Motivation, Denken, Verhalten, Wahrnehmung usw. Diese werden in der psychologischen Praxis zu einem Beratungskonzept, einem Gutachten oder einer psychodiagnostischen Stellungnahme zusammengefassßt. Aus den Erfahrungen der Praxis fließen Rückmeldungen in den Forschungsprozess, die zur Korrektur von Hypothesen oder zu neuen Fragestellungen führen können.

• Die Klinische Psychologie widmet sich den Aufgaben der Diagnostik, der Prävention, der Therapie und der Rehabilitation. Sie wird entweder von selbständigen Psychologen in freier Praxis oder in Kliniken, Beratungsstellen und Gefängnissen ausgeübt. Die Psychodiagnostik kann helfen, gefährdende Momente im sozialen Milieu eines Menschen aufzuspüren und therapeutische Maßnahmen zu empfehlen, die in Zusammenarbeit mit Ärzten, Therapeuten und dem Pflegepersonal umgesetzt werden.

- Die Schulpsychologie ist mit der Durchführung von Intelligenztests sowie Schulleistungstests beschäftigt, befasst sich aber auch mit Fragen des Schulversagens. In Kooperation mit Lehrern, Eltern und Schülern können vorbeugende Maßnahmen getroffen werden, um Schulangst, Gewalt in der Schule und andere Probleme zu lösen.

- Psychologen vor Gericht sind als Gutachter bei Straftaten tätig, um die Motivation und den (psychologischen) Entwicklungsstand von Tätern einzuschätzen und/oder aus der Psyche der Opfer Erkenntnisse für den Tatablauf zu gewinnen.

- Verkehrspsychologen untersuchen das Verhalten von Verkehrsteilnehmern und sind in der Verkehrserziehung und Verkehrsplanung eingesetzt. Sie sollen mithelfen, Unfallursachen zu erforschen und zu beseitigen. Sie werden auch bei der Neuentwicklung von Verkehrseinrichtungen benötigt.

- Der Marktforschung geben Psychologen ständig neue Impulse durch Experimente über die Einstellungen und Einstellungsänderungen sowie Wahrnehmungs- und Memorierungsprozesse.

- Arbeitspsychologen tragen dazu bei, dass Konflikte in Betrieben und Institutionen vermieden oder auf rationale Weise ausgetragen werden. Die Untersuchung der Arbeitsatmosphäre sowie von Aggression, Kommunikation, Führungsstilen und anderem im Betrieb zählt zu den bevorzugten Gebieten des Arbeitspsychologen. Er trägt ferner durch die Untersuchung ergonomischer Arbeitseinrichtungen zur Verbesserung des Arbeitsablaufs bei und kann bei der Personalplanung (Aus- und Weiterbildung, Umschulung) beratend zur Seite stehen.

3. Richtungen der Psychologie

In der Geschichte der Psychologie haben sich bestimmte Konzepte herausgebildet, die das menschliche Verhalten und Erleben auf sehr unterschiedliche Weise interpretierten und untersuchten. Diese Denkansätze sind zeitgebunden und spiegeln oft die Erfahrungen, das Weltbild und die lebenspraktischen Einstellungen der Wissenschaftler wider. Aus eigener Anschauung wissen wir, dass dasselbe Verhalten unterschiedliche Ursachen haben und aus verschiedenen Sichtweisen jeweils anders beurteilt werden kann. Bei den wissenschaftlichen Ansätzen verhält es sich nicht viel anders. Die Theorien und Hypothesen werden aus einer bestimmten, vom Forscher ausgehenden Auffassung des menschlichen Verhaltens formuliert. Die Methoden der psychologischen Richtungen unterscheiden sich dementsprechend erheblich. Dennoch stimmen die Ergebnisse oft überein – auch wenn sie im System der jeweiligen Forschung unterschiedlich eingeordnet werden. Heute lässt sich daher eine Tendenz feststellen, dass die Psychologen unterschiedlicher Richtungen zunehmend bereit sind, die Ergebnisse anderer Forschungsstrategien als Ergänzung der eigenen Bemühungen zu werten und als Bausteine für ein Gesamtbild des Menschen zu betrachten.

3.1 TIEFENPSYCHOLOGISCHER ANSATZ UND PSYCHOANALYSE

Zur gleichen Zeit, als Wilhelm Wundt in Leipzig und William James in Boston physiologische Experimente mit Sinneswahrnehmungen machten, um „Bewusstseinsströme" (James) beziehungsweise die „Tatsachen des Bewusstseins" (Wundt) zu erforschen, entwickelte der Nervenarzt und Professor Sigmund Freud (1856–1939) in seiner Privatpraxis in Wien die Methode der freien Assoziation, mit deren Hilfe er tieferliegende, dem Patienten in der Regel unbewusste seelische Vorgänge zum Bewusstsein bringen wollte. Diese Arbeit bezeichnete er in seinem 1900 erschienen Buch „Traumdeutung" als „Psychoanalyse". Wie der Chemiker den Grundstoff, so wollte Freud aus Symptomen des Verhaltens seiner Patienten die Elemente des Seelischen analysieren, die in ihrer Zusammensetzung beziehungsweise in ihrem komplexen

Zusammenwirken eine jeweils individuelle Triebstruktur erzeugten, an welcher der Patient litt. Freud war wie Wundt von dem Zeitgeist der naturwissenschaftlichen Euphorie erfüllt und entwickelte seine Theorie der psychischen Vorgänge mit Begriffen, die dem naturwissenschaftlichen Denken entlehnt waren. Wie Wundt glaubte er daran, dass seelisch-geistige Prozesse wie in der Chemie in einzelne Elemente und Verbindungen zerlegt werden könnten, dass es möglich sei, die Gesetzmäßigkeiten psychischer Vorgänge in wenigen psychologischen Formeln darzustellen und dass der „psychische Apparat" kausal determiniert sei (Ulich 1993,73). Während jedoch für Wundt und die nachfolgende naturwissenschaftlich orientierte Psychologie, vor allem für den Behaviorismus, psychische Tatsachen als unmittelbare Erfahrung galten und die gemessenen Wahrnehmungen und Empfindungen als „Bewusstsein" verstanden wurden, war für Freud eine zweite Ebene, das Unbewusste, das dem Psychischen zugrunde lag, von größerer Bedeutung.

Freud unterscheidet drei wesentliche Dimensionen des Bewusstseins: Unbewusstes, Vorbewusstes und Bewusstes.

- „Bewusstes" ist alles, was ich in einem bestimmten Moment wissentlich empfinde: meine momentanen Wahrnehmungen, Erinnerungen, Gedanken, Gefühle, Phantasien usw.

- In ähnlicher Weise versteht Freud unter „Vorbewusstem" das verfügbare Gedächtnis: Alles, was ich mir in Erinnerung rufen kann, woran ich im Moment nicht denke, was ich aber schnell wieder erinnern kann.

- Der größte Teil des Bewusstseins besteht jedoch nach Freud aus dem „Unbewussten". Dieses schließt alle Dinge ein, die nur schwer bewusst gemacht werden können, einschließlich solcher Dinge, die ihren Ursprung im Unbewussten haben, wie Triebe oder Instinkte beziehungsweise Dinge, die wir ins Unbewusste verdrängen, weil wir es nicht ertragen können, sie uns bewusst zu machen. Dazu zählt Freud insbesondere alles, was mit traumatischen Erlebnissen zusammenhängt.

In seinem späteren Werk definierte Freud, was er unter Psychoanalyse verstand (Freud 1964, Band 13, 11): „Psychoanalyse ist der Name

(1) eines Verfahrens zur Untersuchung seelischer Vorgänge, welche sonst kaum zugänglich sind;

(2) einer Behandlungsmethode neurotischer Störungen, die sich auf diese Untersuchung gründet;

(3) einer Reihe von psychologischen auf solchem Wege gewonnenen Einsichten, die allmählich zu einer wissenschaftlichen Disziplin zusammenwachsen."

Aus dieser Definition geht hervor, dass Freud, wie später andere Psychoanalytiker, unter Psychoanalyse die Einheit von Forschung, Theorie und Therapie verstand, wobei der therapeutische Effekt im Vordergrund stehen sollte. Die Lebensgeschichte der Analysanden wird unter der Fragestellung „durchleuchtet", in welchen lebensgeschichtlichen Situationen Konflikte beziehungsweise missglückte Konfliktlösungen entstanden sind. Freud nahm an, dass bereits das Bewusstmachen von verdrängten Konflikten in der Kindheit einen therapeutischen Effekt hat. Methode der Forschung und Behandlung sind in der Psychoanalyse daher kaum voneinander zu trennen.

Das Strukturmodell aus Es, Ich und Über-Ich

Aus der Praxis der Psychoanalyse entwickelte Freud nach und nach das Strukturmodell „Ich, Es, Über-Ich", das als Persönlichkeitstheorie von grundlegender Bedeutung für die klinische Psychologie geworden ist. Darin wird erklärt, wie der psychische Apparat funktioniert, welche Steuerungsmechanismen und -antriebe das Denken und Handeln lenken, wie Verbindungen entstehen und wieder aufgelöst werden und nach welchen energetischen Prinzipien die Steuerungsvorgänge ablaufen.

- Die Befriedigung der Bedürfnisse geschieht beim Säugling zunächst nach dem Lust-Prinzip des Es. Das „Es" enthält nach Freud die angeborenen Triebe, Reflexe und psychischen Grundfunktionen. Es stellt die eigentliche psychische Realität dar, ist zeitlos und „gesetzlos", das heißt nicht an Normen gebunden und funktioniert nach dem Lustprinzip. Das Es enthält die biologischen Triebimpulse und die „Wünsche", die als „Assoziationen" von Triebbefriedigungen entstanden sind. Diese Wünsche sind nach Freuds Auffassung unbewusst. Sie gelangen nur auf „Umwegen" als Verkehrungen, Projektionen oder Ähnlichem in das Bewusstsein.

- Das Über-Ich ist der Gegenpol zu dem „gesetzlosen" Es. Es entsteht im Prozess der Sozialisation des Kindes, bei dem das Kind mit den

Normen der Gesellschaft konfrontiert ist und wird nach Freud nicht vor dem siebten Lebensjahr gebildet. Das Kind verinnerlicht („internalisiert") die Erwartungen der Eltern. Die belohnenden Elternforderungen manifestieren sich zum „Ich-Ideal" des Kindes, die strafenden verfestigen sich zum „Gewissen". Indem das Kind sich die gesellschaftlichen Erwartungen zu eigen macht, reduziert es seine Unsicherheit. Gewissen und Ich-Ideal vermitteln ihre Erfordernisse an das Ich durch Gefühle wie Stolz, Scham und Schuld. Das Über-Ich repräsentiert somit die Gesellschaft – deren Ziel oft genug darin besteht, die Individuen ganz von ihren unmittelbaren Bedürfnissen abzubringen und an ihre Stelle „gesellschaftliche" Erfordernisse zu setzen.

- Erst später entsteht das Ich, die selbstbewusste Auseinandersetzung des Individuums mit den Erfordernissen des Lebens. Es funktioniert nach dem Realitäts-Prinzip. Das Ich repräsentiert die Anpassungsfähigkeit der Person gegenüber den realen Anforderungen des Lebens. Es repräsentiert Realität und bis zu einem gewissen Grad auch Rationalität. Das Ich „sagt", wann ein geeignetes Objekt zur Befriedigung eines Bedürfnisses gefunden ist. Es stellt ein notwendiges Strukturelement der Person dar und zwingt das Individuum zum Triebverzicht. Das Ich setzt sich zusammen aus Anlagen sowie aus den vom Es ererbten Erfahrungen und aus neuen Erfahrungen. Es muss ständig zwischen den Triebbedürfnissen des Es und den Normen des Über-Ich vermitteln und wird deshalb mit Widerständen in der realen Welt konfrontiert.

Neurosen

Wenn Konflikte zwischen Es, Ich und Über-Ich nicht richtig gelöst werden, kann es zu neurotischen Fehlentwicklungen kommen. Unter „Neurose" versteht Freud eine erworbene Strukturverformung, das heißt ein Missverhältnis zwischen den drei psychischen Strukturelementen und der Realität. Ob daraus eine Krankheit wird, liegt an der individuellen Konstitution, am „subjektiven Leidensdruck" einer Person. Solange jemand arbeitsfähig ist, ist er nach Freuds Auffassung auch „gesund". In der Therapie lernt der Patient, seine verdrängten (verzichteten) Triebimpulse sowie die damit verbundenen Verletzungen und Versagungen zu erinnern und diese als seine eigenen zu akzeptieren. Er soll im Gespräch mit dem Therapeuten die Angst vor Bestrafung durch das eigene Gewissen verlieren und lernen, zu seinen Bedürfnissen zu stehen. Auf diese Weise wird sein Ich gestärkt.

Triebe und Instinkte

Nach Freuds Ansicht ist alles Verhalten durch Triebe und Instinkte motiviert, die ihrerseits als neurologische Erscheinungen physischer Bedürfnisse zu verstehen sind. In seinem frühen Werk ging Freud von Lebensinstinkten aus. Es handelt sich um Instinkte, die das Leben des Individuums erhalten und es motivieren, Wasser und Nahrung zu suchen. Eine andere Gruppe von Lebensinstinkten motiviert die Individuen zur Sexualität. Es handelt sich um Instinkte zur Erhaltung der Art. Die motivationale Energie dieser Lebensinstinkte nannte Freud „Libido". Seine klinischen Erfahrungen führten ihn dazu, der Sexualität die wichtigste Rolle in der Dynamik der Psyche einzuräumen, wobei er unter Sexualität weit mehr fasste als die unmittelbare Befriedigung des Triebes durch Geschlechtsverkehr. „Sexualität" wurde in seinem Werk daher nach und nach gleichbedeutend mit „Libido" (Boeree 1998, Sigmund Freud, 4).

In seiner späteren Lebensphase kam Freud zu der Erkenntnis, dass die Lebensinstinkte durch einen tiefersitzenden Instinkt, den Todestrieb motiviert sind. Freud neigte in seinem Spätwerk zu dem Glauben, dass jede Person den unbewussten Wunsch hat, zu sterben. Diese Annahme wird von den meisten tiefenpsychologischen Richtungen abgelehnt und als „Entgleisung" des alternden Psychiaters gewertet, der angesichts seiner unheilbaren Krebserkrankung, seiner Flucht vor der Naziherrschaft und menschlicher Enttäuschungen in die Negierung seines Werkes flüchtete. Boeree weist aber zurecht darauf hin, dass die scheinbare Umkehr in Freuds Denken einerseits das Libido-Konzept konsequent weiterführt und andererseits einer tiefen Lebensweisheit entspricht (Boeree 1998, Sigmund Freud, 4): Das Lust-Prinzip hält uns in ständiger Bewegung. Das letzte Ziel dieser Bewegung ist aber die Befriedigung, ein Zustand von Frieden und Ruhe, ein Wohlergehen ohne Bedürfnisse. Das Ziel des dynamischen Lebens ist daher – so gesehen – Entspannung und „Tod".

Der Amerikaner Boeree, der selbst eine buddhistische Psychologie entwickelt hat, glaubt in dem Konzept des Todestriebs das Nirvana Prinzip

des Buddhismus zu erkennen: den tiefsitzenden Wunsch der Menschen
nach Erlösung von andauernder Stimulation, von der Anziehungskraft
des Alkohols und der Drogen, in welchen sie sich verlieren, einschließlich solcher selbstverlierenden Aktivitäten wie Fernsehen, Bücherlesen
und Kinobesuch. Todestrieb und Lebenstrieb gehen normalerweise eine
Symbiose ein. Bei krankhaften Zuständen zerfällt diese Einheit. Der Todestrieb kann sich dann gegen die eigene Person richten (Selbstbestra-
fung, Suizid) oder gegen andere (Aggression, Grausamkeit, Mord und
Zerstörung).

Abwehrmechanismen

Das Grundgefühl des Ich besteht nach Freud in der Angst, das Überleben des Organismus könne in Gefahr geraten. Wenn diese Angst übermächtig wird, entwickelt das Ich Abwehrmechanismen, mit denen es
sich selbst schützt. Peinliche Triebregungen sowie Schuld-, Ekel- und
Schamgefühle und unerträgliche Vorstellungen werden unbewusst abgewehrt oder in akzeptable, weniger bedrohliche Formen umgewandelt.
Abwehrmechanismen werden nach psychoanalytischer Auffassung bereits in früher Kindheit entwickelt. Länger andauernde und hartnäckig
praktizierte Abwehrmechanismen können zu psychischen Störungen,
zum Beispiel zu Neurosen führen. Für verschiedene Krankheitsbilder
sind unterschiedliche Abwehrmechanismen verantwortlich. Die Verdrängung kann zur Hysterie führen. Reaktionsbildung und Isolierung
können eine Zwangsneurose zur Folge haben, und die Projektion ist oft
die Ursache für Paranoia.
Freud und seine Tochter Anna sowie Schüler Freuds haben zahlreiche
Abwehrmechanismen des Ich aufgedeckt (Boeree 1998, Sigmund
Freud, 5-9):

- *Verleugnung* meint die Auslöschung von Ereignissen aus dem Bewussten. Es handelt sich um eine primitive und gefährliche Technik,
  da die Realität, die eine Person nicht sehen will, auf anderem Wege
  und in Verbindung mit anderen subtilen Mechanismen fortwirkt.
  Medizinstudenten, die bei einer Autopsie blass werden oder Menschen, die nicht zugeben können, dass sie der Tod einer geliebten
  Person schmerzt, leugnen Dinge, die sie irgendwann im Leben wieder einholen.

- *Verdrängung* besteht in der Unfähigkeit, sich an eine bedrohliche Situation, ein bedrohliches Ereignis oder eine Person zu erinnern. Die Angst vor Spinnen oder Schlangen ist oft ein Symptom für eine solche Verdrängung, deren Ursprung man nicht kennt. Träume können diese Situationen in Erinnerung rufen. Es handelt sich um eine Art Konditionierung: Boeree nennt ein Beispiel, das auf Selbstbeobachtung beruht. Als Kind entwickelte er eine ihm unerklärliche Angst (Phobie) vor Spinnen, die besonders stark bei seinem Eintritt ins College in Erscheinung trat. Ein psychologisch geschulter Studentenberater half ihm durch eine Methode der „Desensibilisierung" von dieser Angst loszukommen – ohne ihm sagen zu können, wodurch die Angst vor Spinnen entstanden war. Jahre später hatte er einen eindringlichen und klaren Traum, in welchem er von seinem Cousin in einen Schuppen hinter dem Haus des Großvaters eingesperrt wurde – und dicke schwarze Spinnen über den Boden laufen sah. In Freuds Theorie der Abwehrmechanismen des Ich lösen die Spinnen bei diesem Beispiel immer wieder die Angst vor dem Eingesperrtsein aus, ohne dass sich das Individuum darüber bewusst wird.

- *Askese* beziehungsweise die generelle Selbstversagung von Bedürfnissen. Die Magersucht ist ein Beispiel für diese Art Abwehrmechanismus. Sie kann in der frühen Adoleszenz entstehen, wenn die Verleugnung von sexuellen Wünschen einher geht mit der unbewussten Ablehnung aller Bedürfnisse, so auch der Nahrungsaufnahme. Heranwachsende können sich einen mönchsähnlichen Lebensstil aneignen, mit welchem sie ihre Abneigung gegenüber allem, was andere Menschen gern mögen, zum Ausdruck bringen. Auch diese Art von Askese ist Selbstschutz.

- *Isolation* – gelegentlich auch in der Form von Intellektualisierung – ist die Abwehrtechnik des Ich, Emotionen von einer problematischen Erinnerung oder einem bedrohlichen Impuls abzuwenden. Man tut so, als wäre ein in Wirklichkeit gravierendes Ereignis harmlos oder gar nicht wirklich geschehen – so, wenn jemand halb amüsiert zum Besten gibt, er sei in der Kindheit missbraucht worden. Diese Art des Selbstschutzes ist oft nützlich. Manche Menschen verhalten sich bei Unfällen gefasst und ruhig – um erst anschließend in Ohnmacht zu fallen. Ärzte und Sanitäter müssen sich an Blut und grässliche Wunden gewöhnen – sie überspielen ihre natürlichen Reaktionen des Entsetzens.

- *Verschiebung.* Das Umlenken eines Impulses in ein Ersatzobjekt. Eine Person, die ihre Mutter hasst und dieses Hassgefühl unterdrückt, kann zum Beispiel Frauen allgemein hassen. Wenn ich meine Liebe nicht verwirklichen kann, finde ich Katzen oder Hunde als Ersatz für ein menschliches Wesen. Unbefriedigte sexuelle Wünsche können durch einen Fetisch befriedigt werden. Die Wut über meinen Vorgesetzten kann ich zu Hause an meinem Hund oder an einem Familienmitglied ablassen.

- *Selbsthass.* Hier handelt es sich um eine spezielle Form von Verschiebung, bei welcher die Person selbst das Ziel der Substitution wird. Viele Gefühlszustände, wie Minderwertigkeit, Depression oder Schuldgefühle, lassen sich nach Freud durch diesen Mechanismus erklären.

- *Projektion* ist das genaue Gegenteil zum Selbsthass. Bei dieser Technik werden die eigenen unannehmbaren Wünsche in anderen gesehen (in andere projiziert). Die Wünsche existieren in mir weiter, sie werden aber nur bei anderen bemerkt. Wenn man Menschen hasserfüllt über Dinge und Personen reden hört, kann man vermuten, dass der Hass aus eigenen Frustrationen, nach Freuds Theorie überwiegend aus sexueller Unzufriedenheit herrührt.

- *Altruismus* ist eine besondere Form von Projektion. Das Individuum versucht, die eigenen unerfüllten Wünsche durch andere Menschen zu befriedigen. Ein Beispiel ist der Freund, der – selbst inaktiv – ständig versucht, seinen Freund zu Aktivitäten zu ermuntern, um ihn später auszufragen, wie es war und was alles passiert ist. Eine extreme Form der altruistischen Projektion ist das Helfersyndrom, bei dem eine Person ihr ganzes Leben für und durch andere lebt.

- *Reaktionsumwandlung.* Hier wird ein unannehmbarer Impuls in sein Gegenteil verwandelt. Ein Kind, das unzufrieden mit seiner Mutter ist, kann in heftige Liebkosungen verfallen. Ein missbrauchtes Kind kann sich zu den missbrauchenden Eltern hingezogen fühlen. Jungen in einem bestimmten Alter sagen, dass Mädchen langweilig sind und meiden den Kontakt – entwickeln aber in Wirklichkeit Gefühle zum weiblichen Geschlecht und umgekehrt.

- *Auslöschung* beziehungsweise ungeschehen machen. Durch magische Rituale oder beschwörende Handlungen kann eine Person versuchen, ihr unangenehme Gedanken oder Gefühle spontan zu überspielen. Ein Beispiel ist der Schüler, der wegen ungebührlichen Verhaltens aus dem Klassenraum ausgeschlossen wird und auf dem Flur sinnlose Silben deklamiert oder eine Liste von Namen auswendig lernt.

- *Identifikation mit dem Aggressor.* Es handelt sich um eine Form der Introjektion, bei welcher eine Person vor allem die negativen beziehungsweise gefürchteten Charakterzüge eines aggressiven Gegenübers verinnerlicht und entsprechend handelt. Der Junge, der Angst vor einem gleichaltrigen Raufbold hat, stellt sich ebenfalls in eine drohende Pose, um durch sein Imponiergehabe die Gefahr abzuwenden. Bekannt geworden ist das so genannte „Stockholm-Syndrom": Frauen, die in die Gewalt von Terroristen geraten waren, äußerten sich nach ihrer Befreiung in sympathisierender Weise über ihre Geiselnehmer. Um den Schock der dramatischen Gefangennahme zu überwinden, hatten sie sich mit den Zielen der Weltverbesserer identifiziert.

- *Regression.* Wenn jemand zu sehr in Stress gerät, verfällt er in Verhaltensweisen aus einer früheren psychologischen Phase, die ihm angenehm in Erinnerung ist. Alte Menschen, deren Lebensumstände sich dramatisch verschlechtern, werden oft kindisch. Ein Kind, das ins Krankenhaus kommt, kann in Bettnässen oder Daumenlutschen zurückfallen. Teenager fangen an zu kichern, wenn sie mit dem anderen Geschlecht in Berührung kommen.

- *Rationalisierung* ist eine kognitive Verdrehung von „Tatsachen", um einen Impuls oder ein Ereignis, das als bedrohlich empfunden wird, abzuwehren. Entschuldigungen oder Rechtfertigungen sind solche Techniken des Verstandes, mit welchen wir von unserem verletzten Ich ablenken wollen.

- *Sublimierung* ist die Umwandlung eines unannehmbaren Impulses – Ärger, Angst oder Sexualität – in eine sozial akzeptierte produktive Form. Freud vermutete, dass alle positiven und kreativen Aktivitäten als Sublimierungen zu verstehen sind, überwiegend als Sublimierungen des Sexualtriebes.

Die Entwicklungstheorie Freuds

Die Libido-Theorie ermöglichte es Freud, eine Phasentheorie der Entwicklung des Kindes zu entwerfen. Sexualität bedeutete für ihn nicht nur Geschlechtsverkehr, sondern jede angenehme Empfindung der Haut. Babies, Kinder und Erwachsene lieben das Streicheln der Haut, Küsse und andere Zärtlichkeiten. Nachfolger Freuds nannten dies die erogenen Zonen. Entsprechend der körperlichen Entwicklung konzentriert sich die Aufmerksamkeit auf unterschiedliche Körperzonen.

- Die *orale Phase* dauert von der Geburt bis zum Alter von 18 Monaten. In ihr ist der Mund die erogene Zone. Saugen und Beißen stehen im Mittelpunkt.

- Die *anale Phase* setzt Freud von 18 Monaten bis zum vierten Lebensjahr. Im Mittelpunkt des Interesses steht in dieser Phase der Anus. Anhalten und Entleeren bereiten dem Kind in dieser Phase große Freude.

- Daran schließt die *phallische Phase* an, die vom dritten oder vierten Lebensjahr bis zum sechsten oder siebten Lebensjahr dauert. In dieser Phase werden die Genitalien entdeckt. Onanie ist eine häufige Erscheinung. In dieser Phase entsteht der so genannte „Ödipuskomplex", das heißt das Bedürfnis des Kindes, das jeweilige andere Geschlecht – das Mädchen den Vater, der Junge die Mutter – zu „besitzen".

- Die *Phase der Latenz* geht vom sechsten oder siebten Lebensjahr bis zur Pubertät (circa zwölftes Lebensjahr). In dieser Phase unterdrücken nach Freuds Meinung die Heranwachsenden in der Regel ihre sexuellen Wünsche, um zu lernen. Diese Auffassung ist offensichtlich zeitgebunden. Die heutige Jugend dürfte wesentlich mehr von sexueller Neugier geprägt sein als die um die Jahrhundertwende.

- Die *genitale Phase* beginnt mit der Pubertät. In dieser Zeit gewinnt der Sexualtrieb die Oberhand und die Freude am Geschlechtsverkehr dominiert.

Die Bedeutung Freuds für die Entwicklung der Psychologie

Freuds Leistung bestand in der Entdeckung der psychischen Verursachung körperlicher und seelischer Leiden. Er deckte eine dynamische psychische Struktur im Menschen auf, deren Bedeutung noch heute Gültigkeit hat. Das Verständnis vom Bewusstsein erweiterte er vor allem durch die Dimension des Unbewussten. Er lenkte die Aufmerksamkeit auf die entscheidenden psychischen Prozesse in der frühen Kindheit. Seine Auffassung von der Libido als ursächlicher Triebquelle stellt noch heute ein nützliches Erklärungsmodell für frühkindliche Entwicklungsprozesse dar. Die Psychoanalyse Freuds hat den Erziehenden ein Bewusstsein ihrer Verantwortung gegenüber dem Kind vermittelt. Seine Ausführungen über die zentrale Rolle der Bedürfnisse haben klargestellt, dass Bedürfnisse nicht ungestraft vernachlässigt oder unterdrückt werden dürfen.

Kritisch ist aus heutiger Sicht anzumerken, dass Freud den Einfluss der Kindheit überschätzt hat (Wawrinowski 1985, 39). Die zentralen Annahmen seiner Theorie waren und sind heftiger Kritik ausgesetzt. Der Ödipuskomplex wird heute von den meisten Persönlichkeitspsychologen als Sonderfall eingestuft und nicht, wie Freud meinte, als universelles Phänomen (Boeree 1998, Sigmund Freud, 15). Freuds Betonung des Sexualtriebs – genauer die Unterdrückung von Sexualität – wird heute als eine eher historische Erscheinung der Frauen in Freuds Praxis um die Jahrhundertwende betrachtet. Freud wird vorgeworfen, die sexuelle Frustration der Frauen aus der Mittel- und Oberschicht zu sehr verallgemeinert und den gesellschaftlichen und kulturellen Wandel außer Acht gelassen zu haben. Ein ebenfalls oft kritisiertes Konzept ist Freuds Auffassung vom Unbewussten. Andere Richtungen der Psychologie nehmen an, dass wesentlich weniger Motive aus dem Unbewussten gesteuert werden als Freud glaubte. Auch hier kann es sich allerdings um einen kulturellen Wandel handeln.

3.2 DER BEHAVIORISMUS

Unter Behaviorismus versteht man einen Ansatz in der Psychologie, der ausschließlich das von außen beobachtbare, durch Reize induzierte Verhalten (amerikanisch: behavior, englisch: behaviour) zum Gegenstand der Betrachtung macht und die auf Introspektion, das heißt auf Verstehen basierenden Erklärungen ablehnt. Begründet wurde diese Richtung in den USA von John B. Watson (1878–1958), der die bis dahin philosophisch ausgerichtete Psychologie, die vor allem das Lernen von Bewusstseinsinhalten untersuchte, revolutionieren wollte. Die neue Psychologie ordnete Watson in die Naturwissenschaften ein: „Der Behaviorismus ist … eine Naturwissenschaft, die das gesamte Gebiet menschlicher Anpassungsvorgänge umfasst. Sein nächster Nachbar in den Wissenschaften ist die Physiologie" (Watson 1968/1930, 43). Watson sah die Aufgabe der behavioristischen Psychologie darin, menschliches Verhalten vorherzusagen und zu kontrollieren. Nach seiner Auffassung gab es beim Menschen kaum angeborene Instinkte und Verhaltensweisen. Da entsprechend der Darwinschen Theorie zwischen Mensch und Tier eine evolutionäre Verbindung bestand, konnten nach Auffassung der Behavioristen psychologische Lernexperimente auch an Tieren gemacht werden. Jahrzehntelang war daher die amerikanische wissenschaftliche Psychologie durch Experimente mit konditionierten Tieren gekennzeichnet. Zu Beginn der 60er Jahre, als mit der „kognitiven Wende" die Erkenntnis wuchs, dass Bewusstseinsvorgänge und emotionale Zustände das Verhalten wesentlich beeinflussen, setzte die Kritik an der einseitig naturwissenschaftlichen Betrachtungsweise des Behaviorismus ein.

Gegen die Introspektion wandte Watson ein, dass deren Ergebnisse widersprüchlich und einer wissenschaftlichen Prüfung nicht zugänglich seien. Er wollte eine „positive" Wissenschaft der Psychologie betreiben, in welcher jeder Schritt einer Reiz-Reaktions-Kette des Verhaltens nachvollziehbar und die Gesetzmäßigkeiten des Verhaltens im Experiment reproduzierbar sein sollten. Dieser Positivismus wurde angeregt durch das berühmte Experiment des Russen Pawlow (1849–1936), in welchem bedingte Reflexe an Hunden nachgewiesen wurden. Pawlow erhielt für seine Versuche 1905 den Nobelpreis.

In den USA hatte noch vor Watson Thorndike (1874–1949) in Tierexperimenten das Versuch-Irrtum-Verhalten und das Prinzip des Lernens am Erfolg entwickelt. In Experimenten konnte Watson zeigen, dass der Mensch manipulierbar beziehungsweise durch Reize der Umwelt konditionierbar ist. Diese Beobachtungen verleiteten ihn zu dem berühmt gewordenen euphorischen Ausspruch, man möge ihm ein Dutzend Neugeborene übergeben, und er würde aus ihnen nach Belieben alles machen: einen Arzt, einen Rechtsanwalt oder einen Dieb. Diese Überzeugung ist tief in der amerikanischen Mentalität verwurzelt, die davon geleitet wird, dass jeder von Geburt mit gleichen Rechten und Möglichkeiten ausgestattet ist und durch die gesellschaftliche Umwelt die gleichen Chancen erhalten sollte.

Der Gedanke, dass die Umwelt das Verhalten bestimmt und dass Verhalten sowie Einstellungen und Gefühle konditionierbar sind, führte zu einem enormen Aufschwung der wissenschaftlichen Psychologie, vor allem in den USA. 50 Jahre lang beherrschte der Behaviorismus die akademische Psychologie. Getragen wurde diese Richtung von dem Fortschrittsglauben der Naturwissenschaften nach der Jahrhundertwende. Die subjektive Methode nannte Watson „unmöglich" (Watson 1968, 43). Die „objektiven" Psychologen sollten sich auf das konzentrieren, was beobachtbar sei: „Wir können Verhalten beobachten – das, was der Organismus tut oder sagt" (Watson 1968, 39). Verhalten wurde ausschließlich als die Verbindung von Reizen und Reaktionen gesehen. Das Vorbild dieser Betrachtungsweise war der Reflex. Nur das gewohnheitsmäßige Verhalten sollte untersucht werden, weil es für Anpassungsvorgänge entscheidend sei – spontane Impulse und (scheinbar) willkürliche Einzelreaktionen blieben außerhalb der Betrachtung.

Diese Auffassung einer „objektiven" Psychologie hatte zur Konsequenz, dass alle Begriffe für subjektive Prozesse im Individuum, wie Empfindung, Wahrnehmung, Absicht, Vorstellung und sogar Emotionen und Gefühle, aus der wissenschaftlichen Fachsprache der Behavioristen entfernt wurden, um die Psychologie als objektiven Zweig der Naturwissenschaften definieren zu können (Ulich 1993, 93). Dabei handelte es sich jedoch oft lediglich um begriffliche Umdeutungen. In dem berühmten Experiment mit dem kleinen Albert, in welchem diesem Angst vor einer weißen Ratte konditioniert wurde (siehe das Kapitel Lernpsychologie), wird von „Reaktionen" des kleinen Kindes gesprochen und das Wort „Angst" vermieden.

Das Tabu, über seelische Prozesse, ja sogar über das Denken und die Informationsverarbeitung von Testpersonen, wissenschaftlich nachzudenken, war mehrere Jahrzehnte lang vor allem in der universitären Psychologie in den USA wirksam und verhinderte die Auseinandersetzung mit anderen Richtungen. Watson verließ 1920 die Universität. In seiner Nachfolge entstand ein heute kaum noch zu überblickendes behavioristisches Forschungsprogramm mit Tausenden von Tierversuchen, in welchen die Tiere Reizen wie Elektroschocks, Nahrungs- und Flüssigkeitsentzug, sexuellen Reizen beziehungsweise deren Entzug, Wärme und Wärmeentzug u.a. unter verschiedenen Umgebungsmerkmalen wie Farbe des Käfigs, Lärm u.a. ausgesetzt wurden (Ulich 1993, 96). Getestet wurden unter anderem die Schnelligkeit der Aufgabenlösung, so zum Beispiel die Zeit, welche eine Ratte benötigte, um ein Labyrinth zu durchqueren, um das Futter an dessen Ende zu finden, die Zahl der Fehler beziehungsweise misslungenen Lösungsversuche sowie die passende Reaktion. Alle Experimente wurden mit dem Ziel der Verallgemeinerbarkeit durchgeführt. Methodisch bedeutete dies die Reproduzierbarkeit des Experiments unter den gleichen Bedingungen. Das Ziel der behavioristischen Tierversuche lag im Anwendungsbezug. Nur gewohnheitsmäßiges Verhalten war reproduzierbar. Wenn es gelang, im psychologischen Experiment nachzuweisen, auf welche Reize eine Person gewöhnlich mit welcher Reaktion antwortete, brauchte in der Praxis – zum Beispiel in der Werbung – nur der entsprechende Reiz gesetzt werden, um das gewünschte Verhalten zu erzeugen (Ulich 1993, 96).

In dem Maße, wie das Lernen in den behavioristischen Experimenten an Bedeutung gewann, konnten auch innere Zustände nicht mehr völlig außer Acht gelassen werden. Es wurde nun üblich, auch innerpsychische Faktoren wie Bedürfnisse, Gewohnheiten, Hemmungen, Erwartungen, das Vorwegnehmen von Verhalten beziehungsweise Erfolgen sowie Gedächtnisstrukturen als Hypothesen in die Versuchsanordnung einzubeziehen. Diese so genannten „intervenierenden" Variablen sollten dazu dienen, das Verhalten besser vorhersagen zu können. Mit dem starren Reiz-Reaktionsmodell Watsons hatte dieses Vorgehen nicht mehr viel gemein. Daher wird diese Richtung als „Neo-Behaviorismus" bezeichnet. Als bedeutendster Vertreter gilt Clark S. Hull (1884–1952), der nach dem Vorbild der Newtonschen Physik alles Verhalten auf wenige Gesetze zurückführen wollte. Er kam 1929 nach Yale, dem damaligen Zentrum der Tierversuche und entwickelte das von Thorndike zehn Jahre zuvor aufgestellte Prinzip des Lernens am Erfolg weiter (siehe das Kapitel Lernpsychologie). Verhalten und Lernen dienten seiner Auffassung nach dem Überleben eines Individuums. Zwei innerpsychische Faktoren waren nach Hulls Meinung für ein erfolgreiches Verhalten entscheidend: ein wirksamer Antrieb und die bereits erworbenen Fähigkeiten, um ein Verhalten ausführen zu können. Die Motivation führt zur Aktivierung des bereits erworbenen Verhaltens. Sie stellt die Verhaltensbereitschaft beziehungsweise das Reaktionspotential eines (tierischen oder menschlichen) Individuums dar (Ulich 1993, 98).

Ein weiterer bedeutender Vertreter des Neo-Positivismus war Edward C. Tolman (1886–1959). Er erklärte, dass das Verhalten ziel- und zweckgerichtet sei und man daher von kognitiven intervenierenden Variablen ausgehen müsse. Sowohl Tiere wie Menschen bildeten Erwartungshaltungen aus, die das Verhalten steuerten. Auch der Pawlowsche Hund habe eine solche Erwartungshaltung gehabt und auf das Glöckchen mit Speichelsekretion reagiert, weil er damit rechnen konnte, dass das Futter nun verabreicht würde (Schönpflug & Schönpflug 1983, 350). Tolman entwickelte das Konzept der „kognitiven Landkarte". Er wollte damit ausdrücken, dass Tiere und Menschen sich bestimmte Orientierungsmarken setzen, das heißt ein Merkverhalten entwickeln, mit Hilfe dessen sie sich über die Lage eines Zieles, den Prozess eines Handlungsablaufs und anderem ein Bewusstsein schaffen. Aber auch diese kognitiven Zwischenvariablen wollte Tolman streng empirisch überprüfen.

Am bekanntesten ist der Behaviorist Burrhus F. Skinner (1904–1990) geworden. Er verzichtete vollkommen auf theoretische Erklärungen und lehnte auch die Auffassung Tolmans und anderer Neopositivisten ab, die anerkannten, dass der Mensch bestimmte Konsequenzen seines Verhaltens erwartet beziehungsweise erhofft oder fürchtet. Seine Grundannahme bestand darin, dass der Mensch ein aktives Wesen ist und deshalb mehr auf die Verstärkung seiner Tätigkeiten (amerikanisch: operant behavior) als auf die Verstärkung von Reiz-Reaktionen ausgerichtet sei. Diese Richtung nannte er daher operantes Konditionieren (Konditionierung des Wirkverhaltens). Er konstruierte die so genannte Skinnerbox, in welcher jede Verhaltensänderung in Richtung des gewünschten Endverhaltens in gleicher Weise verstärkt wurde – im Gegensatz zu Thorndikes Katzenkäfigen, in welchen nur das gewünschte Verhalten (Drücken eines Hebels, um an das Futter zu kommen) belohnt wurde. Das Individuum ist in der experimentellen Anordnung Skinners kein reaktives Wesen, sondern tritt mit einem bestimmten spontanen Verhalten auf, welches auf die Umwelt einwirkt und von dort bestimmte Reaktionen erhält, die verstärkend wirken können. Die in den 70er Jahren einsetzende pauschale Kritik am Behaviorismus versperrte den Blick dafür, dass Skinner den Weg für den Kognitivismus vorbereitete, welcher davon ausgeht, dass das Individuum ständig aktiv ist. Skinners Experimente waren so erfolgreich, dass sie zu dem verbreiteten Konzept des Programmierten Lernens weiterentwickelt werden konnten.

Der bekannteste Behaviorist in Europa war Hans Jürgen Eysenck (1916–1997), der als 18-Jähriger 1934 aus Berlin vor der Naziherrschaft nach London fliehen musste und dort nach seinem Psychologiestudium 1940 an einem Unfall-Krankenhaus wirkte, wo er unter anderem Forschungen über die Zuverlässigkeit psychiatrischer Diagnosen betrieb. Seine Erfahrungen in dieser Institution prägten ihn so sehr, dass er lebenslang ein Kritiker der klinischen Psychologie blieb. Seine Theorie ist primär physiologisch und genetisch orientiert. Erlernte Verhaltensweisen (habits) sind seiner Ansicht nach nur auf dem Hintergrund genetischer Vererbung zu verstehen. Eysencks statistische Methodenlehre basiert auf der Faktoranalyse. Aus einer Masse von Daten können auf diese Weise „Dimensionen" selektiert werden.

Seine Persönlichkeitspsychologie entwickelte Eysenck in zwei Hauptrichtungen: Neuroseforschung und Ausarbeitung der Dimension Extraversion – Introversion (siehe das Kapitel Lernpsychologie). Bestimmte Personen haben seiner Ansicht nach genetisch bedingt ein höheres Anspruchsniveau des sympathischen Nervensystems als andere. Nur so ist es seiner Meinung nach zu erklären, dass einige in Notsituationen relativ ruhig bleiben, während andere Angst oder andere Emotionen zeigen und wiederum andere bereits bei kleineren Unfällen in panikartige Reaktionen verfallen. Der Untersuchung dieser Dimensionen widmete Eysenck sein Lebenswerk. Er schrieb 75 Bücher und mehr als 700 Artikel und ist damit einer der produktivsten Verfasser psychologischer Werke (Boeree 1998).

Zusammenfassend kann man feststellen, dass der Behaviorismus historisch wertvolle Verdienste hat, weil er die Situationsabhängigkeit des Verhaltens in den Mittelpunkt rückte, die Psychologie ihrer spekulativen Züge entkleidete und die generelle Lernfähigkeit des Individuums nachweisen konnte. Der strenge Umweltbezug des Behaviorismus hatte positiv zur Folge, dass die Aktivitäten des Individuums im Zentrum der Beobachtung standen und damit auch die prinzipielle Erziehbarkeit und die Lernfähigkeit von Individuen erkannt wurden. Die Psychologie entwickelte sich unter der Dominanz der Behavioristen zu einer streng erfahrungswissenschaftlichen Disziplin, deren Methoden immer mehr verfeinert werden konnten (Ulich 1993, 100). Die Verabsolutierung dieser positiven Merkmale führte allerdings zu den in der Kritik häufig erwähnten

Übersteigerungen am Erziehungsoptimismus und an der Machbarkeitsideologie des Behaviorismus, die besonders Skinner in seinem utopischen Roman Walden II (1948) zeigte. In diesem Roman wird eine künftige Gesellschaftsordnung beschrieben, die streng nach den Prinzipien der operanten Konditionierung aufgebaut ist.

3.3 DER KOGNITIVISMUS

Als Reaktion auf den methodischen Dogmatismus der behavioristischen Psychologie entstand zu Beginn der 60er Jahre eine Forschungsrichtung, die sich den kognitiven Prozessen des Denkens, Wissens, Urteilens, Sich-Merkens, Erinnerns und der Wahrnehmung zuwandte, beziehungsweise generell allen psychischen Erscheinungen einschließlich dem Verhalten kognitive Variablen zugrunde legte (Ulich 1993, 103). Bei dieser „kognitiven Wende" handelte es sich in gewisser Weise um die Wiederaufnahme des ursprünglichen Anliegens der Psychologie, seelische beziehungsweise Bewusstseinsprozesse zu erforschen. Allerdings hatten 50 Jahre Psychoanalyse und Behaviorismus theoretische und methodische Voraussetzungen geschaffen, die einen erfahrungswissenschaftlichen Zugang zu kognitiven Prozessen erlaubten. Während der Behaviorismus und der Neobehaviorismus sich mit dem Lernen von Verhalten befassten, stehen in der kognitiven Psychologie der Erwerb, die Verarbeitung und die Anwendung von Wissen im Mittelpunkt des Interesses.

Die neue Richtung war in sich weniger einheitlich geschlossen als ihre Vorgänger. Dies entsprach der in den 60er Jahren aufkommenden und bis heute anhaltenden Neigung, psychische Tatbestände pluralistischer zu untersuchen und die Ergebnisse anderer Theorierichtungen zu akzeptieren. Getragen wurde der Kognitivismus durch ein neues Bild vom Menschen, in welchem dieser nicht mehr als Trieb- oder Mängelwesen, sondern als aktives und bewusst handelndes Individuum verstanden wurde. Gerade das Zusammenwirken von Gefühlen, Emotionen und Bewusstseinszuständen bestimmt nach Ansicht der Kognitivisten die spezifische individuelle Handlung. Personen erfassen, beurteilen und entscheiden sich in Situationen jeweils individuell. Sie entwickeln Einsichten und geben ihrem Handeln Sinn. Motivationen und selbst Emotionen sind aus kognitivistischer Sicht daher Teile von bewussten Entscheidungsvorgängen.

Bei genauerer Betrachtung dessen, was Kognitivisten mit „Bewusstsein" meinten, stellt sich diese Richtung als nicht völlig entgegengesetzt zu ihren Vorläufern dar. „Die eigentlich kognitiven Prozesse bestehen nun im gedanklichen Vorwegnehmen von Folgen, im Einschätzen von Erfolgsaussichten, im Beurteilen der eigenen Fähigkeiten in Relation zur gestellten Aufgabe, im Vergleichen von Ergebnissen mit den gesetzten Zielen, in der Bewertung von eigenen Fähigkeiten und Leistungen, im Abwägen von Wahrscheinlichkeiten" (Ulich 1993, 105). Es findet eine Verschiebung von primären zu sekundären Motiven statt – oder, in psychoanalytischer Terminologie, vom Es zum Ich. Steuerung und Kontrolle des Individuums werden aus dieser Sicht nicht mehr durch das primäre Bedürfnis verursacht, biologisch determinierte Mängelzustände zu beseitigen beziehungsweise nach Freudscher Auffassung, den Sexualtrieb zu sublimieren, sondern durch das sekundäre Bedürfnis, gesellschaftlich normierte Erwartungen zu erfüllen.

Einen entscheidenden Beitrag lieferte der Kognitivismus zur Erforschung der Person als informationsverarbeitendes System. Informationsverarbeitung stellt einen Oberbegriff für komplexe Prozesse dar, in welchen Informationen aufgenommen, bearbeitet, weitergeleitet, transformiert, verknüpft, das heißt insgesamt „verstanden" werden. Die Psychologie kann solche Prozesse nicht allein erforschen, sondern ist auf die Zusammenarbeit benachbarter Disziplinen wie Linguistik, Informatik, Neurologie und anderen angewiesen. Das systemtheoretische Denken in der Psychologie beruht auf einem Vergleich des Menschen mit dem Computer. In Analogie zum Computer wurden entsprechende Teilsysteme des Menschen definiert und untersucht, um Aufschlüsse über die Gesetzmäßigkeiten der menschlichen Informationsverarbeitung zu erhalten:

• Input-Output-Mechanismen (Input: Wahrnehmung, Informationsaufnahme; Output: Handlungen, Änderung von Einstellungen und Meinungen usw.),

• Programm: Abfolge von Handlungsanweisungen,

• Prozessor: Abfrage und Verarbeitung von Informationen und Programmen im Gehirn,

• Speicher: Das Gedächtnis als Informationsspeicher.

53

Der Kognitionspsychologie kommt dabei die Aufgabe zu, anhand von Persönlichkeitsmerkmalen, Situationsvariablen, Lern- und Entwicklungskonzepten das „System Mensch" im Rahmen der Informationsverarbeitung zu erforschen. Die Tätigkeiten des „Prozessors" hängen davon ab, ob eine Person motiviert, müde, gleichgültig oder aufmerksam ist, in welcher Entwicklungsphase sie sich befindet und welche Lernprozesse sie vorher durchlaufen hat. Der Ablauf eines „Programms" wird wesentlich davon beeinflusst, ob ein Individuum flexibel auf neue Informationen reagiert oder stur an bestimmten Standpunkten festhält. Der „Speicher" ist beim Menschen nicht nur Datenträger, sondern enthält auch Strategien für die Speicherung und Verschlüsselung von Informationen, so dass Bedeutungen zugleich erkannt und bewertet werden können.

Auch wenn Begriffe wie „Bewusstsein", „Wissen", „Können" und „Handlung" eine wesentliche Rolle in der neuen Richtung spielten, bedeutete die Hinwendung zu kognitiven Prozessen noch nicht, dass die Person als Ganzheit, als subjektiv empfindende und handelnde Person im Mittelpunkt des Interesses stand – im Gegenteil: Kognitivistische Forscher unterstellten ähnlich wie ihre behavioristischen und psychoanalytischen Vorgänger, dass der Mensch gewissermaßen „automatisch" nach bestimmten Gesetzmäßigkeiten handelt mit dem Unterschied, dass nicht Triebe oder Reize das Verhalten bestimmten, sondern vermutete „Konzepte" beziehungsweise die Verarbeitung von Informationen. Das Forschungsinteresse verschob sich gewissermaßen vom „Bauch" zum „Kopf". Zum Teil begnügten sich „Kognitionsforscher" damit, behavioristisch formulierte Erklärungsmodelle durch die Annahme kognitiver Variablen zu „modernisieren". Insgesamt hielt die kognitive Psychologie an dem Gedanken fest, dass Erleben und Verhalten durch universelle Annahmen erklärt und prognostiziert und somit das Ziel der Psychologen, Verhalten durch die Variation kognitiver Variablen auch zu kontrollieren und zu verändern, erreicht werden könne (Ulich 1993, 113).

3.4 DIE HUMANISTISCHE PSYCHOLOGIE

Mitte der 50er Jahre entwickelte sich in den USA eine psychologische Richtung, die später als „Humanistische Psychologie" bezeichnet wurde. Ihr Anliegen war es, dem mechanistischen Weltbild des Behaviorismus und der kritisch-zergliedernden Betrachtungsweise der Psychoanalyse ein positives Weltbild entgegenzusetzen, in welchem das bewusst handelnde Individuum im Zentrum steht. Zu dieser „dritten Kraft" der Psychologie zählten der Motivationspsychologe Abraham Maslow (1908–1970), der Therapeut Carl R. Rogers (1902–1987), die Kinder- und Jugendpsychologin Charlotte Bühler (1893–1974), der in den USA angesehene Psychiater und Professor, Überlebender des Holocaust, Viktor E. Frankl (1905–1998), die Gründerin der Themenzentrierten Interaktion (TZI) Ruth Cohen (geb. 1912) und der Vertreter der existentiellen Psychologie Rollo May (1909–1993). Gemeinsam ist diesen Psychologen das Bemühen, ihren Klienten zu einem positiven Verständnis ihrer Möglichkeiten zu verhelfen und sich selbst zu verwirklichen. Das bewusste ganzheitliche Erleben des Individuums steht im Mittelpunkt der psychologischen Betrachtung. Als die prominentesten Vertreter dieser Richtung gelten heute C. Rogers und A. Maslow. Viktor Frankl repräsentiert die existenzialistische Seite dieser Richtung.

Carl Rogers war klinischer Psychologe. Er glaubte, dass die Menschen grundsätzlich gesund und gut sind – jedenfalls nicht böse oder krank. Seine Theorie basiert auf der Annahme einer einzigen und allumfassenden Lebenskraft, die er als Aktualisierungstendenz bezeichnete. Es handelt sich gewissermaßen um eine dem Leben mitgegebene Motivation, die individuellen Fähigkeiten zu entwickeln. Rogers glaubte, dass alle Personen das Beste aus ihrem Leben machen wollen. Mit dieser Grundmotivation war seiner Meinung nach die Frage nach allen anderen Motiven korrekt beantwortet. Wir befriedigen Hunger und Durst, streben nach Sicherheit und Liebe, forschen nach besserer medizinischer Behandlung, nach neuen Energiequellen oder neuen Ausdrucksformen der Kunst – weil wir das Beste aus dem machen wollen, was die Natur uns mitgegeben hat.

Diese Lebenskraft haben nach Rogers Meinung alle Lebewesen. Die Evolution hat jeden Organismus mit Wissen beziehungsweise Instinkt darüber versorgt, was für ihn gut ist. Die Evolution hat uns mit Wahrnehmung und Geschmack ausgestattet, um das zu finden, was wir brauchen. Positives Denken und positive Selbsteinschätzung sind für Rogers zentrale Begriffe. Seine Therapie ist klientenzentriert. Der Patient selber soll sagen, was mit ihm ist und Wege der Veränderung finden (Boeree 1998, Carl Rogers, 5).

Maslows zentraler Begriff ist die Selbstverwirklichung. Sie rangiert in seiner Bedürfnishierarchie (siehe das Kapitel Motivation) als höchster

Wert. Es handelt sich ähnlich wie bei Rogers um den Wunsch, die eigenen Potentiale zu verwirklichen und das eigene Ich möglichst vollkommen zu leben. Aus den Biografien so bedeutender Persönlichkeiten, wie Abraham Lincoln, Thomas Jefferson, Mahatma Gandhi, Albert Einstein, William James und Spinoza filterte er eine Liste von Qualitäten heraus, die ihm charakteristisch für Menschen schienen, die ein erfülltes Leben geführt hatten. Kritiker warfen Maslow daher vor, dass dieses Ziel nur von einer kleinen privilegierten Minderheit der Menschheit erfüllt werden könne. Diese Personen waren realitätsorientiert sowie problembewusst und besaßen eine differenzierte Auffassung von Bedeutungen und Zielen. Gleichzeitig hatten die „Selbstverwirklicher" ein Bedürfnis nach Privatheit, bewahrten sich eine unabhängige Meinung zu Kultur und Gesellschaft und waren in der Lage, sozialem Druck zu widerstehen. Sie besaßen ferner einen ausgesprochenen Sinn für Humor und die Fähigkeit, sich selbst und andere zu akzeptieren (Boeree 1998, Abraham Maslow, 4). Mit dieser und anderen Methoden versuchte Maslow die Triebkräfte im Menschen zu ergründen, die der Selbstverwirklichung zugrunde liegen.

Viktor Frankl entwickelte eine revolutionäre Psychotherapie, die er Logotherapie nannte. Mit dem altgriechischen Wort „Logos" (= „Hauch", „Geist", „Wort" oder „Sinn") wollte er ausdrücken, dass Menschen ihr Leben nach „Sinn" beziehungsweise nach Glaubensinhalten ausrichten und dass die Störung dieses Strebens sich in psychischen Spannungen äußert. Seine theoretischen Grundlagen basierten auf persönlichen Erfahrungen als Überlebender in den Konzentrationslagern Theresienstadt und Auschwitz. Bei der Beobachtung, wer zu den Überlebenden zählte – wenn es eine Möglichkeit des Überlebens gab – stellte er fest, dass diejenigen, die Klarheit über den Sinn ihres individuellen Lebens besaßen, eher Wege fanden, zu überleben. Dazu zählten Personen, die von der Hoffnung beseelt waren, wieder mit einer geliebten Person zusammen zu kommen, ferner solche, die ein (Lebens)Werk vollenden wollten oder Menschen mit einem großen Glauben (Boeree 1998, Viktor Frankl, 2). Während Freud ein Streben nach Lust als zentral ansah und Alfred Adler das Streben nach Macht als den Haupttrieb des Menschen herausstellte, sah Frankl im Streben nach Sinn das entscheidende menschliche Bedürfnis.

In seiner klinischen Praxis entwickelte er neue Therapieformen beziehungsweise Konzepte, die seinen Patienten halfen, ihre übersteigerten

Anstrengungen als Krankheitsursache zu erkennen und zu beseitigen. Spannung war für ihn ein notwendiger Zustand des Menschen, um psychisch gesund zu sein und den individuellen Sinn des Lebens zu verwirklichen. Er wandte sich damit gegen die negative Deutung von Spannung in der traditionellen Psychoanalyse, welche behauptete, dass die Individuen bestrebt sind, Erregungen abzubauen. Individuen ohne innere Spannung erleben sich nach Viktor Frankl als existentielles Vakuum. Ihr Leben ist für sie insgesamt bedeutungslos und sie fühlen sich leer oder ausgebrannt. Ein wichtiges Zeichen für das Nachlassen der Spannung im Leben ist nach Frankl die Langeweile (Boeree 1998, Viktor Frankl, 2). Er stieß auf das Phänomen der Sonntagsneurose: Wenn Menschen nach einer harten Arbeitswoche endlich Gelegenheit erhalten, das zu tun, was sie möchten, geraten sie ins Trudeln. Sie fühlen sich zu nichts in der Lage, manche betrinken sich, andere tauchen unter in passive Beschäftigungen. Die Kehrseite des existentiellen Vakuums ist das oft zu beobachtende Bestreben, das Leben mit „stuff", das heißt mit Zeugs zu füllen, womit scheinbar ein Sinn erzeugt wird: Essensfreuden ohne Notwendigkeit, sexuelle Abenteuer, das Streben nach Macht und finanziellem Erfolg, Geschäftigkeit oder ein Leben nach Traditionen.

Für die klinische Psychologie entwickelte Frankl Behandlungskonzepte für Situationen, die er unentrinnbare Kreisläufe (vicious cycles) nannte. Diese bildeten oft den Ausgangspunkt von Neurosen:

- *Antizipatorische Angst* (anticipatory anxiety): Manche Personen entwickeln so starke Vorstellungen, angstvoll zu reagieren, dass sie in der realen Situation auch tatsächlich die befürchteten Angstsymptome zeigen. Prüfungsangst ist ein bekanntes Beispiel. Die Psychopathologie kennt dieses Symptom als Sozialphobie.

- *Übersteigerung* (hyperintention): Man strengt sich übermäßig an, ein Ziel zu erreichen. Der Erfolg ist, dass man scheitert. Ein Beispiel ist Schlaflosigkeit. Manche Leute versuchen, sich Regeln aufzustellen oder sie befolgen Bücheranweisungen, um einschlafen zu können. Der Erfolg ist noch größere Wachheit. Der Kreislauf setzt sich fort. Ein anderes Beispiel ist „Männlichkeit" oder die Rolle des potenten Liebhabers. Männer glauben, sie müssen mehrmals hintereinander Geschlechtsverkehr ausüben können, Frauen fühlen sich zum Orgasmus verpflichtet oder glauben, multiplen Orgasmus erleben zu müssen. Eine Übersteigerung in diesem Sinne führt dazu, dass die Entspannung und die Freude am eigenen Erleben immer geringer werden.

- *Überreflexion* (hyperreflection) meint, dass der Verstand uns Probleme suggeriert, die dadurch tatsächlich eintreten können. Frankl führt das Beispiel einer Frau an, die in ihrer Kindheit schlimme sexuelle Erfahrungen gemacht, aber dennoch eine starke und gesunde Persönlichkeit entwickelte hatte. Nachdem sie durch das Lesen psychoanalytischer Literatur darüber aufgeklärt worden war, dass Missbrauchserfahrungen die Ursache für die Unfähigkeit bilden könnten, Freude an sexuellen Beziehungen zu entwickeln, litt sie an sexuellen Störungen.

- *Paradoxe Intention* (paradoxical intention) bedeutet, dass man besonders anstrebt, was einem Probleme bereitet. Frankl nennt das Beispiel eines jungen Mannes, der in bestimmten sozialen Situationen immer fürchterlich schwitzte. Frankl forderte ihn auf, das Schwitzen ausdrücklich zu wollen. Er sollte in diesen Situationen zehnmal soviel schwitzen. Das konnte er natürlich nicht. Die Absurdität des Vorhabens führte dazu, dass der unentrinnbare Kreislauf aufgebrochen werden konnte.

- *Dereflexion* (dereflection): Frankl war überzeugt, dass die meisten Probleme durch eine Überbetonung des Selbst hervorgerufen werden. Wenn man die Aufmerksamkeit auf andere Dinge oder Personen konzentriert, lösen sich manche Probleme.

4. Methoden der psychologischen Forschung

4.1 QUANTITATIVE METHODEN

Die experimentelle Psychologie ist eine eigene wissenschaftliche Disziplin, die von klaren überprüfbaren Hypothesen ausgeht. Es handelt sich um eine deduktive Logik, das heißt, Hypothesen über das Verhalten werden aus bestimmten Konzepten oder Theorien abgeleitet.

Im Zentrum der empirischen Psychologie stehen die Methoden Experiment und Beobachtung. Weitere Methoden sind Tests beziehungsweise Diagnosen und das Interview. Ein psychologisches Experiment besteht in der absichtlichen und planmäßigen Auslösung eines Vorgangs zum Zweck seiner Beobachtung. Dabei müssen die Merkmale der Wiederholbarkeit des Experiments, der Variierung der unabhängigen Variablen und die Willkürlichkeit der Auslösung gewährleistet sein. Ziele des Experiments sind die Feststellung gesetzmäßiger Beziehungen zwischen zwei oder mehr Variablen, die Überprüfung von Hypothesen, die quantitative Verifizierung/Falsifizierung bekannter Zusammenhänge und die Bestimmung intervenierender Variablen (Novak/Finster/Schneider 1 1989, 112).

Als willkürlich ist ein Experiment gekennzeichnet, wenn eine Situation nicht auf natürliche Weise, sondern planmäßig durch die Entscheidungen des Versuchsleiters herbeigeführt wird. Die Wiederholbarkeit ist dann gegeben, wenn die Ergebnisse von anderen Forschern oder vom gleichen Experimentator erneut bestätigt werden können, das heißt, die Ergebnisse müssen intersubjektiv überprüfbar sein. Die Bedingungen des Experiments, zum Beispiel das Auswendiglernen von Wortpaaren unter der Bedingung von Lärm, müssen so angeordnet sein, dass jede für sich veränderbar ist, damit der Zusammenhang zwischen den variierten Bedingungen beobachtet werden kann (Wawrinowski 1985, 21).

Unter Beobachtung als wissenschaftlicher Methode versteht die Psychologie die geplante und gezielte Wahrnehmung und Aufzeichnung von Teilausschnitten eines Geschehens (Novak/Finster/Schneider 1 1989, 89). Es wird zwischen freier und systematischer Beobachtung unterschieden. In der freien Beobachtung soll der Beobachter eine möglichst umfassende und objektive Beschreibung eines Ereignisses liefern. Die systematische Beobachtung, die auch in Form der teilnehmenden

Beobachtung durchgeführt werden kann, wird anhand eines standardisierten Beobachtungskatalogs (zum Beispiel Test oder Interview) durchgeführt. Entscheidend ist dabei, dass durch Testfragen die Subjektivität des Beobachters ausgeschaltet wird. Da der Beobachtende immer auch abwägt und beurteilt und durch seine persönliche Ausstrahlung Einfluss auf die befragten beziehungsweise beobachteten Personen ausüben kann, bleibt diese Methode fragwürdig.

Bei Tests handelt es sich um wissenschaftliche Routineverfahren. Sie werden in der gleichen oder in abgewandelter Form häufig eingesetzt, um Aufschlüsse über Persönlichkeitsmerkmale zu erhalten. Die Ergebnisse sollen möglichst als Vergleichswerte in quantitativer Form (zum Beispiel Intelligenzquotient) ausgedrückt werden. Psychologische Testverfahren haben außerordentlich an Bedeutung gewonnen, seitdem Institutionen sie als Auswahlverfahren für die Eignung von Personen massiv einsetzen. Vor allem im Rahmen von Aus- und Weiterbildung werden nach wie vor Intelligenztests eingesetzt, die ständig verfeinert worden sind. Aber auch Industriebetriebe, Arbeitsämter, Kliniken und die Bundeswehr greifen auf Tests zurück, um Bewertungsmaßstäbe über Personen zu erhalten. Tests dienen als Qualifikationsnachweis und als Selektionskriterium. Sie können auch als diagnostisches Instrument für geeignete Therapien eingesetzt werden und liefern grundlegende Daten für die Beurteilung der Persönlichkeit. Der erste Intelligenztest wurde 1905 von den französischen Ärzten Binet und Simon entworfen, um Schüler zu erfassen, die dem Unterricht nicht folgen konnten und in einer neu zu schaffenden Schule untergebracht werden sollten. Noch heute wird dieser Test in überarbeiteter Form als Stanford-Binet-Test verwendet.

Der Vorteil von Tests liegt in ihrer Objektivität. Zensuren und andere Formen der Beurteilung haben sich häufig als subjektiv und als wenig aussagekräftig erwiesen. Mit Tests werden oft grundlegende Faktoren wie Fähigkeiten und Persönlichkeitsmerkmale erfasst, die dem Verhalten beziehungsweise den Leistungen zugrunde liegen. Dementsprechend wird zwischen Intelligenztests (zum Beispiel Aufmerksamkeit und Konzentration) und Persönlichkeitstests (Interessen, Eigenschaften) unterschieden.

Fehlerquellen, die in der Person der Testperson liegen und der Missbrauch von Tests schränken den Wert von Tests erheblich ein. Zu den Fehlerquellen zählt in erster Linie die Testangst. Wenn eine Person weiß, dass vom Ergebnis des Tests viel für ihre Zukunft abhängt (zum Beispiel Arbeitsplatz, Schuleignungstest), kann sie beim Test unter Umständen versagen, weil sie vor Angst „wie gelähmt" ist. Manche Menschen sind an Tests nicht interessiert. Die geringe Motivation kann eine weitere Fehlerquelle bilden. Über Tests gibt es inzwischen eine umfangreiche Literatur. Jeder kann sich ähnlich gründlich darauf vorbereiten wie auf den Führerscheintest. Personen, die sich auf diese Weise bereits mit dem Aufbau von Testfragen befasst haben und gegebenenfalls sogar Tests erhalten, die sie bereits (mehrfach) bearbeitet haben, sind deutlich gegenüber nicht vorbereiteten Testpersonen im Vorteil – beziehungsweise verfälschen das Ergebnis. Schließlich sind die Testfragen selber nicht immer eindeutig zu verstehen und wirken in ihrer Vielzahl ermüdend. Testergebnisse werden auch dadurch verfälscht, dass manche Testpersonen die Instruktionen (Anweisungen) nicht verstehen.

Missbrauch von Tests ist dann gegeben, wenn die Tests nicht das Merkmal messen, über welches das Ergebnis etwas aussagen soll. So können Intelligenztests als Selektionskriterium für Eigenschaften herangezogen werden, für welche sie keine Gültigkeit haben. Missbrauch von Tests liegt auch dann vor, wenn Vorgesetzte oder Lehrer sich auf Tests berufen, um eine Schlechterstellung oder Abwertung einer Person zu rechtfertigen.

Begriffsklärung
(Novak/Finster/Schneider 1989, 79)

- Hypothese: Hypothesen sind begründete Vermutungen über bestimmte Zusammenhänge. Sie strukturieren die wissenschaftliche Untersuchung. Ziel der Untersuchung ist es, eine Hypothese zu falsifizieren (widerlegen). Gelingt dies nicht, gilt die Annahme solange als wahr, bis eine weitere Untersuchung durch genauere Differenzierung beziehungsweise durch die Einführung intervenierender Variablen zu einem abweichenden Ergebnis kommt.

- Intervenierende Variable: Wissenschaftliche Ergebnisse können durch Einflüsse zustande kommen, die „mitwirken". Eine Untersuchung stellte fest, dass Lärm (= unabhängige Variable) sich negativ auf das Auswendiglernen auswirkte. Denkbar wäre, dass andere Einflüsse diese Wirkung verstärken beziehungsweise verändern (=

intervenierende Variable), zum Beispiel Alter, Müdigkeit, Sympathie oder die Art des Lärms – Straßenlärm, Musik, lautes Sprechen usw.

- Population: Die psychologische Forschung sucht nach verallgemeinerbaren Regeln des Verhaltens. Die Zielgruppe beziehungsweise die Gesamtheit derjenigen Personen, über die etwas ausgesagt werden soll, wird Population genannt. Wenn ich etwas über den Erziehungsstil alleinstehender Mütter aussagen will, dann stellen alle alleinerziehenden Mütter die Population dar. Es handelt sich immer um eine Teilmenge aus der Gesamtheit der Bevölkerung (Langfeldt 1993, 35).

- Stichprobe: Es ist praktisch unmöglich, die Gesamtheit einer definierten Population zu untersuchen. Stattdessen wird eine repräsentative Auswahl getroffen, deren Merkmale möglichst so gewählt werden, dass ein getreues Abbild der Gesamtheit entsteht.

- Die Gütekriterien Validität und Reliabilität: Durch statistische Messungen kann der Grad der Zuverlässigkeit (Reliabilität) gemessen werden, mit welcher der Test ein bestimmtes Merkmal erfasst. Die Gültigkeit (Validität) der Ergebnisse, das heißt die Aussage darüber, ob ein Test auch wirklich das erfasst, was er zu messen vorgibt, wird durch eine andere statistische Messung geprüft.

- Objektivität: Ein psychologischer Test sollte alle subjektiven Einflüsse, die vom Testleiter ausgehen könnten, ausschalten. Die Durchführung, Auswertung und Interpretation von Tests unterliegt klaren Testanweisungen.

Eine besondere Rolle in der psychologischen Forschung spielen die psychologische Diagnostik und das Gutachten. Es handelt sich um genau definierte Verfahren „zur Gewinnung und Analyse von Kennwerten für inter- und intraindividuelle Merkmalsunterschiede" (Langfeldt 1993, 170). Hinter dieser etwas bürokratisch formulierten Definition steckt eine Vielzahl von Persönlichkeits- und Eignungstests, die Aufschlüsse geben sollen über die Tauglichkeit, Zurechnungsfähigkeit, Belastbarkeit oder Gefährdung von Personen in bestimmten Situationen oder sozialen Rollen. Psychologische Diagnosen sind anwendungsorientiert, das heißt, sie sollen zur Lösung eines bestimmten Problems beitragen.

Die Diagnose beziehungsweise das Gutachten bilden die Grundlage für die weitere Beratung oder Behandlung, so zum Beispiel in der Eheberatung, der Heimerziehung oder der Betreuung. Datenquellen für die Diagnostik stellen das Gespräch, der Test und die Beobachtung dar.

Anwendungen der Psychologischen Diagnostik und wichtige Fragestellungen		
• Angewandte Disziplin	Diagnostik	Beispiele/ Fragestellungen
• Arbeits- und Organisationspsychologie	Managementdiagnostik	Auslese und Weiterquali fizierung im höheren und mittleren Management
• Markt- und Werbepsychologie	Produktdiagnostik	Erfassung der Anmu tungsqualität von neuen Produkten mit dem Ziel einer höchstmöglichen Anpassung des Produkts an den potentiellen Käufer
• Verkehrspsychologie	Verkehrseignungsdia gnose	Erfassung der Fähigkeit, ein Fahrzeug zu führen
• Forensische Psychologie	Diagnostik der Glaubhaftigkeit	Erfassung von Indikatoren für die Glaubwürdig keit von Zeugen
	Diagnostik der Deliktfähigkeit	Bestimmung der Verantwortlichkeit für einen Schaden, den ein Minderjähriger einem anderen zugefügt hat
	Diagnostik der strafrechtlichen Verantwortlichkeit	Ableitung der strafrechtlichen Verantwortlichkeit (eines Jugendlichen)
• Ökologische Psychologie	Ökologische Diagnostik	Messung von Wohn- und Schulumwelt
• Angewandte Disziplin	Diagnostik	Beispiele/ Fragestellungen
• Sozialpsychologie	Diagnostik von Gruppenstrukturen	Gewinnung eines Sozio gramms zur Feststellung der Beziehung zwischen den Mitgliedern einer Klasse, einer Gruppe, einer Gang

Anwendungen der Psychologischen Diagnostik und wichtige Fragestellungen		
• Angewandte Disziplin	Diagnostik	Beispiele/ Fragestellungen
• Medizinische Psychologie	Diagnostik von Belastung und Bewältigung	Erfassung von Stress- und Copingreaktionen nach der Mitteilung von zum Beispiel der Diagnose „Krebs"
• Entwicklungs-psychologie	Entwicklungsdiagnostik	Gewinnung von Aussagen zur kognitiven, emotionalen, motorischen Entwicklung
• Politische Psychologie	Einstellungs- und Meinungsdiagnostik	Erfassung von politischen Einstellungen, Meinungen zu Zeitproblemen
• Krankenhaus-psychologie	Suiziddiagnostik	Erfassung von Indikatoren der Selbstmordgefährdung von Personen
• Gesundheits-psychologie	Gesundheitsdiagnostik	Messung des Gesundheitsver-haltens, der subjektiven Zufriedenheit
• Psychiatrie	Pathodiagnostik	Zuordnung von Patienten zu Krankheitsklassen
	Familiendiagnostik	Erfassung und Darstellung der Familienstrukturen, zum Beispiel bei Schizophrenen
• Gynäkologie	Schwangerschaftsver-laufsdiagnostik	Indikatoren der subjektiven Befindlichkeit der Schwange-ren und des Kindes
• Perinatale Medizin	Perinatale Diagnostik	Entwicklungsdiagnostik im Umfeld der Geburt, hier ins-besondere Entwicklungsdiag-nostik des Neugeborenen

Quelle: Jäger 1988, 141-142, zit. n. Langfeldt 1993, 168-169

Besonders im Rahmen der Sozialarbeit werden Befragungs- und Erhe-bungsmethoden eingesetzt, um Einstellungen, Vorurteile oder Kommu-nikationsprobleme zu untersuchen. Bei Interviews werden gezielte Fra-gen zu vorher genau spezifizierten Themen gestellt. Die Fragen sollten eindeutig und knapp formuliert sein, damit alle Befragten sie in gleicher Weise verstehen und beantworten können. Bei der standardisierten Erhebung sind Interviewer und Befragte an den Wortlaut der Fragen gebunden, die in einer bestimmten Reihenfolge unterschiedliche Themenkomplexe abklären. Kontrollfragen dienen der Absicherung der Ergebnisse. Durch belanglose Eingangsfragen wird der Befragte auf das Interview eingestimmt („warming up"). Zugleich werden seine Motivation, seine Täuschungsbereitschaft und seine Tendenz, Fragen entsprechend der sozialen Erwünschtheit zu beantworten, getestet. Offene Fragen geben dem Interviewer Aufschluss über Einstellungen, Hintergründe und Motive (Wawrinowski 1985, 23).

Fehlerquellen bei psychologischen Tests und Erhebungsverfahren ergeben sich oft aus der Person des Forschungsleiters, des Testleiters oder des Interviewers. Suggestivfragen können ein erwünschtes Ergebnis erzwingen. Unterlassene Fragen können das Ergebnis verfälschen. Die Länge des Fragebogens kann zu Konzentrationsschwächen und zu Nachlässigkeit in der Beantwortung führen. Der Interviewer hat bestimmte Erwartungshaltungen und Einstellungen, die zum Teil aus seinem Selbstbild herrühren, zum Teil durch die Art seiner Annahmen (Hypothesen) bestimmt werden. Durch verbale Äußerungen, wie zum Beispiel „gut", „interessant" oder „na ja" oder ähnliche sowie durch nonverbale Reaktionen (Stirnrunzeln, Auflachen), kann der Interviewer die Befragung bewusst oder unbewusst in eine erwünschte Richtung drängen.

4.2 Qualitative Methoden (Verstehende Psychologie)

Die naturwissenschaftliche Methode des objektiven Experiments kann nur für reduzierte Verhaltensbereiche angewandt werden. Für die Einsicht in die Komplexität der Handlungen von Menschen, die durch religiöse, weltanschauliche und kulturelle Werte sowie lebenspraktische Ziele geprägt sind, ist die quantifizierende Methode ungeeignet. Deshalb stellt die qualitative Forschung eine notwendige Ergänzung dar. Sie erkennt, dass die psychologische Wirklichkeit eines Individuums gedeutet werden muss. Nach dem altgriechischen Wort hermeneuein (= erklären, auslegen) wird die qualitative Methode der Informationsgewinnung als hermeneutische Methode oder Hermeneutik bezeichnet. Es handelte sich ursprünglich um die Auslegung klassischer Texte. „Hermeneutik" ist die Kunst der Auslegung, des Verstehens, der Erklärung, der Erfassung von Sinn, der Bedeutung und Interpretation (Eberhardt 1998, 81). Es handelt sich um eine Form der induktiven Logik, das heißt, psychische Phänomene sollen ohne vorab gebildete Theorien oder Hypothesen beobachtet werden.

Der Werturteilsstreit (Positivismusstreit)

Ende der 60er Jahre entfachte sich in der Umbruchphase von hermeutischer Sozialwissenschaft zum Neopositivismus ein Streit über die Rolle der Subjektivität in der Wissenschaft. Die Vertreter der sich „modern" fühlenden „objektiven" Methoden der Sozialwissenschaft warfen den „Traditionalisten" ein spekulatives, von subjektiven Gefühlen und Vorlieben geleitetes Erkenntnisinteresse vor. Die „Positivisten" wollten nur solche Ergebnisse als wissenschaftlich gelten lassen, die einer logischen und empirischen Überprüfung standhielten. Als Hauptvertreter des „Kritischen Rationalismus" galt der englische Wissenschaftstheoretiker Popper, der mit seiner Umdeutung des Prüfverfahrens von „Verifikation" in „Falsifikation" großes Aufsehen erregte. Mit dem Konzept der „Falsifikation" wollte er den wissenschaftlichen Kommunikationsprozess überprüfbarer Ergebnisse oder Aussagen anregen. Die Forschung sollte sich nach seiner Auffassung bemühen, Hypothesen über die Wirkung bestimmter Variablen zu widerlegen (falsifizieren). Wenn die Falsifizierung nicht gelang, sollte eine Hypothese als bestätigt gelten – bis es einem anderen Forscherteam gelänge, zum Beispiel durch die Entdeckung intervenierender Variablen, die Hypothese zu falsifizieren. Alle nicht empirisch überprüfbaren und falsifizierbaren Aussagen wurden als „unwissenschaftlich", „spekulativ" und „subjektiv" qualifiziert. „Werturteile", so hieß es lapidar, seien vorwissenschaftlich, vielleicht geeignet zur Hypothesenbildung, hätten aber im „eigentlichen" Forschungsprozess nichts zu suchen.
Diesen plausibel anmutenden Überlegungen stellten Vertreter der Kritischen Theorie und der Hermeneutik – angeleitet durch den Frankfurter Sozialwissenschaftler Jürgen Habermas – die These entgegen, dass der Forscher in jeder Phase der Untersuchung Subjekt der Forschung bleibe und seinen begrenzten Perspektiven, seinen theoretischen Vorlieben und seiner selektiven Wahrnehmung verhaftet

bleibe. Im Gegensatz zu den Positivisten, die sich lediglich an „objektiven" Ergebnissen interessiert zeigten, propagierten die Vertreter der anderen Seite das soziale Engagement, das heißt den Willen zur Veränderung und zu aktiver Teilnahme aller am Forschungsprozess Beteiligten – einschließlich der Forschungs-„Objekte".

Heute kann der Streit als beigelegt betrachtet werden. Die Wissenschaftler aller Richtungen – einschließlich der Naturwissenschaften – sind sich nach der Rezeption der kritischen Ausführungen des Amerikaners Thomas S. Kuhn über die wissenschaftlichen Paradigmen, das heißt über das Verhaftetsein wissenschaftlicher Aussagen an die jeweils herrschende Geistesströmung, der Begrenztheit beziehungsweise der Subjektivität ihrer Theorien und Hypothesen bewusst geworden (Kuhn 1993). Das Bewusstsein eines Forschers kann immer nur einen kleinen Teil der Wirklichkeit abbilden. Die Begrenztheit individueller Perspektiven hat zur Konsequenz, dass dem Gegensatz zwischen Objektivität und Subjektivität keine große wissenschaftliche Bedeutung mehr zukommt. Im Gegenteil: Der Pluralismus der Meinungen und Anregungen kann zum besseren Verständnis des Ganzen beitragen.

Um die Intentionen einer Person zu verstehen, muss der Psychologe seine eigene Sichtweise der Dinge hinterfragen. Er sollte seine Meinungen darüber, was „normal" und „natürlich" ist, zurückstellen. Vorurteile, schichtspezifische Betrachtungsweisen, Theorien, Weltanschauungen, religiöse Überzeugungen, sogar der „common sense", das heißt der „gesunde Menschenverstand" können Hindernisse sein, wenn man eine Erscheinung vorbehaltlos betrachten will. Psychologen sind aufgrund ihres umfangreichen Wissens über psychologische Strukturen einerseits hervorragend in der Lage, die psychischen Probleme ihrer Klienten zu erkennen – andererseits hindert sie ihre freudianische, behavioristische oder humanistische „Brille" oft, auch die andere Seite der Münze zu sehen – das Individuum mit seinem einzigartigen Erleben und Verhalten, das in kein psychologisches Schema passt.

Die Bedeutung qualitativer Methoden ist in den letzten Jahren durch die Kritik am psychologischen Experiment gewachsen (Boeree 1998, Qualitative Methods: Teil 1, 2):

(1) In Experimenten werden Menschen manipuliert. In berühmt gewordenen experimentellen Situationen in den 70er Jahren wurden Versuchspersonen aufgefordert, Testpersonen, welche die gewünschten Leistungen nicht erbrachten, durch – simulierte – Stromstöße zu quälen. Die Testpersonen waren Schauspieler beziehungsweise dahingehend instruiert, bei bestimmten optischen Signalen qualvolle Reaktionen zu zeigen, die scheinbar durch die Stromstöße der Versuchspersonen ausgelöst worden waren. Getestet werden sollte letztlich die Autoritätshörigkeit der Versuchspersonen beziehungsweise deren Bereitschaft, andere für abweichendes Verhalten körperlich zu züchtigen. Dieser fragwürdige Untersuchungsansatz bildete die Grundlage des bekannten Kinofilms „das Experiment" im Jahre 2001.

Die Rolle, die diese Menschen in den Experimenten spielten, dürfte nicht spurlos an ihnen vorbeigegangen sein. Vielleicht hatte der „Dienst an der Wissenschaft" für sie fatale Folgen, etwa derart, dass ihr Selbstbewusstsein angegriffen wurde, sie sich in ihrer psychischen Integrität verletzt fühlten oder sogar körperliche Symptome zeigten.

(2) Die Intentionen von Menschen, die oft ausschlaggebend für ihr Handeln sind – Liebe, Hass, Ärger oder Verwirrung – können nicht quantifiziert werden – oder nur in völlig reduzierter Weise. Das Wesentliche des menschlichen Verhaltens muss daher im Experiment ausgeklammert werden.

(3) Ein Experiment verlangt die Kontrolle aller Faktoren, die das Ergebnis beeinflussen (könnten). Dieser Anspruch kann nie wirklich erfüllt werden. Man müsste alle Daten der Testpersonen kennen – genetische Faktoren, Gedächtnis, Lernprozesse, Persönlichkeitsmerkmale usw. – um intervenierende biografische Variable im Experiment identifizieren zu können – ein unmögliches Unterfangen.

(4) Die Experimente werden auf einem sehr reduzierten Level durchgeführt, um überhaupt zu Ergebnissen zu kommen. Die gewonnenen Resultate aus solchen Reduktionen lassen keinen Aufschluss über den eigentlichen Gegenstand der Psychologie zu: menschliches Bewusstsein, Persönlichkeit, Sinn usw.

(5) Das Hauptproblem besteht darin, dass das psychologische Experiment künstlich ist, das heißt, es bietet keine Möglichkeit, das Leben so zu beobachten, wie es wirklich gelebt wird.

Es gibt verschiedene hermeneutische Methoden. Befragung und Beobachtung stellen die am häufigsten angewandten Techniken dar. Bei der Beobachtung wird nach Selbst- und Fremdbeobachtung unterschieden. Die Erlebnisse anderer kann ich durch deren Wort und Schrift, durch ihr Verhalten oder die Ergebnisse ihrer Tätigkeit – technische oder künstlerische Produkte, Hobby usw. – erfahren. Wichtig ist auch, auf welchen Zeitabschnitt sich die Informationssammlung bezieht:

(1) Eine vergangenheitsorientierte Beobachtung bezieht sich auf Dinge, die das Ergebnis eines vergangenen Lebensabschnitts darstellen, zum Beispiel Kunstwerke oder Literatur.

(2) Eine gegenwartsorientierte Selbst- oder Fremdbeobachtung versucht Informationen darüber zu erhalten, was sich gerade in diesem Moment ereignet und

(3) eine an der Zukunft orientierte Beobachtung versucht Daten darüber zu sammeln, was eintreten könnte, zum Beispiel eine Wahlprognose oder ein Interview.

Es gibt die „coole" Analyse, die eine bestimmte Technik anwendet, wie zum Beispiel die strukturelle Analyse, bei welcher Produkte oder Kunstwerke nach Bedeutungen beziehungsweise ihnen innewohnenden Eigenschaften und Ausdrucksformen untersucht werden (Zeitungsanalyse, Literaturanalyse, Werbeanalyse) und eine „warme" Vorgehensweise, bei welcher die Empathie ein zentraler Bestandteil der Untersuchung ist und die Forscher selbst in den Kommunikationsprozess einbezogen sind.

Die Inhalts- und Bedeutungsanalyse folgt bestimmten Regeln. Eine hermeneutische Beobachtung eines einzelnen Ereignisses oder eines Dings könnte zum Beispiel in drei Schritten erfolgen (Boeree 1998, Qualitative Methods, 1, 4):

(1) Die erste Phase könnte man „Intuition" nennen. Man macht Erfahrungen mit der Sache oder erinnert sich, man konzentriert die Aufmerksamkeit darauf, versucht sich, in ein Ereignis hineinzuversetzen oder damit zu leben.

(2) Die zweite Phase dient der Analyse. Sie könnte folgendermaßen strukturiert sein: Achte auf

• die Einzeldinge in räumlicher Hinsicht,

- die Episoden und Sequenzen in zeitlicher Hinsicht,
- die Eigenschaften und Dimensionen der Erscheinung,
- die Position, Umweltbedingungen und Umgebung,
- die zeitlichen Voraussetzungen und Konsequenzen,
- die Perspektiven und Versuche, die man ins Auge fassen kann,
- Kernbereiche, Brennpunkte, Horizonte,
- Auftreten und Verschwinden der Erscheinung,
- die Klarheit der Erscheinung.

Diese zahlreichen Aspekte müssen sowohl hinsichtlich ihrer äußeren Erscheinung – Objekte, Handlungen oder anderes und bezüglich ihrer inneren Aspekte – Gedanken, Gefühle, Vorstellungen – untersucht werden.

(3) In der dritten Phase schreibt man die Beobachtungen auf – und zwar so, als ob der Leser noch nie etwas von dem Ereignis oder der Erscheinung gehört hätte. Dabei entsteht das Problem, dass man gern „für" eine Person etwas aufschreibt – um sie für das Geschriebene zu begeistern oder zu interessieren. Man verwendet einen literarischen Stil – statt sich in einer sachlich-nüchternen und „objektiven" Schreibweise zu üben. Man möchte mit dem Geschriebenen „ankommen" und sich beweisen. Studenten wählen in ihren wissenschaftlichen Arbeiten zum Beispiel gern einen „akademischen" Stil, der zahlreiche Fachausdrücke enthält (die nicht immer gründlich bearbeitet wurden), um sich gegenüber dem Professor hervorzuheben und gute Noten zu bekommen.

Neben der Beobachtung stellt die Befragung eine wichtige Methode der qualitativen Forschung dar. Im Gegensatz zu Fragebögen der quantitativen Methode, die nach bestimmten Kriterien sorgfältig vorstrukturiert sind und die Anwortmöglichkeiten einschränken, werden in der qualitativen Forschung überwiegend offene Fragen benutzt, die „narrative" Antworten zulassen, das heißt dem Befragten wird die Möglichkeit geboten, sich frei über einen Sachverhalt zu äußern. Auch „Tiefen-Interviews", bei denen der Befragte möglichst ohne Beeinflussung von sich berichtet und der Befragende dann im Nachhinein das Gesagte verstehend interpretiert und gegebenenfalls Konsequenzen für eine Therapie ableitet, stellen eine häufig angewandte qualitative Methode dar.

Eine wichtige Aufgabe des qualitativen Interviews besteht darin, „bias" zu vermeiden, das heißt Verzerrungen, die durch das eigene Geschlecht, die Schichtzugehörigkeit, das Alter des Interviewers, seine ethnische oder nationale Identifikation, seine Religion oder Weltanschauung, politische Orientierungen oder die Bevorzugung einer bestimmten Richtung der Psychologie hervorgerufen werden können. Offene Interviews können auch als Dialog oder als Gruppeninterview durchgeführt werden. Letzteres ist ein geeignetes Instrument in einem „Pilotprojekt", um bestimmte Grunddaten über ein Problem herauszufinden.

Zusammenfassend kann man feststellen, dass qualitative beziehungsweise hermeneutische Methoden ein wichtiges Instrumentarium der empirischen Psychologie darstellen, mit welchem die subjektiven Qualitäten einer Person erforscht und psychopathologische Prozesse aufgedeckt werden können.

Hinweis zu weiterführender Lektüre:
Einen hervorragenden Überblick über die wichtigsten Vertreter und Richtungen der Psychologie sowie über die Methoden der psychologischen Forschung gibt Boeree. Die Ausführungen sind über das Internet online verfügbar (Boeree 1999). Nolting/Paulus und Ulich vermitteln zuverlässige und anschauliche Informationen über die Entwicklung der Psychologie (Ulich 1993, Nolting/Paulus 1996). Einen guten Überblick über die Hauptrichtungen und die Schwerpunkte der Psychologie erhält man bei Wawrinowski (Wawrinowski 1985).

5. Die psychologische Erklärung der Gefühle

5.1 DER ZUSAMMENHANG VON GEFÜHL UND DENKEN

Solange es Menschen gibt, steuern und begleiten Gefühle ihr Handeln. Man sollte daher meinen, dass die moderne Wissenschaft längst eine Antwort darauf hat, was Gefühle sind. Ein Blick in die psychologische Fachliteratur zeigt jedoch, dass dies keineswegs der Fall ist (Ciompi 1999, 64). Zwar hat sich die Situation gegenüber den 50er Jahren, in welchen die vom Positivismus und der Psychoanalyse beherrschte Psychologie den Gefühlsbegriff meistens vage als „Entladung" unbewusster Affekte benutzte, grundlegend geändert. Begriffe wie Gefühl, Emotion, Affekt oder Stimmung werden in der wissenschaftlichen Psychologie jedoch weiterhin ohne erkennbare Linie und völlig kontrovers behandelt. Das tieferliegende Motiv für die Vernachlässigung der wissenschaftlichen Beschäftigung mit Emotionen und Gefühlen dürfte jedoch in dem vorherrschenden Menschenbild von dem „vernunftbegabten Tier" zu suchen sein, wobei unterstellt wird, dass Gefühle der Vernunft entgegenstehen, weil sie gewissermaßen das unbewältigte „animalische" Erbe des Menschen darstellen, welches er durch die Benutzung seines Verstandes bewältigen kann.

Der Bestseller der 90er Jahre von Daniel Goleman, „Emotionale Intelligenz", liegt in der Tradition einer biologistischen Gefühlstheorie, in welcher Emotionen als Energielieferanten und Stabilisatoren des Denkens angesehen werden. Als emotionale Intelligenz bezeichnet er kognitive Fähigkeiten wie die Selbstbeherrschung sowie Eifer und Beharrlichkeit und die Befähigung, sich selbst zu motivieren. Unkontrollierte Emotionen stellen für ihn ein Defizit dar: „Die Fähigkeit, Impulse zu unterdrücken, ist die Grundlage von Wille und Charakter" (Goleman 1996,12). Damit bewegt er sich in einer philosophischen Tradition, welche die Trennung von Denken und Fühlen betont, wobei dem Verstand die führende Rolle und den „irrationalen" Gefühlen eher die Funktion einer Störung zuerkannt wird.

- „Ich fühle, also bin ich",

so lautet der Titel eines sehr lesenswerten Buches des amerikanischen Neurobiologen Antonio R. Damasio (Damasio 2002). Er schildert darin zahlreiche Fälle, an denen deutlich wird, wie untrennbar Gefühl und Denken miteinander verbunden sind und welche Dramatik für das Handeln eintritt, wenn Teile der Gefühlszentren im Gehirn gestört sind. Der amerikanische Neurowissenschaftler indischer Abstammung, Ramachandran, untersuchte seltsame Fälle psychischer Störungen, die von Hausärzten zum Teil als Einbildungen oder „Phantome" eingestuft wurden. Er konnte befremdliche Erscheinungen, wie den „Phantomschmerz" amputierter Gliedmaßen durch einfache Strukturen des Gehirns erklären (Ramachandran 2001, 84). Er kommt zu dem Ergebnis, dass im Gehirn Gefühle und Denken so koordiniert sind, dass ein einheitliches Handeln möglich wird. Gefühle stellen gewissermassen die Gesamterfahrung in konzentrierter Form dar. Diese ist so komplex, dass sie vom Verstand niemals in ihren Einzelheiten bewusst repräsentiert werden könnte (Roth 2000). Die Fähigkeit des Verstandes liegt darin, Informationen zu sammeln, sie zu ordnen und Entscheidungen für Handlungen in rationalen Systemen vorzubereiten. Gefühle befähigen den Körper zu ganzheitlichen Abläufen. Sie helfen uns, Dinge, Personen, Situationen und unsere eigenen Tätigkeiten umfassender auszuüben, als es der Verstand je könnte. „Übung macht den Meister", lautet daher ein bekanntes Sprichwort.

Die Intuition zeigt am besten, wie Gefühle und Denken zusammenarbeiten. Wenn wir einen Wunsch haben und auf die Suche gehen, um ihn zu erfüllen, finden wir das „Objekt unserer Begierde" in der Regel nicht. Aber wir müssen uns auf die Suche begeben, um die Chance zu haben, etwas zu finden. Das Gefühl, das sich mit dem Wunsch verbindet, bleibt erhalten, auch wenn der Sucheifer einmal nachlässt. Gerade in einem solchen Moment haben wir oft einen „Einfall". Es handelt sich um Intuition: Der Verstand wird für einen Moment „ausgeschaltet" und das Gefühl sagt uns, was zu tun ist. Das Ergebnis ist so oft richtig wie falsch – aber wir bleiben handlungsfähig. Die Neurologen sprechen statt von „Intuition" von „Qualia" („Ausfüllen" durch subjektive Sinnesempfindungen – Ramachandran 2001, 366). Ein Baby, das aus seinem Bett nur den Arm der Mutter sieht, „weiß", dass es sich um die Mutter handelt, die ihr Milch gibt. Wenn ein kleines Kind Wolken am Himmel sieht und sie als Wattebäusche interpretiert, folgt es einer kindlichen Eingebung. Wenn wir einer Person mit heruntergezogenen Mundwinkeln begegnen, vermuten wir intuitiv, sie sei traurig oder depressiv. Wir haben aber auch Wahlmöglichkeiten bei der intuitiven Wahrnehmung: Wenn ich mit einem Wassereimer einen toten Fisch aus einem Bach schöpfe, muss ich nicht denken, dass der ganze Bach vergiftet ist. Es könnte sich auch um eine natürliche Sterbeursache handeln. Wenn ein General aufgrund aller verfügbarer Informationen seine Entscheidung zur Schlacht getroffen hat und ein Kundschafter in letzter Minute neue Informationen über anrückende Truppenverbände bringt, wäre der General zunächst handlungsunfähig, würde er seinen Plan aufgrund der neuen Daten völlig neu überdenken. Er hat in Wirklichkeit nur zwei Möglichkeiten: Intuitiv, das heißt ohne Prüfung, einen neuen Schlachtplan zu entwerfen und durchzuführen oder an dem alten Plan festzuhalten. Beides birgt Risiken. Das größte Risiko bestünde jedoch darin, aufgrund der neuen Informationen seine Pläne völlig neu zu gestalten. Bis er damit fertig wäre, hätten die feindlichen Truppen ihn schon längst überrannt (Ramachandran 2001, 403).

5.2 MODELLE FÜR DIE ROLLE DER GEFÜHLE IN DER PSYCHOLOGIE

5.2.1 Gefühle als Teil des Unbewussten – das Modell der Psychoanalyse

Unsere heutige Auffassung von der Wirkung der Gefühle ist wesentlich durch die psychoanalytische Theorie Freuds bestimmt. In seinem Strukturmodell wird der Sitz der Gefühle im Es beziehungsweise im Unbewussten angenommen, während das Denken im Ego angesiedelt ist. Die Haupttriebkraft des Unbewussten, die Libido, übt nach diesem Denkmodell einen starken Druck auf das Ich aus, welches ständig damit beschäftigt ist, die Gefühle in gesellschaftlich gebilligte Rollen zu kanalisieren (Zivilisierung der Gefühle), in kulturell kreative Tätigkeiten umzuwandeln (Sublimierung der Gefühle) oder durch zahlreiche Abwehrreaktionen als scheinbar rationale Verhaltenseigenschaften zu integrieren (Verdrängung der Gefühle). In dieser Theorie scheint unsere Psyche so strukturiert zu sein, dass unsere Gefühle als ein altes Erbe aus einem primitiveren, animalischen Urgrund kommen und das zivilisierte und kulturell entwickelte Ich einen Kampf an zwei Fronten führen muss: einmal gegen die wilden Leidenschaften des Es und zum anderen gegen die strengen Anforderungen des Über-Ich, das in Gestalt des (schlechten) Gewissens hohe Anforderungen an die Moral stellt. Das Bewusstsein spielt in diesem Entwurf eine passive Rolle. Es dient lediglich dazu, den Druck der Gefühle auszuhalten und gegebenenfalls in einer Therapie ihren krankmachenden Symptomen nachzugehen und die libidinösen Ursachen zu erforschen. Solomon bezeichnet das Strukturmodell Freuds als ein hydraulisches Modell, weil dieser Vorstellung die der Mechanik entlehnte kausale Vorstellung zugrunde zu liegen scheint, dass der Druck der Triebe und Gefühle zu einer Entladung drängt (Solomon 2001, 112).

Der Behaviorimus und die experimentelle Psychologie folgen im Grunde dem gleichen Modell. Für sie sind nur die verhaltensrelevanten Variablen messbar. Gefühle und das Bewusstsein werden vernachlässigt. Damit bleibt eine entscheidende Grundlage des Erlebens unberücksichtigt, denn die körperlich-psychischen Gestimmtheiten, Befindlichkeiten oder Empfindlichkeiten ziehen sich als Gefühlsdispositionen durch unser Leben und bilden die Basis unserer Bedürfnisse, Wünsche, Sehnsüchte und Absichten. Sie lenken unsere Aufmerksamkeit und unsere Einsichten, reduzieren die Komplexität der Realität, indem sie sich mit Bildern des Wohlbefindens oder der Abneigung verbinden (ich fühle mich zu bestimmten Personen, Tieren oder Naturobjekten hingezogen; ich kann Personen nicht riechen etc.) und bestimmen so unser Handeln in entscheidendem Maße. Im Gegensatz zu den oft flüchtigen Reflektionen des Bewusstseins stellen Gefühle eine Kontinuität in unserem Leben dar.

5.2.2 Das evolutionspschologische Modell der Gefühle

Charles Darwin hat in seinem Werk, die Entstehung der Arten, vorausgesagt, dass die Psychologie von der Einsicht ausgehen würde, dass jede mentale Fähigkeit graduell im Verlauf der Evolution entstanden ist. Seine Vorhersage blieb lange Zeit unberücksichtigt, weil die Voraussetzungen der Genforschung noch nicht herangereift waren. Die Psychologie ging unter dem Einfluss von Anthropologen wie Arnold Gehlen und in Übereinstimmung mit dem damaligen biologischen Wissensstand in den 50er und 60er Jahren davon aus, dass der Mensch seine Instinkte weitgehend verloren hat und darauf angewiesen ist, soziale Verhaltensweisen gewissermaßen als zweite Natur anzunehmen. Auch die phänomenologische Richtung der Psychologie, vertreten durch die Autoren Berger und Luckmann, vertrat in dem einflussreichen Buch „the social construction of reality" die Annahme, dass die Instinktorganisation des Menschen verglichen mit den Affen unterentwickelt ist und die verbliebenen Instinkte ungerichtet und unspezialisiert sind.

In den 70er Jahren löste eine Denkrichtung in den USA unter dem Reizwort „Soziobiologie" heftige Kontroversen aus. Darin wurde der Logik der Evolution entsprechend vertreten, dass das selektive Überleben der Selektion von Genen und weniger einzelnen tüchtigen Individuen und deren Anpassungsfähigkeit geschuldet ist. Heute geht die evolutionspsychologische Wissenschaft davon aus, dass der mentale Apparat in Modulen organisiert ist, die in Gestalt von neuronalen Schaltkreisen spezifische Aufgaben wie die visuelle Wahrnehmung, das Hören, Nahrungspräferenzen und auch eine große Zahl von emotionalen Bereitschaften wie Angst, Aggressivität und sexuelles Begehren regeln. Allgemein wird für mentale Module angenommen, dass

- sie im Laufe der Evolution zur Lösung bestimmter Anpassungsprobleme entstanden sind,

- sie universell bei allen Menschen vorhanden sind,

- sie ohne bewusste Anstrengung oder Instruktion arbeiten,

- ihre Tätigkeit und ihre Logik dem Bewusstsein verborgen sind,

- sie spezialisiert sind und mit anderen Modulen zusammenarbeiten können (Klusmann).

Als grundlegendes Kriterium der Evolution gilt der Reproduktionserfolg. Weder bei Tieren noch bei Menschen gibt es jedoch einen direkten Trieb, der die Fortpflanzung regelt. Stattdessen lenken soziale Bestrebungen – bei Säugetieren zum Beispiel das Streben nach einem guten Platz in der Hierarchie – dahin, dass sich der Reproduktionserfolg gewissermaßen von selbst einstellt. Auch Gefühle leiten nach Ansicht der Evolutionspsychologie nicht direkt zur Reproduktion, bereiten jedoch bestimmte Bedingungen vor. Sie erleichtern es, eine Situation einheitlich zu bewerten, treffen bestimmte Präferenzen für Handlungen und mobilisieren den Körper effektiv und umfassend für eine bestimmte Absicht. Gefühle veranlassten unsere Vorfahren, Vorkehrungen für ihren Schutz zu treffen, um zu überleben: zur rechten Zeit die richtige Nahrung zu suchen, zu fliehen, anzugreifen, sexuell aktiv zu werden usw.

5.2.3 Das neurobiologische Modell der Emotionen

Für die Neurobiologie waren Gefühle lange Zeit kein Forschungsthema. Erst Ende der 80er und in den 90er Jahren wuchs das Interesse, als den amerikanischen Neurobiologen Antonio R. Damasio und Joseph Le Doux der Nachweis gelang, dass Patienten mit Schädigungen im Stirnlappen sowie im limbischen System gefühlskalt reagierten und sich unvernünftig verhielten, indem sie hohe Risiken eingingen, bekannte Gefahren nicht mehr richtig einschätzen konnten und sich insgesamt als unfähig erwiesen, aus den Konsequenzen ihres Verhaltens zu lernen (Damasio 2002, 56). Ihr Verstand funktionierte einwandfrei. Sie konnten bei Befragungen ihr Fehlverhalten beschreiben und vernünftig beurteilen. Allerdings fehlte ihnen das Vermögen, ihre Einsicht auch in die Tat umzusetzen. Diese Ergebnisse veranlassten die Forscher, grundsätzlich über das Verhältnis von Emotionen und Verstand nachzudenken. In ihnen reifte die Erkenntnis, dass die jahrtausendealte philosophische Tradition, die der Vernunft den Vorrang vor den Emotionen gibt, zumindest soweit korrigiert werden muss, dass der Verstand ohne Gefühle nichts vermag. Die von den Stoikern der Antike bis Kant und Freud vorgetragene Forderung, dem Verstand zu folgen und die Leidenschaften zu unterdrücken – kann unvernünftiges Verhalten zur Folge haben. Allerdings hatten die Denker des Altertums und des Mittelalters vielleicht noch eher eine Ahnung von dem Zusammenspiel von Gefühl und Verstand, denn der Vernunftbegriff war bei ihnen wesentlich weiter gefasst und schloss zum Beispiel religiöse Vertiefungen und weise Entscheidungen mit ein. Erst die Neuzeit engte den Vernunftbegriff auf die reine Verstandestätigkeit ein und setzte Vernunft mit „Ratio" gleich.

Der Verstand ist in der Lage, sich ständig neues Wissen anzueignen, neue Fähigkeiten zu erlernen und damit auf neue Situationen angemessen zu reagieren. Diese Prozesse finden nicht im limbischen System, sondern in der Großhirnrinde (Kortex) statt. Lernvorgänge im subcorticalen limbischen System scheinen anderer Art zu sein als im cortikalen Bereich. Sie vollziehen sich langsamer als Letztere und haben eine wesentlich flachere Vergessenskurve. Diese Unterschiede resultieren aus den verschiedenartigen Aufgaben beider miteinander kooperierender „Systeme". Das langsamere limbische System scheint völlig ungeeignet, Geschehnisse mit größeren Details oder komplexe Zeitstrukturen wahrzunehmen oder verschiedenartige Gedächtnisinhalte durch logische oder assoziative Verknüpfungen zu kombinieren. Der Kortex, der uns als „höhere Wesen" auszeichnet, kann dagegen gewissermaßen als ein leistungsfähiger „Rechner" verstanden werden, welcher vom Gehirn immer dann eingesetzt wird, wenn wir Situationen, Dingen oder Problemen begegnen, für die wir keine fertigen Rezepte haben. Unsere soziale Umwelt ist so vielgestaltig, dass der Kortex gerade für die Bewältigung sozialer und kultureller Anpassungsleistungen (einschließlich der Befähigung zur Sprache) das geeignete System darstellt. Wir würden uns jedoch in zahllosen Aktivitäten verzetteln und eine chaotisch anmutende soziale Organisation entwickeln, wenn nicht das limbische System uns mit unseren Langzeiterfahrungen unterstützen würde und sich auf diese Weise die ordnende Macht der Gefühle durchsetzt.

Für die Ausbildung der lebenswichtigen Gefühle der Angst und Furcht, die der Auslösung von Flucht und damit der Vermeidung von Gefahr dienen, ist der Mandelkern, die Amygdala, zuständig. Bei lustvollen und beglückenden Gefühlen ist der Nucleus accumbens (ventrales tegmentales Areal) beteiligt. Nicht zufällig handelt es sich hierbei um den Bereich im Gehirn, in welchem die Wirkung von Drogen festgestellt wurde. Ob allerdings diese Gehirnstrukturen auch die Speicherungen der Gefühle vornehmen oder in anderer Weise beteiligt sind, oder ob Gefühle an die Verknüpfungsstellen von Ereignissen und deren limbischer Bewertung kodiert sind, ist bisher unbekannt.

Der amerikanische Neurobiologe Antonio R. Damasio stellte bei einer Patientin, deren Amygdala beidseitig geschädigt war, eine merkwürdige Verzerrung der emotionalen Färbung fest. Ihre Wahrnehmung und ihr Verhalten bildeten sich so, als wären negative Emotionen wie Furcht und Ärger aus ihrem affektiven Vokabular gelöscht worden, so dass ihr Leben von positiven Emotionen beherrscht wurde (Damasio 2002, 84). Dies zeigte sich zwar nicht in der Intensität, aber in der Häufigkeit. Eine solche Schädigung hat weitreichende Folgen. Sie hinderte die Frau, in jungen Jahren die Bedeutung unerfreulicher Situationen zu begreifen. Sie hatte nicht gelernt, die aufschlussreichen Zeichen zu erkennen, mit welchen sich Konflikte ankündigten. Individuen, die aufgrund dieser Schädigung mit einer rosaroten Brille durch das Leben gehen, können sich nur wenig vor einfachen und komplexeren sozialen Risiken schützen und sind daher anfälliger und weniger souverän in ihrem Handeln als andere Menschen.

5.2.4 Das Modell der Affektlogik von Luc Ciompi

Luc Ciompi war bis 1994 Professor für Psychiatrie, zunächst in Lausanne/Schweiz, wo er die sozialpsychiatrischen Dienste der Universität aufbaute und ab 1977 als Begründer der therapeutischen Wohngemeinschaft „Soteria" in Bern. Aus dieser praxisorientierten Beschäftigung ist sein wissenschaftliches Werk entstanden, in welchem er die ständige Wechselwirkung und die Einheit von Emotionen (Affekten) und Denken (Kognitionen) einerseits und die grundsätzlich unterschiedliche Qualität beider für das Handeln hervorhebt. Der Affekt bildet für ihn den Oberbegriff. Er definiert ihn als eine „von inneren oder äußeren Reizen ausgelöste ganzheitliche psycho-physische Gestimmtheit von unterschiedlicher Qualität, Dauer und Bewusstseinsnähe" (Ciompi

1999, 67). Daraus ergibt sich, dass Individuen immer in irgendeiner Weise affektiv gestimmt sind und Handlungen durch Affekte angestoßen, gesteuert und strukturiert werden. Charakteristische Affektfärbungen heften sich an alle Kognitionen und selbst scheinbar affektneutrale Denkoperationen, wie das Bilden von Abstraktionen und logisches Denken werden getragen und begleitet durch versteckt lustvolle Affektkomponenten (Ciompi 1999, 49). Die umfassenden körperlich-psychischen Gestimmtheiten oder Befindlichkeiten stellen für ihn das einzig wirklich Wesentliche in allen affektiven Phänomenen dar.

Ciompi entwickelt im Folgenden ein chaostheoretisches Modell, in welchem die Affekte – oder als Unterbegriffe Gefühle, Emotionen und Stimmungen – wie die Attraktoren in der Chaostheorie wirken. Sie sind zuerst da und wirken wie Motoren der kognitiven Dynamik. Zugleich bestimmen sie die Wahrnehmung und den Focus der Aufmerksamkeit. Lust- und Unlustgefühle bilden die Basis für weit verzweigte mentale Programme, die durch Wiederholung wie ein ausgebautes Weg- und Straßensystem „mit einigen früh schon festgelegten und breit ausgewalzten Hauptachsen und einer komplex verschachtelten Hierarchie von mehr oder weniger fixen Verbindungsstraßen …" zu Fühl-, Denk- und Verhaltenswegen werden (Ciompi 1999, 49). Entscheidend ist für Ciompi, der sich hier auf Piaget beruft, dass Gefühlsdispositionen durch die Aktion selbst gebildet und durch Wiederholung und Habituation zu einem hochkomplexen funktionellen Netzwerk ausgebaut werden. Emotionale Komponenten sind in dieses Netzwerk nach dem Konzept der Affektlogik nicht nur überall funktionell eingebaut, sondern spielen auch bei der Organisation und Strukturierung von Anfang an eine zentrale Rolle. Diese Einschätzung führt Ciompi zu einer Kritik an Piaget, dem er vorwirft, dass er die Bedeutung der Affekte für die Erzeugung von Verhaltenskomponenten nicht anerkennt (Ciompi 1999, 51).

5.3 ZUSAMMENFASSUNG UND PERSPEKTIVEN

Die Rolle von Gefühlen, Stimmungen und Emotionen für das Handeln wird in der psychologischen Literatur überwiegend von einer Naturphilosophie bestimmt, in welcher der Mensch als animal rationale, als vernunftbegabtes Tier, gesehen wird. Diese Tradition ist von der dualistischen Vorstellung beherrscht, dass Denken und Fühlen gegensätzliche Modalitäten des Erlebens darstellen. Die Vernunft scheint in dieser Vorstellung ein weitgehend von Stimmungen und Gefühlen befreites „objektives" Handeln zu ermöglichen. Leidenschaften, Emotionen und Stimmungen vermögen zwar das Verhalten zu beinflussen, wirken aber bei dieser Anschauung eher als Störfaktoren. Diese in der abendländischen Philosophie seit Descartes und Kant dominierende Betrachtungsweise setzt den Verstand an die erste Stelle. Einbildungskraft, Intuition und Einfühlungsvermögen werden abgewertet, weil sie sich den klaren Regeln der Logik entziehen.

Seit den zwanziger Jahren des vergangenen Jahrhunderts hat sich unter dem Einfluss des Philosophen Martin Heidegger ein Wandel in der Auffassung der Natur des Menschen vollzogen. Zum Wesen des Menschen gehört nach dieser Überzeugung das Verstehen der eigenen Existenz als Dasein in der „Lichtung des Seins". Das Gefühl der Angst ist demnach existentiell, weil es dem Menschen seine „Geworfenheit" und seine Endlichkeit (den Tod) vor Augen führt. Die psychologische Anthropologie der 50er und 60er Jahre knüpfte an diese „phänomenologische" Betrachtungsweise an. Otto Friedrich Bollnow bezeichnete Stimmungen als Wesensmerkmal des Menschen (Bollnow 1988). Ludwig Binswanger sah einen grundsätzlichen Unterschied zwischen naturwissenschaftlicher und phänomenologischer Betrachtungsweise in der Psychopathologie. Er suchte psychopathologische Phänomene nicht kausal oder vom Krankheitsbild (ätiologisch) zu erklären, sondern durch die Erfassung des existentiellen Sinngehalts der Erkrankung (Binswanger 1962). Philipp Lersch kennzeichnet die Stimmungen als eine „Klangfarbe" speziell des Lebensgefühls und verweist auf den „athmospärischen" Charakter der Stimmung, der sie von leiblichen, psychosomatischen Stimmungen unterscheidet. Er will in seinem Buch „Aufbau der Person" zeigen, dass im individuellen Dasein des Menschen neben verschiedenen situations- und gegenwartsbezogenen Gefühlen auch ein „relativ dauernder Hintergrund des Lebensgefühls" vorhanden ist (Lersch 1966). Medard Boss veröffentlichte 1954 eine „Einführung in die psychosomatische Medizin", in welcher er den Versuch eines „daseinsgemäßen Verstehens menschlichen Krankseins" unternahm (Boss, 1954). 1972 gründete er in Zürich das „Daseinsanalytische Institut für Psychotherapie und Psychosomatik" als Ausbildungsstätte. In seinem Hauptwerk „Grundriss der Medizin" entwickelte er sein Grundkonzept der Daseinsanalytik, das in wesentlichen Fragen auf Martin Heidegger zurückgeht (Boss 1971).

Diese Ansätze sind durch die „empirische Wende", Wende der Psychologie und Soziologie Ende der 60er Jahre, in Vergessenheit geraten. Sie können jedoch hilfreich sein bei einer Neubestimmung des Verhältnisses von Gefühl und Denken, das sich seit einigen Jahren in der Psychologie anbahnt.

Übungsfragen zu Teil 1

Allgemein

1. Beschreiben Sie die drei Ziele der wissenschaftlichen Psychologie!

2. Nennen Sie drei Teilgebiete der Psychologie!

3. Was haben Sie sich über den „Bewusstseinsstrom" von William James gemerkt?

4. Welche Praxisfelder der Psychologie sind Ihnen bekannt?

Psychoanalyse (Freud)

5. Durch welche Annahme über das Bewusstsein unterscheidet sich Freud grundsätzlich von seinen Zeitgenossen Wundt und James?

6. Was ist Psychoanalyse?

7. Was ist Neurose?

8. Begründen Sie die Existenz des Todestriebs!

9. Beschreiben Sie vier Abwehrmechanismen!

10. Beschreiben Sie die Phasentheorie der Entwicklung nach Freud!

11. Worin besteht Freuds historischer Verdienst in der Entwicklung der Psychologie?

12. Welche Kritik lässt sich heute an den Grundannahmen Freuds formulieren?

Behaviorismus

13. Nennen Sie bedeutende Vertreter des Behaviorismus!

14. Welches Menschenbild liegt dem Versuch-Irrtums-Konzept zugrunde?

15. Erklären Sie den Begriff operante Konditionierung!

16. Beschreiben Sie das historische Verdienst des Behaviorismus!

---

17. Welche Kritik lässt sich aus heutiger Sicht am Behaviorismus formulieren?

Kognitivismus

18. Erläutern Sie die Gemeinsamkeiten und die Unterschiede von Kognitivismus und Behaviorismus!

Humanistische Psychologie

19. Nennen Sie drei bedeutende Vertreter der humanistischen Psychologie!

20. Welches Weltbild vertritt die humanistische Psychologie?

21. Welche Persönlichkeitsmerkmale kennzeichnen einen Menschen, der erfolgreich nach dem Prinzip der Selbstverwirklichung handelt?

22. Was ist antizipatorische Angst?

Methoden

23. Welche Methoden dienen der quantitativen Analyse psychologischer Daten?

24. Wann ist ein Experiment „willkürlich" ausgelöst und was bedeutet das für den Forschungsprozeß?

25. Was ist eine intervenierende Variable? Nennen sie ein Beispiel!

26. Nennen Sie drei Arten der Diagnostik und deren Anwendungsgebiet!

27. Welche Fehlerquellen treten bei psychologischen Tests auf?

28. Was versteht man unter „Werturteilsstreit"?

29. Üben Sie Kritik am psychologischen Experiment!

29. Welche Methoden dienen der qualitativen Analyse?

Teil 2
Teilbereiche der Psychologie

1. Persönlichkeitspsychologie

Die Psychologie der Persönlichkeit untersucht den Zusammenhang der psychischen Eigenschaften in der Person. Persönlichkeitstheorien sind Bilder vom Menschen. Sie beeinflussen die Forschung erheblich, müssen aber angesichts der geringen Informationen über die Komplexität des Zusammenwirkens von genetischer Veranlagung, Eigenschaften, Gefühlen, Absichten, Urteilen und anderem modellhaft bleiben. Die unterschiedlichen Theorien der Persönlichkeit zeigen die Konkurrenz der verschiedenen Forschungsstrategien zum besseren Verständnis der Persönlichkeit (Wawrinowski 1985, 40). Die Persönlichkeitspsychologie müsste die Grundlagen für Teildisziplinen der Psychologie abgeben, um das komplexe psychologische Geschehen in einem einheitlichen Kontext zu interpretieren. Die Mehrzahl der Persönlichkeitstheorien verzichtet jedoch auf einen ganzheitlichen Ansatz, weil dessen Grundannahmen als „hypothetische Konstrukte" nicht empirisch beweisbar sind und stützt sich statt dessen auf Teilaspekte des Verhaltens und Erlebens, wie zum Beispiel auf kognitive Merkmale, auf Aspekte des Lernens oder auf faktoranalytische Untersuchungen des Verhaltens (Fisseni 1993, 137). In diesem Kapitel werden im ersten Abschnitt unterschiedliche Persönlichkeitstheorien vorgestellt, die verschiedenen Forschungsstrategien entsprechen. Ausführlich dargestellt wird im zweiten Abschnitt der Ansatz der humanistischen Psychologie. Der dritte Abschnitt untersucht die drei für die Persönlichkeitstheorie zentralen Begriffe „Person", „Individualität" und „Persönlichkeit". „Subjektivität" steht im Mittelpunkt des vierten Abschnitts, der sich unter anderem mit zentralen Annahmen der Tiefenpsychologie auseinander setzt. Der fünfte Abschnitt behandelt den Begriff der Ich-Kompetenz. Die Entstehung der Persönlichkeit im Säuglings-, Kindes- und Jugendalter wird im sechsten Abschnitt analysiert. Der siebte Abschnitt schließt mit Betrachtungen über die Persönlichkeit im Alter.

1.1 THEORIEN DER PERSÖNLICHKEIT

Persönlichkeitstheorien sind durch das Menschenbild ihres jeweiligen Autors geprägt, in denen sich der „Zeitgeist" einer bestimmten Epoche und Kultur niederschlägt. Überall und zu jeder Zeit hat es Individuen gegeben, die ein tiefes Wissen über die Persönlichkeit besaßen. Diese Erkenntnisse konnten jedoch nur soweit wirksam werden, wie sie von Zeitgenossen aufgenommen, verarbeitet und weitergegeben wurden (Langfeldt 1993, 135).

Es gibt unbegrenzte Möglichkeiten der Charakterisierungen von Menschen: soviel Menschenbilder, soviel „Persönlichkeitstheorien". Der Psychologe Langfeldt weist darauf hin, dass Persönlichkeitstheorien von Wissenschaftlern entwickelt werden, die „selbst Persönlichkeiten mit Vorlieben und Abneigungen, mit persönlichen Überzeugungen, mit Weltanschauungen und mit unterschiedlichen Menschenbildern [sind]" (Langfeldt 1993, 137). Er greift auf die Position des Künstlers zurück, um diesen subjektiven Charakter der Theoriebildung zu verdeutlichen: „So, wie wir selbstverständlich akzeptieren, dass ein Porträt von Lucas Cranach anders aussieht als eines von Picasso, müssen wir akzeptieren, dass Psychologen ebenfalls unterschiedliche Bilder (Theorien) vom Menschen entwerfen" (Langfeldt 1993, 137). Im Folgenden werden die wichtigsten theoretischen Ansätze beschrieben. Es handelt sich um Konzepte der

(1) Eigenschaftstheorien,

(2) Lerntheorien,

(3) humanistischen Psychologie,

(4) Tiefenpsychologie.

1.1.1 Die Persönlichkeit als „Bündel"
beziehungsweise als Struktur von Eigenschaften

Eigenschaften werden durch Abstraktion beziehungsweise als Hypothese aufgrund wiederholter Beobachtungen ein und desselben Verhaltens behauptet. Auf diese Weise kann die Komplexität des Verhaltens auf gemeinsame Grundzüge der Person reduziert werden. Die Beschreibung der Persönlichkeit wird dadurch einfacher – man sollte sich jedoch stets im Klaren darüber sein, dass es sich um Interpretationen der Beobachtungen handelt. Im Alltag nehmen wir solche Reduktionen ebenfalls vor, um Personen unseres Umfeldes zu beurteilen. Die psychologische Wissenschaft unterscheidet sich von diesem naiven Vorgehen dadurch, dass sie Vorurteile zu eliminieren sucht, indem sie nur solche Beschreibungen des Verhaltens aufrecht erhält, die durch systematische Beobachtungen oder experimentelle Untersuchungen verifiziert werden konnten.

Die Persönlichkeitspsychologie wird von Vertretern der empirischen Psychologie als „differentielle" Psychologie bezeichnet, weil sie ihr Hauptaugenmerk darauf richtet, die Differenzen des individuellen Verhaltens, das heißt die interindividuellen Unterschiede im Erleben und Verhalten der Personen zu erklären (Ulich 1993, 175). Untersucht wird die persönliche Eigenart einer Person, die sich in typischen, das heißt dauerhaften Einstellungen und Verhaltensweisen zeigt. „Persönlichkeit" ist nach Auffassung Guilfords „eine einzigartige Struktur von Persönlichkeitszügen (traits)" (zit. n. Novak/Finster/Schneider 1987, 122). Mit dem Begriff „Struktur" will Guilford ausdrücken, dass ein innerer Zusammenhang zwischen den einzelnen Persönlichkeitsmerkmalen besteht. Persönlichkeitsmerkmale („traits") werden auch als Verhaltensdispositionen bezeichnet.

Der bekannteste Persönlichkeitsforscher der 50er und 60er Jahre war Hans Jürgen Eysenck. Er ist 1916 in Berlin als Sohn jüdischer Eltern geboren, 1934 nach London emigriert und 1997 in London gestorben. Kognitive und motivationale Studien lehnte er als empirisch unzuverlässig ab und konzentrierte sich auf faktoranalytische Modelle des Verhaltens (Chris Brand 1997, 2). Da er auch genetische Modelle der Persönlichkeitsforschung favorisierte, blieb sein Werk umstritten. Die heutige differentielle Psychologie ist jedoch ohne seine Forschungen nicht vorstellbar.

1969 veröffentlichte Eysenck das Werk: „Personality Structure and Measurement" (mit Sybil Eysenck); 1970 „The Structure of Human Personality" (3. Auflage) sowie den Aufsatz: „Explanation and the concept of personality" (in: R. Borger & F.Cioffi, „Explanation in the Behavioural Sciences" (Brand 1997, 10). Seine Eigenschaftstheorie gründet auf der Annahme, dass die Persönlichkeitsstruktur relativ stabil und unveränderlich bleibt und Persönlichkeitsveränderungen langwierig und schwierig sind. Während viele Eigenschaftstheoretiker Verhaltenstendenzen als Dispositionen betrachten (zum Beispiel Kontaktfreude, Aggressivität, Ehrlichkeit), verwendete Eysenck die Typisierung „extravertiert/introvertiert" zur Verdeutlichung von dauerhaften Eigenschaften. Danach besitzt jede Person typische Merkmale, die im Wesentlichen anlagebedingt und irgendwo zwischen den Polen Extraversion – Introversion angesiedelt sind. Um Vergleiche mit Charakterologien zu vermeiden, betont Eysenck, dass es nicht „den Extravertierten" oder „den Introvertierten" gibt. Die meisten Menschen liegen eher im Mittelbereich, das heißt, sie haben von beiden typischen Eigenschaften jeweils etwas. Störungen der Persönlichkeit liegen vor, wenn sich die Skala der Eigenschaften einem der beiden Pole extrem zuneigt.

Stark introvertierte Persönlichkeiten neigen zu Ängsten und Schuldgefühlen (Depressionen). Ihr Denken konzentriert sich auf die eigene Person und die Innenwelt. Sie verhalten sich zurückhaltend und unflexibel und setzen sich hohe Ziele, die sie ausdauernd und gründlich verfolgen. Stark extravertierte Persönlichkeiten verhalten sich oberflächlicher und werden weniger durch ihr Gewissen gesteuert. Sie suchen mehr Abwechslung, erweisen sich oft als Organisationstalente und sind betriebsam und kontaktfreudig. In Verbindung mit den Gefühls- beziehungsweise Emotionsdimensionen Stabilität und Labilität hat Eysenck eine Matrix aufgestellt, die zahlreiche Studien der Persönlichkeit anregte (Wawrinowski 1985,45):

	Stabilität	Labilität
Introversion	passiv sorgsam nachdenklich friedfertig beherrscht zuverlässig ausgeglichen	verstimmbar ängstlich rigide pessimistisch zurückhaltend ungesellig ruhig
Extraversion	gesellig aufgeschlossen gesprächig lebendig bequem sorglos tonangebend	empfindlich unruhig aggressiv reizbar impulsiv optimistisch aktiv

Auch die differentielle Psychologie musste der Erfahrung Rechnung tragen, dass das Ganze mehr ist als die Summe seiner Teile. Deswegen wird gewissermaßen durch die Hintertür die Einheit der Person wieder eingeführt, indem von der „einzigartigen Struktur" einer Persönlichkeit (Ulich 1993, 177) oder von einem „Verhaltenskorrelat" gesprochen wird. Diese Begriffe sollen signalisieren, dass die Psychologen sich bewusst sind, dass das Verhalten und die Eigenschaften von tiefer liegenden Schichten der Persönlichkeit gesteuert werden, die der Beobachtung nicht zugänglich sind. Wissenschaftlich beobachtet und gemessen werden kann nur, was sich im individuellen Verhalten zeigt. Aus regelmäßigen, das heißt immer wieder zu beobachtenden Verhaltensweisen wird auf ein zugrunde liegendes Gemeinsames, eine „Disposition" das heißt die „Bereitschaft" eines Individuums geschlossen, sich in ähnlichen Situationen wieder so oder ähnlich zu verhalten.

Disposition

„Disponiert" sein bedeutet, die Bereitschaft oder Neigung mitbringen, eine Angelegenheit oder Situation auf eine bestimmte Art zu bewältigen. Ich bringe eine Disposition mit, das heißt, sie ist als ein Merkmal meiner Persönlichkeit in mir zeitstabil vorhanden. Diese Disposition unterscheidet mich von anderen Menschen. Gleichzeitig gibt es allgemein menschliche Dispositionen, zum Beispiel die Bedürfnisse nach Nahrung, Sexualität und Kommunikation. Dispositionen können als „Eigenschaften", „Wesenszug" oder „Charakter" einer Persönlichkeit beschrieben werden. Es handelt sich um Verhaltensgewohnheiten, welche situationsübergreifend zum Ausdruck kommen. Dabei kann es sich um dynamische „Kräfte" handeln, wie Motivationen, Grundstimmungen, Interessensrichtungen, Temperamente o.ä. Es können aber auch Fähigkeiten oder Fertigkeiten sein, wie zum Beispiel sprachlicher Ausdruck, Intelligenz, handwerkliches Geschick. Auch bestimmten Lebenseinstellungen, wie Lockerheit, Ernsthaftigkeit, Offenheit, Rückzug liegen persönliche Dispositionen zugrunde (Nolting/Paulus 1996, 75).

1.1.2 Das Persönlichkeitskonzept der Lerntheorie

Da Personen ihr Leben aktiv und konstruktiv gestalten, sind Aussagen über die Beständigkeit von Persönlichkeitsmerkmalen oft problematisch. Das Individuum ändert seine Meinungen, Ansichten und sein Verhalten, wenn es erforderlich ist (Anpassung) oder nach persönlichen Vorlieben und Bedürfnissen (Ziele, Werte). Schließlich beeinflussen situative Faktoren das Verhalten. Die Persönlichkeitspsychologie hat also immer zu klären, ob eine bestimmte Handlung oder Einstellung als Ausdruck von typischen, dauerhaften „Dispositionen" zu werten ist, ob sie durch situative Einflüsse oder ob sie durch einen Willensakt der Person zustande gekommen ist beziehungsweise wie groß die Anteile der dauerhaften und veränderlichen Elemente im Verhalten und in den Einstellungen eines Individuums sind.

Vertreter der behavioristischen Lerntheorien erkennen lediglich diejenigen Verhaltenselemente als Teile der Persönlichkeit an, welche durch Lernprozesse angeeignet wurden. Das „Habit-System" der Person besteht danach aus einer Vielzahl erworbener Gewohnheiten (englisch: „habits"), welche durch Reize aktiviert werden können. Entgegen den Vertretern von Eigenschaftstheorien gehen sie von der Grundannahme aus, dass das Verhalten von Faktoren der Umwelt abhängig und veränderbar ist. Es wird von ihnen allerdings nicht ausgeschlossen, dass es auch relativ stabile Persönlichkeitsmerkmale gibt, wie zum Beispiel die Intelligenz oder bestimmte kognitive Fähigkeiten (Wawrinowski 1985, 45). Die Umwelt und nicht die innere Struktur der Persönlichkeit bestimmt nach dieser Ansicht den Handlungsspielraum und die Verhaltensformen des Individuums. Gleichzeitig wird eingestanden, dass die Verhaltensformen ihrerseits die Art bestimmen, in der die Umwelt erfahren wird (Correll 1978, 18).

1.1.3 Die Persönlichkeitstheorie der humanistischen Psychologie

Zahlreiche Vertreter der Psychologie bemängeln seit langem, dass die enorme Menge der Datenproduktion über Teilaspekte der Persönlichkeit kaum noch zur Erhellung des eigentlichen Gegenstands beiträgt (Gröschke 1992, 207). Der Kern dieser Kritik besteht in der zutreffenden Feststellung, dass in Persönlichkeitstheorien der differentiellen Psychologie Aussagen über die Einheit beziehungsweise über geistige Kräfte und die damit verbundene Ausstrahlung eines Menschen bis vor einigen Jahren als „nicht-wissenschaftlich" abgelehnt wurden. Ohne den Bezug auf die Subjektivität von Handlungen, die in der Organisation des Selbst eines Menschen zum Ausdruck kommen, lassen sich empirische Untersuchungen, die überdauernde Verhaltensmerkmale ermitteln wollen, kaum erfolgreich durchführen. Sie bleiben in Situationsbeschreibungen und subjektiv gefärbten „Sichtweisen" der Psychologen stecken. Da die empirische Persönlichkeitsforschung sich aus ihrem naturwissenschaftlichen Verständnis von Wissenschaft die Einsicht in die persönlichen Bestimmungsgründe des Handelns versperrt hat, bleibt für sie Persönlichkeit ein „Konstrukt".

Die humanistische Psychologie vertritt den weitestgehenden Persönlichkeitsansatz. Autoren wie A.A. Maslow oder C. Rogers sind zu der Überzeugung gelangt, dass die Person Subjekt ihres Handelns ist und nach Selbstverwirklichung strebt. Der Organismus Mensch entwickelt sich nach ihrer Ansicht „von selbst". Seine Entwicklung kann nicht von außen bestimmt werden. Das Leben selbst hat nach Rogers einen „unglaublich starken Drang zur Entfaltung ..., wenn die Gelegenheit zur Entfaltung gegeben wird" (Rogers 1982, 21). Begriffe wie „Ich" und „Selbst" beziehungsweise Selbstkonzept und Selbstbild stehen im Zentrum dieser Betrachtungsweise.

1.1.4 Die psychodynamische Theorie der Persönlichkeit

Eine weitere Sichtweise kann als psychodynamische Theorie der Persönlichkeit charakterisiert werden. Es handelt sich um tiefenpsychologische Betrachtungen. Sigmund Freud, C.G. Jung und Alfred Adler gelten als bekannteste Vertreter dieser Richtung. Sie nehmen an, dass wesentliche Steuermechanismen der Persönlichkeit auf unbewussten Determinationen beruhen. In diesem Modell wird die Aktion des Individuums betont. Die Umwelt spielt keine zentrale Rolle. Die Persönlichkeit wird durch die Dynamik ihres psychischen Apparates bewegt, welcher durch die Prozesse zwischen dem rationalen Ich, den unbewussten Trieben und Bedürfnissen des Es und den kulturell-sozialen Erwartungen einer im Erziehungsprozess verinnerlichten Über-Ich-Instanz bestimmt wird (Nolting/Paulus 1996, 103). Die Persönlichkeitsstruktur entwickelt sich nach psychoanalytischer Ansicht in der frühen Kindheit und verändert sich später nur wenig. Was in dieser Phase der Entwicklung als Fundament gelegt wurde, bestimmt das Verhalten der gesamten Lebensspanne. Persönlichkeitsstörungen können über das Wissen der Kindheitserlebnisse bewusst gemacht werden.

1.2 DAS MENSCHENBILD DER HUMANISTISCHEN PSYCHOLOGIE

1.2.1 Selbstverwirklichung als Ziel der Persönlichkeit

Die humanistische Psychologie ist geprägt durch eine Weltanschauung, in welcher die Würde des Menschen und das Vertrauen auf die Selbsttätigkeit des Individuums eine entscheidende Rolle spielen. Sie versteht sich als Alternative zur behavioristischen und zur tiefenpsychologischen Richtung. Dem technologischen Konzept des Behaviorismus und dem biologisch-mechanistischen Erklärungsmodell der Psychoanalyse setzt sie das Konzept der Selbstverwirklichung des Menschen entgegen. Der Mensch wird nicht in Teilsystemen analysiert, sondern als integrierter Organismus, der danach strebt, einen Selbstausdruck zu finden. Dieser „dritte Weg" der Psychologie beurteilt die Natur des Menschen als grundsätzlich gut. Bösartigkeit, Zerstörung und unsoziales Verhalten werden als Resultate ungünstiger Umweltbedingungen eingeschätzt (Schneewind 1996, 21).

1.2.2 Der Mensch, ein kreatives Wesen

Die bedeutendsten Vertreter der humanistischen Psychologie, Abraham A. Maslow und Carl Rogers, knüpften an die Persönlichkeitstheorien an, welche die Substanz des Ich zum Ausgangspunkt der Aktivitäten eines Individuums machten. Sie behaupten, dass der Mensch von Natur aus ein kreatives Potential besitzt. Mit dieser Auffassung widersprechen sie der anthropologischen These von der Mangelhaftigkeit des Menschen. Mit Kreativität sind keine herausragenden Begabungen gemeint, sondern Alltagshandlungen, die Intuition und Originalität beweisen. Diese Kreativität ist vor allem bei Kindern zu beobachten und bei Menschen, die sich die Mentalität von Kindern bewahrt oder den Durchbruch zur Einfachheit neu erfahren haben und nicht durch gesellschaftliche Erwartungen überformt wurden (Schneewind 1996, 22).

1.2.3 Ein positives Bild vom Menschen

Das Menschenbild der humanistischen Psychologie hebt die positiven Seiten der menschlichen Entwicklung hervor. Damit steht diese Art der Psychologie im Gegensatz zu Richtungen der Psychoanalyse, die sich

auf psychisch unreife, unbewusste, unentwickelte und deformierte Aspekte der Persönlichkeit konzentrieren. Nach Ansicht der Vertreter der
humanistischen Psychologie können diese keine Ansätze hervorbrin-
gen, die den ganzheitlichen und an Werten und Sinn orientierten Menschen beschreiben und unterstützen.

1.2.4 Der unveränderbare Kern der Persönlichkeit

Der Kern der Persönlichkeit bleibt von Zeit und Werden unbeeinflusst
(Gröschke 1992, 39). Rogers spricht von einer „zielstrebigen Kraft", die
jeder Person angeboren ist und die er als „Aktualisierungstendenz" umschreibt. Rogers definiert diese Quelle der Persönlichkeit als „eine in-
härente Tendenz des Organismus, all seine Möglichkeiten in einer Weise
zu entwickeln, die dazu dient, den Organismus zu erhalten und zu erhöhen" (Rogers 1959, 196). Die spontane Entwicklung kann nur unter bestimmten Bedingungen stattfinden: Das Individuum muss sich selbst akzeptieren, wie es ist. Es muss ferner offen sein für die Tatsachen, die das
Leben bringt. Von großer Bedeutung ist, dass eine Person sich akzeptiert
fühlt von anderen. Einfühlendes und nicht-wertendes Verstehen erweist
sich als besonders hilfreich. Achtung und Wohlwollen anderer hilft dem
Individuum, sich selbst zu achten. Die Echtheit von Gefühlen anderer
vermittelt eine Echtheit der eigenen Empfindung (Flammer 1988, 116,
117).
Ein Beispiel für das spontane Bedürfnis des menschlichen Organismus
nach Entwicklung kann in dem kindlichen Bestreben gesehen werden,
mit großen Anstrengungen den aufrechten Gang zu erlernen (Langfeldt
1993, 153). Durch das Streben des „Selbst" nach Zuwendung, Schutz
und Anerkennung können diese Ziele des menschlichen Organismus
nach Wachstum und Entwicklung beeinträchtigt werden. Eine Person,
die sich an dem Ziel der Zuwendung orientiert, richtet ihr Verhalten an
den Erwartungen anderer aus und gerät in Abhängigkeitsverhältnisse,
statt sich von der ihm eigenen Aktualisierungstendenz leiten zu lassen.
Langfeldt bezeichnet diesen Widerspruch zutreffend als eine Inkongruenz der Entwicklung: Insbesondere Personen, die sich in einer Entwicklungsphase befinden, werden in der Äußerung ihrer eigenen Verhaltens-
impulse durch das – übersteigerte – Bedürfnis nach Zuwendung abge-
lenkt und in ihrer Entwicklung gestört (Langfeldt 1993, 153).

Das Selbst

Die Begriffe Selbst, Selbstkonzept und Selbststruktur hat Rogers nach langjährigen therapeutischen Erfahrungen folgendermaßen definiert: (Rogers 1989, 26)

> „Diese Begriffe beziehen sich auf die organisierte, in sich geschlossene Gestalt. Diese beinhaltet die Wahrnehmungscharakteristiken des Ich, die Wahrnehmungen der Beziehungen zwischen dem Ich und anderen und verschiedenen Lebensaspekten, einschließlich der mit diesen Erfahrungen verbundenen Werte. Dieser Gestalt kann man gewahr werden, sie ist jedoch nicht notwendigerweise gewahr. Es handelt sich um eine fließende, eine wechselnde Gestalt, um einen Prozess, der zu jedem beliebigen Zeitpunkt eine spezifische Wesenheit ist, zumindest teilweise durch operationale Begriffe erfassbar ..."

Organismus und Selbst stehen nach Rogers in einem wechselseitigen Verhältnis zueinander. Der Organismus ist die Stätte beziehungsweise das Gefäß allen Erlebens und aller Erfahrungen. Eingeschränkt wird das Erlebnis- und Wahrnehmungsfeld dadurch, dass es nur die Person selbst ist, die beobachtet und empfindet. Was eine Person wahrnimmt, wird von einer anderen nicht oder anders gesehen. Aus dem Wahrnehmungsfeld bildet eine Person ihr individuelles Bezugssystem. Dieses stellt die Realität dieser Person dar (Langfeldt 1993, 152). Der Organismus reagiert auf diese – subjektive – Realität durch die Bildung einer besonderen Gestalt, das Selbst.

1.2.5 Kongruenz und Inkongruenz

Die Beziehungen zwischen Organismus und Selbst sind nach Rogers Auffassung durch das Bestreben nach Kongruenz gekennzeichnet. Wenn das Selbst sich frei und offen bilden kann und die Impulse des Organismus unverfälscht und ohne Verzerrungen widerspiegelt, dann kann der Zustand einer Person als kongruent, das heißt als reif, integriert, ausgeglichen und psychisch gesund bezeichnet werden. Die meisten Menschen leiden jedoch unter der Inkongruenz, dass ihr angepasstes Sozialverhalten nicht ihren wirklichen Bedürfnissen entspricht. Kongruent organisierte Menschen können leichter neue Erfahrungen ausbalancieren. Ist die Entwicklung durch Inkongruenz gestört, zeigt sich dies insbesondere an der Motivation der Person, ihr Selbst vor Veränderung oder Instabilität zu schützen (Langfeldt 1993, 153).

Risiko, Unsicherheit und neue Erfahrungen werden als bedrohlich empfunden. Kongruent organisierte Menschen sind ichstark.

1.2.6 Die Bedeutung der humanistischen Persönlichkeitstheorie für die Soziale Arbeit

Die Unterscheidung Rogers zwischen Organismus und Selbst kann für die Sozialarbeit fruchtbar sein. „Organismus" steht bei ihm für den gesamten einmaligen „Kosmos" der Persönlichkeit, die sich in der Selbstorganisation ausdrückt. Die Sozialarbeit hat es immer mit Individuen zu tun, denen aufgrund ihrer besonderen Innensteuerung Würde zukommt.

Die humanistische Persönlichkeitstheorie betont die Wechselseitigkeit der emotionalen Wärme und der hilfreichen Unterstützung. Sie legt Wert auf den inneren Antrieb, die Freude am Leben, und misst dem Bedürfnis nach Selbstausdruck große Bedeutung zu.

1.3 DIE BEGRIFFE PERSON, INDIVIDUALITÄT UND PERSÖNLICHKEIT

Drei Begriffe drücken die jeweils verschiedenen Aspekte der Innensteuerung eines Individuums aus: Person, Individualität und Persönlichkeit. Jeder dieser Begriffe gibt einen spezifischen Aspekt der Tatsache wieder, dass der Mensch als Einzelner der Welt gegenübertritt, sie aus der Sicht des Einzelnen erlebt und durch seine Lebenserfahrung und seine Art und Weise zur Vielfältigkeit des menschlichen Lebens beiträgt.

1.3.1 „Person" als das Eigene des Individuums

Wenn wir von „Person" sprechen, meinen wir die Substanz eines Menschen. Diese ist unveränderlich und unteilbar. Der Psychologe Stern hat in den 20er Jahren darauf hingewiesen, dass sich aus dem Grundsatz der Substantialität ergibt, dass die Person durch menschliche Beziehungen reicher wird, aber dennoch als Substanz gleich bleibt. Sterns Theorie stützt sich auf die Monadenlehre von Leibniz (Fisseni 1993, 80). Er nennt den Vorgang der Bereicherung durch andere Iche „Introzeption": „… dass ich Ich bleibe und doch zugleich Glied bin einer Familie, eines

Volkes, der Menschheit, der Gottheit …, dass das scheinbar fremde Du des anderen, der mir gegenüber steht, mein Ich ergänzt und steigert … das macht mich zum Mikrokosmos, in dem [Selbstbezug und Fremdbezug] keine Gegensätze mehr sind" (Stern 1923, 60). Durch die Introzeption wird aus der Person eine Persönlichkeit (Stern 1923, 20).

1.3.2 „Person" ist nicht ohne den sozialen Kontext denkbar

Eine Person ist Rollenspieler. Sie agiert so, wie es der Rolle angemessen ist. Soziale Rollen sind mit Status, Erwartungen und Wert (Macht) ausgestattete Positionen in einer Gesellschaft. Ich organisiere mein Leben in Rollen. Es liegt nichts Unwahrhaftiges darin, wenn ich in einer Rolle anders auftrete als in anderen. Darin liegt vielmehr eine notwendige Abgrenzung. Wenn ich in meiner Familie oder in meiner Partnerschaft leidvolle Erfahrungen mache und im Beruf zuverlässig weiterarbeite, ohne mein persönliches Schicksal in den Vordergrund zu stellen, „verrate" ich nicht mein Wesen, sondern ich vermeide es, andere mit meiner persönlichen Betroffenheit zu belasten. Meine Person bedient sich der Kommunikationsorgane, um an einer Handlung teilzunehmen.

Die Person setzt ihre Wahrnehmung, Geschicklichkeit, Klugheit, ihren Willen und andere Eigenschaften ein, um sich Geltung zu verschaffen, geliebt und anerkannt zu werden, Macht auszuüben, sich einen Platz in der Gruppe zu sichern oder den individuellen Lebensentwurf zu verwirklichen. Damit trägt sie zur Dynamik des sozialen, politischen, aber auch psychologischen Geschehens ihrer Umwelt bei. Die Welt wird reicher durch den individuellen Ausdruck einer Person, und das Selbst einer Person wird reicher durch die Erfahrungen in der Welt. Jede Person ist Teil des Kosmos und trägt damit bei zur Erfahrung und Verwirklichung von Menschsein (Schröder 1991, 58).

1.3.3 Personale Würde

Allen Personen kommt aufgrund ihres Menschseins Würde zu. Diese personale Würde kann nach demokratischer Auffassung niemandem abgesprochen werden, auch nicht, wenn die Entwicklung einer Person den Wertvorstellungen einer Gesellschaft entgegengesetzt zu sein scheint: Auch in diesem Falle handelt es sich um eine personale, das heißt im Ich angelegte Entwicklung. Würde kommt daher auch schwerst geistig Behinderten und geistig Umnachteten zu. Sie sollten entsprechend ihres Personseins respektvoll behandelt und gepflegt werden.

1.3.4 „Persönlichkeit" als Vorbild

Mit „Persönlichkeit" bezeichnen wir die Ausstrahlung eines Menschen, der durch die Art, wie er im Leben steht, durch seine Ichkompetenz, durch seine im täglichen Leben bewiesene soziale und fachliche Qualität unter anderem zeigt, dass er einen allgemein geachteten Bezug zur Realität hergestellt hat, Lebenserfahrung besitzt und dem Leben Sinn zu verleihen vermag. Eine Persönlichkeit in diesem Sinne besitzt Überzeugungskraft, genießt ein hohes soziales Ansehen und übt auf andere eine Attraktivität aus (Hornung/Lächler 1982, 44). Während Personsein den Bezug zu den Wesensmerkmalen des Menschen herstellt und damit eher nach innen gerichtet ist, wird mit dem Begriff der Persönlichkeit mehr das Selbst angesprochen, das sich selbstbewusst zur Welt kehrt. Mit dem Wort „Ich bin" macht die Persönlichkeit geltend, dass sie gestaltend an dem sozialen Geschehen teilnimmt und ihren persönlichen Ausdruck hervorbringt.

Umgangssprachlich wird jemand als eine „Persönlichkeit" bezeichnet, der in hervorragender Weise als Vorbild für die Bewältigung bestimmter Lebensaufgaben gilt. Die „Persönlichkeit" eines Menschen kann sich bereits früh herausbilden. In ihr kommt die Selbstverwirklichung eines Menschen zum Ausdruck, der sich in Kongruenz mit seinem Ich befindet. In der Sozialarbeit sollte darauf geachtet werden, dass die Gleichbehandlung der Patienten nicht zu einer Entpersönlichung führt.

1.3.5 Individualität meint Besonderheit

Das Wort „Individualität" kennzeichnet die Einzigartigkeit und Einmaligkeit eines Menschen. Das Ichgefühl ist unteilbar, in seinem Kern nicht einmal mitteilbar. Dies kommt in dem lateinischen Wort „individuus" = unteilbar, untrennbar zum Ausdruck (Juchli 1991, 35). Unter Individualität verstehen wir die Gesamtheit der leiblichen und seelischen Besonderheiten eines Menschen, durch welche er sich von anderen unterscheidet. Für die Sozialarbeit bedeutet dies, dass man die individuellen Gewohnheiten des Menschen – Essgewohnheiten, Schlafgewohnheiten, das Bedürfnis nach Rückzug, Farben unter anderem – so weit wie möglich bei der Behandlung berücksichtigen sollte.

1.4 DAS AKTIVE SUBJEKT

Anthropologisch betrachtet ist der Mensch vor allem durch seine Vernunft gekennzeichnet. Er ist in der Lage, frei zu entscheiden, ist von seiner Natur durch den Bezug auf den Anderen bestimmt und vermag aus seiner Stellung im Kosmos Sinn für seine Existenz abzuleiten (Vaclav Havel 1994, 10). Der Mensch existiert also nicht (nur) in Abhängigkeit von seiner sozialen, wirtschaftlichen, politischen, natürlichen und psychologischen Umwelt. Seine Gefühle und seine Vernunft heben ihn zugleich aus diesen Abhängigkeiten heraus und befähigen ihn, den der Welt zugekehrten Teil seines Ich als ein komplexes Erlebnis von individueller Existenz und Umweltabhängigkeiten, als „Selbst" zu erfahren. Doch wer ist dieses „Selbst"? Wer beobachtet, urteilt, setzt sich in Beziehung, handelt? Es ist das durch Gefühle, Absichten und Reflektion handelnde Subjekt. Das Selbst ist zum großen Teil konditioniert (Krishnamurti 1991, 402). Wenn ich mich betrachte oder in Beziehung bin mit Dingen oder Personen, beobachte ich mich oder die Umwelt durch eine gefilterte beziehungsweise strukturierte Wahrnehmung (Krishnamurti 1991, 320). Indem ich die Umwelt mit meinem konditionierten Selbst beobachte und mich zu ihr verhalte, vergleiche ich mit Maßstäben der Vergangenheit, beziehe durch meine erworbenen Gefühle Standpunkte und trage zur Fragmentierung und dadurch zum Konflikt in der Welt bei (Krishnamurti 1991, 321).

1.4.1 Das Subjekt als Schöpfer seiner selbst

Der Schöpfer meiner selbst zu sein bedeutet, dass ich die Verantwortung für mein Handeln übernehme und nicht Kausalbeziehungen „erfinde", die mein Verhalten gewissermaßen im Nachhinein „entschuldigen" oder in einem unverdient guten Licht erscheinen lassen. Wenn ich Studenten im Seminar ärgerlich anspreche, weil mich ihr dauerhaftes Reden stört, „entschuldige" ich meine Emotionalität nicht insgeheim damit, dass ich gestresst bin oder zu wenig Schlaf hatte, sondern reflektiere die Gründe in meiner Persönlichkeit, durch welche der Ärger zum Ausdruck kam. Wenn ich als Student oder Auszubildende(r) schlechte Noten erhalte, führe ich das nicht auf die unzulänglichen Lernbedingungen der Ausbildungsinstitution oder auf die mangelhafte Urteilsfähigkeit der Dozenten zurück, sondern suche die Gründe in meiner Konzentration beziehungsweise in meinen Gefühlen hinsichtlich der Ausbildung.

An der einfachen Frage: „Was ist der Mensch?" scheiden sich die Theorien der Persönlichkeit. Während die Behavioristen den Menschen als Produkt von Anlage- und Umweltbedingungen und damit eher als passiven Akteur sehen, stellen die humanistische Psychologie und die Psychoanalyse die Subjektivität des Menschen und damit eher seine aktive Rolle in den Mittelpunkt der Betrachtung.

1.4.2 Freuds Triebtheorie und die Autonomie des Menschen

Die Psychologie des 19. Jahrhunderts war von einem verdinglichten Menschenbild beherrscht, aus welchem Verhaltensäußerungen und Sinneswahrnehmungen als „objektiver" Ausdruck physiologischer Kräfte im Menschen erforscht wurden. Siegmund Freuds großes Verdienst bestand um die Jahrhundertwende in der Entwicklung eines Strukturmodells für die inneren Triebkräfte und Steuerungsmechanismen. Damit trat neben die empirische Erforschung des Verhaltens, die in den 30er Jahren dieses Jahrhunderts im Positivismus einen enormen Aufschwung nahm, eine zweite Richtung der Psychologie: der Subjektivismus. Durch die Beschreibung von Steuerungsmechanismen zwischen dem Unbewussten, dem Ich und dem Über-Ich hat Freud bedeutende Beiträge zur Erhellung der Widersprüche der modernen Individualität zwischen Anspruch und Wirklichkeit geleistet. Es handelt sich um ein ganzheitliches Modell, durch welches zahlreiche psychologische Mechanismen, wie „Projektion", „Regression" oder „Sublimierung" aufgedeckt wurden, die heute einen Bestandteil unserer Alltagsvorstellungen („private Psychologie") bilden. Das Freudsche Strukturmodell wird von der Dynamik der Spannungszustände des Ich zwischen den Triebkräften und Emotionen des Unbewussten (Es) und dem kontrollierenden, gesellschaftlich bestimmten Überich getragen. Die von ihm möglicherweise nicht beabsichtigte Konsequenz dieses Modells besteht darin, dass das Subjekt sich in der Abwehr ichfremder Kräfte, Einwirkungen und Eingriffe zu erschöpfen scheint und das Bewusstsein in eine passive Rolle gedrängt wird (Solomon, 122). Als naturwissenschaftlich orientierter Forscher hielt Freud den Begriff der „Seele" für entbehrlich. Damit wird aber die aktive Dynamik des Subjekts zwischen Ichgefühl und Selbstorganisation ersetzt durch den eher passiven Abwehrkampf des Ich gegen Triebe, Instinkte, Gefühle und Emotionen auf der einen und den Druck der sozialen Umwelt auf der anderen Seite. Bei Freud tritt das triebhafte Es an die Stelle des Ichgefühls, das Ich wird zum Selbst und über allem wacht ein verinnerlichtes, von gesellschaftlichen Werten und Normen bestimmtes Über-Ich, welches die Bestrebungen des Selbst (bei Freud: Ich) steuert und zensiert.

Ichgefühl und Selbstorganisation

Der begrifflichen Klarheit wegen muss noch einmal betont werden: Das Ichgefühl wird hier als der unveränderliche „wahre" Kern einer Person bezeichnet. Es stellt das Grundgefühl jedes Individuums dar, welches auf die Bedürfnisse, die Emotionen und das Denken ausstrahlt. Durch das Leben des Individuums kann es bereichert, entfremdet oder geschwächt werden. Das „Selbst" dagegen entsteht als spiegelbildlich organisiertes Regulations- und Bewertungssystem des Alltagshandelns eines Individuums. Es wird aus den Überlebensstrategien einer Person gebildet und enthält alle erlernten Aspekte der Persönlichkeit. Das Selbst ist eine Art Schnittstelle und Repräsentant des Ichgefühls zur Außenwelt. Es ist insoweit Ich, als es geformt wurde und wird durch die Gefühlswelt des Ich. Es ist aber gleichzeitig etwas Fremdes und Überformtes, ein Spiegel-Ich, ein Schatten, ein Kleid oder eine Haut, insofern es im Verlauf der Wachsens Normen, Erwartungen, willkürliche Reaktionsmuster, Gefühle usw. speichert und darüber eine „Identität" entwickelt, welche die Grundlage für Entscheidungen eines Menschen bildet. Wenn meine Identität der Mut zum Unbekannten ist, werde ich viel wagen. Wenn ich das Unbekannte scheue und das Bekannte bevorzuge, bin ich ein ängstlicher Mensch. Die Selbstorganisation führt ständig Realitätskontrollen durch, das heißt, das Selbst prüft die Außenwelt, speichert erfolgreiche Verhaltensstrategien, entwickelt und organisiert das Verhalten weiter und erwirbt die erforderliche Flexibilität für die Bewältigung neuer Situationen (Langfeldt 1993, 142). Sie ist ein komplexer Steuermechanismus, mit welchem Widersprüche „gelöst" und Verhaltensweisen stabilisiert werden. Eine Schwächung der Selbstorganisation kann zu pathologischen Erscheinungen führen.

1.4.3 Die Abwehr als Schutz des Selbstbildes

Jeder Mensch entwickelt Selbstbilder, welche seine soziale und personale Realität vielschichtig widerspiegeln. Diese sind von dem Bestreben gekennzeichnet, das Selbstwertgefühl zu steigern. Der Einzelne entwirft ein Bild von sich, das ihn selbst in einem gewünschten Licht erscheinen lässt. Impulse, die das Selbstbild beziehungsweise die Identität bedrohen, werden in der Regel unterdrückt, da sie geeignet sind, Unsicherheit und Angst zu erzeugen. Bei der Abwehr von Störungen werden daher Erfahrungen so gedeutet, dass das Individuum sein Selbstbild auch dann aufrecht erhalten kann, wenn ein offenkundiges Fehlverhalten vorliegt. Ein leistungsmotivierter Student, der (dennoch verdientermaßen) eine schlechte Klausurnote erhält, kann sich zum Beispiel damit herausreden, dass die äußeren Umstände, zum Beispiel die Störung durch den Nachbarn oder die Ungerechtigkeit des Professors dafür verantwortlich waren. Mit einer solchen Deutung des Geschehens kann der Schüler sein auf hoher Leistungsmotivation basierendes Selbstkonzept bewahren und muss sich nicht eingestehen, dass er unvorbereitet war oder den Zusammenhang nicht verstanden hat (Schneewind 1996, 57). Vergleichbares wird man in der Sozialarbeit häufig beobachten: Personen, die selbstverschuldet in soziale Not geraten sind, wählen trotzdem gern die Schutzbehauptung, „die Umstände" seien schuld an ihrer Misere.

Dauerhaft kann das Selbstwertgefühl durch diese Selbstgerechtigkeit nicht aufrecht erhalten werden, denn es besteht die Gefahr, dass die Trugbilder aufgedeckt werden. Bedeutsam ist auch, dass das Ichgefühl bei Rechtfertigungen ausgeschaltet oder übergangen wird, so dass die Urteilsfähigkeit geschwächt wird – denn souverän urteilen und entscheiden kann ein Mensch nur aus einem sicheren Gefühl heraus.

1.5 ICH-KOMPETENZ

Unter Ich-Kompetenz wird die Fähigkeit und Verantwortlichkeit einer Person zur Selbstbestimmung verstanden. Sie setzt den Begriff der Freiheit voraus. Der Begriff der Ich-Kompetenz umschreibt die allgemeine Fähigkeit, sich in Freiheit und Verantwortung zur eigenen Art und Weise, zum persönlichen Weg zu verhalten. Die Voraussetzung hierfür ist, dass eine Person Bewusstsein über ihr Selbst erlangt („Selbst-verständnis"). Das Ziel des Ichs ist es, einen individuellen Ausdruck zu finden, der dem Ichgefühl entspricht. Individuen fühlen sich auf die Dauer unwohl und sinnentleert, wenn sie das Gefühl haben, ständig fremdbestimmt handeln zu müssen – in helfenden Berufen ständig zu lächeln, auch bei unverschämten Personen, den Anweisungen des Arbeitgebers zu folgen, obwohl man völlig anderer Ansicht ist, der Öffentlichkeit trotz pessimistischer Stimmung ein freundliches Bild zu bieten und im Familienleben nur die Wünsche der anderen zu erfüllen.

Die meisten Menschen haben intuitiv die Absicht, ihr Handeln mit dem Gefühl der Wahrung ihrer Eigenart in Übereinstimmung zu bringen. Ich-Kompetenz bedeutet in diesem Falle, den Widerspruch zwischen (fremden) Erwartungen an das Ich und dem eigenen Ausdruck in einem Sinne zu lösen, der die eigene Verantwortung stärkt. Als Pädagoge stärke ich die Kompetenz eines Menschen, wenn ich den Grundsatz vertrete: Die Erfahrung muss er selbst machen. Was man jedoch als Kind nicht gelernt hat, lässt sich im Alter schwer nachholen. Daher das „Kindischwerden" vieler alter Menschen, die ihr Leben in Abhängigkeit oder Aufopferung für andere verbracht und die Fähigkeit zur Ich-Kompetenz nur in beschränktem Rahmen entwickelt haben. Sie suchen auf diese Art ihren Frieden mit Peinlichkeiten und Widersprüchen, an denen sie zeitlebens gelitten haben. Es würde ihnen nicht helfen, wenn man sie ermahnen würde, „normal" zu sein.

1.6 DIE PERSÖNLICHKEITSENTWICKLUNG IM SÄUGLINGS-, KINDES- UND JUGENDALTER

Die Persönlichkeitsentwicklung von Kindern und Jugendlichen zielt darauf ab, gesellschaftliche Anforderungen und eigene Gefühle und Absichten so in Übereinstimmung zu bringen, dass ein Wachstum möglich ist.

Die Bildung des Selbst

Kinder haben unter den Projektionen und Ängsten der Eltern zu leiden und an deren objektiver Lebenssituation, die von materiellen Problemen, Widersprüchen der Arbeitssituation, Entfremdung in der Partnerschaft oder erstarrten Erwartungen an das Leben gekennzeichnet sein kann. Sie leiden an der räumlichen Trennung von Arbeit, Wohnen und Freizeit. Kinder erleben die Unsicherheit der Eltern bei der Suche nach dem Sinn des Lebens und sind konfrontiert mit der Bewertung der Arbeit nach Funktionstüchtigkeit statt nach Kriterien der Humanität. Das Fernsehen vermittelt ihnen früh die Perfektionsideale der Gesellschaft. In der Erziehung wird ihnen das Modell einer funktionierenden Gemeinschaft vermittelt, welche vernünftiges und rationales Handeln und Kommunizieren verlangt. Da sie keinen Platz in der Erwachsenenwelt einnehmen können, sind ihre Vorstellungen und Verhaltensweisen wenig gefestigt und oft widersprüchlich.

Der Entwicklungsprozess ist irgendwann zumindest formal für die meisten Menschen dadurch abgeschlossen, dass sie verantwortliche Rollen und Aufgaben übernehmen: indem sie selbst Eltern werden, eine Berufstätigkeit ausüben, einen Freundeskreis schaffen, sich an eine bestimmte Art und Weise der Lebensführung gewöhnen, eine Wohnung entsprechend dem eigenen Geschmack einrichten sowie das Gefühl von Heimat und Zugehörigkeit entwickeln. Kinder und Jugendliche stehen vor der Aufgabe, eine mit ihrem Grundgefühl übereinstimmende Selbstorganisation zu entwickeln und selbstbewusst zu werden.

1.6.2 Körperliche Erfahrung

Das Embryo lebt in seiner Ganzheitlichkeit. Es kennt keine Motive – weil es mit seiner Umwelt eine Einheit bildet. Es hat kein gesondertes Empfinden für die Umwelt, für die Zeit, den Raum oder für seinen Körper. Es sind daher gerade diese Dinge, die der Säugling vom ersten Moment seiner Existenz als anders empfindet und auf die er sich einstellen muss: Vom ersten Augenblick des Luftholens an erlebt er als vollkommene Neuheit seine Körperlichkeit. Die mütterliche Fürsorge bezieht sich auf den Körper. Durch die eigene körperliche Wahrnehmung erfährt der Säugling etwas über sein Wesen. Er erfährt aber auch unmittelbar seine Grenzen und Bedürfnisse. Während er im Mutterleib rundum versorgt war, setzt nun der Wunsch nach ausreichender und regelmäßiger Pflege, nach Erhaltung und Entwicklung der Körperfunktionen und der Teilnahme an der sozialen Gemeinschaft ein.

1.6.3 Die Bildung von Emotionen

Die Körperlichkeit verbindet sich mit Erfahrungen der Umwelt. Der Säugling stößt auf eine Vielfalt fremder Reize. Die Erfahrungen mit der Umwelt werden durch die körperliche Wahrnehmung gesteuert. Er nimmt eine Selektion vor, deren Prägekraft später schwer veränderbar ist. Eine entscheidende Selektionskraft scheinen dabei Emotionen zu spielen. Im Umgang mit der Vielfalt der Eindrücke lernt der Säugling, nach seinem Geschmack Wahlen zu treffen. Durch die Einwirkung auf die Körperlichkeit, durch die Zeit und durch Entwicklungsprozesse nimmt er spezifische Haltungen zur Umwelt an. Es bilden sich in der Grundstruktur der Persönlichkeit eine Vielzahl erlernter Motive, die durch die individuelle, vielleicht auch genetische Disposition des Säuglings gegenüber den vielfältigen Reizen der Außenwelt bestimmt sind.

1.6.4 Das Ichgefühl des Kleinkinds

Alle Erfahrungen scheinen dafür zu sprechen, dass der Säugling geformt, geprägt und erzogen werden muss, damit er sich in seiner sozialen Umgebung eigenständig bewegen kann. Viele Dinge lassen sich jedoch nicht mit Umwelteinflüssen erklären. Ein Kind lernt laufen, sprechen und bildet individuelle Eigenarten aus eigenem Antrieb. Was hinzukommt, ist die Organisation des Selbst, das „soziale Ich" eines Menschen und das Bewusstsein. Aber in gewisser Hinsicht kommt der Säugling bereits „fertig" auf die Welt, weil er in sich – wir sagen in seinen Anlagen – alle Voraussetzungen zum Überleben in der sozialen Umgebung mitbringt.

In der Art der Zuwendung durch die Mutter „erkennt" der Säugling die Achtung, die ihm als Person zuteil wird. Seine Reaktionen zielen darauf ab, angenehme Zuwendungen zu wiederholen beziehungsweise Mängel zu beseitigen. Rogers spricht von einem Regulationssystem in Form eines organismischen Bewertungsprozesses, welcher der Person Auskunft darüber gibt, ob die von ihr gemachten Erfahrungen positiv für die Entwicklung des Keimes der Persönlichkeit sind (Schneewind 1996, 49). Jeder Mensch befindet sich demnach zunächst aufgrund seiner „zufälligen" Umwelt- und Erziehungsbedingungen in Konfusion über seine wahren Empfindungen. Erst als Erwachsener, wenn ein Bewusstsein darüber entsteht, dass zahlreiche Eigenheiten, Eigenschaften, Gewohnheiten und Einstellungen konditioniert wurden, kann ein Individuum in mühevoller und oft peinvoller „Selbstarbeit" zu seinem ursprünglichen Ichgefühl zurückfinden.

1.6.5 Die Bildung von Motivationen

Es bilden sich erste Motivationen, die immer doppelt gemeint sind: Die reine Erfüllung physiologischer Bedürfnisse genügt nicht, sonst könnte man Säuglinge an Füttermaschinen anschließen. Hinzu kommen muss für den Säugling immer das Empfinden, dass er als Mitglied der sozialen Gemeinschaft akzeptiert wird. Ein wesentlicher Faktor der Motivbildung ist durch die Zeit gegeben. Am Anfang bestimmt der Säugling noch weitgehend, wann es „Zeit" ist für die Nahrungsaufnahme, zum Schlafen, für die Ausscheidung. Mehr und mehr werden seine körperlichen und sozialen Empfindungen jedoch an das Zeitmaß gekoppelt, das ihm durch die Umwelt vorgegeben wird.

Die Umwelt reagiert mit fertigen Mustern und Erwartungen. Das Kind wird dadurch mit ihm Fremdem konfrontiert und muss seine Energien für Anpassungsleistungen einsetzen. Gleichzeitig folgt es seinen eigenen Empfindungen und versucht, diese durchzusetzen. Es bilden sich Grundformen von Motiven heraus, die im Kern aus dem Wunsch nach Wiederholung lustvoller Erfahrungen bestehen. Positive Beachtung rangiert dabei als ebenso lustvoll, wie die Sättigung physiologischer Bedürfnisse nach Körperkontakt (Körperwärme), Nahrung und Sicherheit.

Die Reaktionsmuster der Bezugsperson(en) auf das Kind resultieren aus den Bedürfnissen der Erwachsenen und sind dem Kind zunächst fremd. Eine Mutter handelt einschränkend, wenn sie das Kind nur für die physische Versorgung zu sich nimmt und im Übrigen ihrer eigenen Beschäftigung nachgeht. Sie kann auch vernachlässigend oder überbehütend auf das Kind reagieren. Dazwischen gibt es viele Abstufungen. Ein überbehütetes Kind wird in seiner Selbsttätigkeit stark eingeschränkt. Es kann sowohl das Motiv nach weiterer Abhängigkeit entwickeln, wie auch nach dem Gegenteil streben, sich aus der Unmündigkeit zu befreien. Ein Mensch, dem in der Kindheit die Liebe und Anerkennung durch die Mutter weitgehend versagt wurde, kann zeitlebens durch das übersteigerte Bedürfnis nach fremdbestimmter Liebe und Anerkennung geprägt sein und unfähig sein, eine erwachsene Form der auf Individualität und Autonomie basierenden Liebe und Sexualität zu entwickeln.

Wir würden einen Fehler machen, wenn wir aus der fehlenden verbalen Ausdrucksfähigkeit des Kleinkindes auf dessen mangelhaft ausgeprägten sozialen Wahrnehmungen und Empfindungen schließen. Das Gegenteil ist der Fall. Die Wahrnehmungs- und Lernfähigkeiten von Säuglingen hinsichtlich ihrer sozialen Annahme durch die Mutter oder Pflegeperson sind außerordentlich hoch, gerade weil sie auf nonverbale Kommunikationsformen angewiesen sind. Wahrscheinlich erreichen wir diese Unmittelbarkeit und Intensität der sozialen Wahrnehmung als Erwachsene nie wieder oder nur durch enorme Anstrengungen der Bewusstwerdung. Das Kind entwickelt so das Bedürfnis nach positiver Beachtung (Schneewind 1996, 49).

1.6.6 Nonverbale Kommunikationsformen

In der Säuglingsphase, in der noch kein verbaler Dialog mit dem Kind möglich ist, werden nonverbale Kommunikationsformen wie berühren, schmecken, riechen, Blickkontakt, Ton, Sprachmelodie unter anderem vom Kind eingesetzt, um Beachtung in der Umwelt zu erfahren. In dieser Phase der körperlichen Empfindungen werden die meisten Bedürfnisse ausgebildet, die uns während des Erwachsenenlebens begleiten – oft als Erfahrung von Mangelsituationen, die so tief sitzen, dass sie unsere persönliche Eigenart prägen. Es handelt sich um grundlegende Motive, wie Schutz, Anerkennung und Liebe, das Erlebnis freier Emotionen, körperliches Wohlbefinden durch Berührung, Bettung, Nahrungsversorgung, Lernen usw.

1.6.7 Selbsterfahrung

Die Bedürfnisse werden in dieser entscheidenden Phase der Persönlichkeitsentwicklung jedoch nicht einfach wie ein Prägemuster in die körperlichen Empfindungen eingeimpft, sondern durch ein dem Kern der Persönlichkeit spiegelbildlich zugeordnetes, neu entstehendes Regulationssystem nach dem Prinzip der Kongruenz organisiert. Dieses im Kind sich heranbildende Segment seiner Erfahrungswelt bezeichnet Rogers als „Selbstkonzept" und die darin enthaltenen Erfahrungen als „Selbsterfahrungen". An anderer Stelle verwendet Rogers auch die Begriffe „Selbst" oder „Selbststruktur" (Rogers 1959, 200). Das Selbst wird seiner Auffassung nach gebildet aus Wahrnehmungsstrukturen des

Ich zu anderen Personen und zu der Umwelt und der Bewertung und Erfahrung der Umwelt.

In der frühkindlichen Phase ist das Wechselspiel zwischen den angeborenen individuellen Empfindungen des Persönlichkeitskerns und dem Verhalten zur Umwelt äußerst lebhaft. Das Kind hat gar keine anderen Möglichkeiten, als mit sinnlichen Empfindungen auf die Umwelt zu reagieren. In dem Maße, wie sich das Selbst aus Empfindungen, Gefühlen, Vorstellungen und Beachtung organisiert, nimmt das Kind von der Umwelt Reaktionen auf, die als Teil der eigenen Verhaltensorganisation wiederkehren: Die Mutter lächelt, das Kind „lächelt", die Mutter hält den Finger hin, das Kind greift usw.

Was ist Normalität?

Unter welchen Bedingungen verläuft eine Entwicklung der Persönlichkeit „normal" und welche Prozesse verursachen eine „gestörte" Persönlichkeitsentwicklung? Aussagen hierüber sind äußerst problematisch, weil fast alle an dieser Entwicklung beteiligten Faktoren fließend oder unbekannt sind. Eine „normale" Persönlichkeit kann langweilig und innerlich leer sein. Eine „gestörte" Persönlichkeit kann starke Gefühls- oder Willensausprägungen, Kreativität und Spontaneität entwickeln und zu Reichtum und Lebendigkeit von Beziehungen beitragen, folgt aber dem stets gleichen Muster von Verletztheit. Wer wollte ferner herausfinden, wieviel Anteile der Persönlichkeit angeboren, wieviel aus eigenen Empfindungen entstanden, wieviel fremdbeeinflusst sind? Im Sinne der Psychologie der Persönlichkeit handelt es sich hierbei um müßige Fragestellungen. Entscheidend ist allerdings, ob ein Kind und später der Heranwachsende und der Erwachsene gelernt haben und von den Bezugspersonen darin bestärkt wurden, auf die schwachen Signale der „inneren Stimme" zu hören, sie ernst zu nehmen und ihr zu folgen – auch gegen den Widerstand der Umwelt.

1.6.8 Die Unschuld der Erwachsenen

Erwachsene haben den Bezug zu ihrem Grundgefühl oft nur noch in Ru dimenten. Es zeigt sich in aufblitzenden Gedanken, die wieder weggeschoben werden und zum Teil verschlüsselt in Träumen wiederkehren, in Blickkontakten, bei denen in Sekundenbruchteilen mehr inneres Erleben ausgelöst werden kann als in jahrelang gewöhnten Alltagshandlungen oder bei dem Empfinden der „Seelengemeinschaft" mit einem Menschen. Rogers hat diese Überlegungen zur Grundlage therapeutischer Prozesse gemacht. Patienten sollen wieder unterscheiden lernen, ob sie aus Abwehrhaltungen, die im Selbstkonzept gespeichert sind, Erfahrungen ignorieren oder verzerrt wahrnehmen oder ob sie ihrem Ichgefühl folgen. Sie sollen wieder lernen, auf ihr Grundgefühl zu achten und die erworbenen und verinnerlichten Bewertungsmaßstäbe kritisch reflektieren (Rogers 1959, 64).

1.7 Die Persönlichkeit im Alter

Erwachsene lernen, Eigenes zu lassen, um Neues annehmen zu können: Es kommt etwas Neues von außen auf sie zu, ein neuer Lebensabschnitt, eine neue berufliche Situation, ein Kind, ein Mensch, der Hilfe braucht, ein Leiden. Um sich dieser Situation zu stellen, braucht der Erwachsene die Fähigkeiten, sich umzuorientieren sowie Offenheit und Verantwortungsbereitschaft. Gleichzeitig verlangt Annahme jedoch Bereitschaft für Veränderungen. Letztere können mit Schmerzen und Frustrationen verbunden sein, da sie bedeuten, Vertrautes loszulassen. Die erwachsene Persönlichkeit erwirbt sich durch den Prozess der Annahme Souveränität. Sie entdeckt sich neu, entwickelt neue Fähigkeiten und gewinnt an Freiheit, weil das ganze Bedeutungssystem des Individuums durch die praktischen Lebenserfahrungen umstrukturiert wird.
Um annehmen zu können, muss man loslassen können. Das Loslassen ist ein wesentliches Merkmal der Persönlichkeitsdisposition des Erwachsenen. Es handelt sich um die Zerstörung äußerlicher Formen. Es ist das Prinzip des Sterbens. Wenn Altes stirbt, kann Neues an die Stelle treten.

1.7.1 Loslassen geht nicht ohne Bewahren

Loslassen kann man nur, wenn etwas Bleibendes bewahrt wird. Wenn meine Lebensumstände sich im Erwachsenenleben zum Teil dramatisch verändern, wenn Werte eine Umdeutung erfahren oder schweres Leid meinen Frieden stört, kann ich meine Identität nur bewahren, indem ich mir meine Eigenart in der Wahrnehmung der Dinge und Personen oder die Weise mit Dingen und Menschen in Beziehung zu treten erhalte. Um den Prozess von Annehmen und Loslassen durchzustehen, müssen Erwachsene daher eine geistige Haltung zu den wichtigen Lebensfragen entwickeln:

Wie gehe ich mit Leid um, wie erziehe ich mein(e) Kind(er), wie bewahre ich meine Art und Weise angesichts zunehmender Überfremdung? Auch wenn vertraute Beziehungen oder Lebensformen vergehen, bleibt der gemeinte Sinn meiner Lebensführung bestehen. Er hat sogar Bestand über den Tod hinaus.

1.7.2 Nur wenn ich Ich bin, kann ich annehmen

Annehmen ist eine Herausforderung an den ganzen Menschen. Der Mensch entscheidet sich für eine neue Situation nach seinem Denken oder Fühlen, seinem Wollen und Können, aus Liebe oder aus Verantwortung. Annehmen kann man nicht lernen. Dauerhafte Annahme beruht nicht auf plötzlicher Eingebung. Nur eine selbstbewusste Entscheidung kann den Prozess tragen, Neues zu wagen. Man kann sich darin üben, indem man die Wahrnehmungsfähigkeit für das Neue verbessert. Eine plötzliche, aber vorübergehende Erkrankung, eine zugelaufene Katze, ein Telefonanruf zu später Stunde können meine Aufmerksamkeit dafür schärfen, dass eine Herausforderung auf mich zukommt (Fischer 1992, 347). Es handelt sich um schwache Signale.

Annehmen kann niemals über Gewöhnung erreicht werden. Es setzt die Fähigkeit zur Umorientierung in wichtigen Lebensfragen voraus. Offenheit und die Bereitschaft, abzugeben, genügsam zu leben und das Eigene zurückzustellen, bilden weitere Basisfähigkeiten des Annahmeprozesses. Viele Anpassungen, die das Erwachsenenleben kennzeichnen, haben entlastende Funktion. Sie machen das Leben leichter, stellen eine Zeitersparnis dar und ermöglichen Freisein für anderes (Fischer 1992, 347). Gewöhnungen stehen jedoch oft im Kontrast zur Selbstbestimmung und zu eigenverantwortlichem Handeln, da sie auf unbewusstem Erleben aufbauen. Annehmen setzt dagegen ein Bewusstsein voraus, das Entscheidungen befürwortet und Bewährtes aufzugeben bereit ist.

Die Fähigkeit zur Annahme setzt nicht nur die Fähigkeit des Loslassens voraus. Die erwachsene Persönlichkeit muss neu lernen, wahrzunehmen, welche Veränderungen mit ihr vorgehen. Wenn das Ichgefühl durch Anpassungen, Verletzungen und Ängste abstumpft, ist die Fähigkeit zu verantwortungsvollem Handeln geschwächt. Im Selbst sind Grundannahmen von „Normalität" gespeichert. Diese können ein Hindernis dafür darstellen, dass ein Individuum sich annimmt, wenn es in eine Lebenssituation gerät, die vom Normalen abweicht, sei es durch Arbeitslosigkeit, Behinderung, Alter oder Pflege. Menschsein bedeutet Offenheit für alle Seinsformen. Es gehört daher zum Reifeprozess der erwachsenen Persönlichkeit, „abweichende" Situationen als Grundbedingungen des menschlichen Seins zu akzeptieren.

1.7.3 Annehmen ist mit Leiden verbunden

Der Prozess des Annehmens ist meistens mit Schmerzen oder Frustrationen verbunden. Die eigene Befindlichkeit wird in Frage gestellt. Gleichzeitig erlebt das Individuum oft eine nie gekannte Freiheit und Souveränität, weil es seine Ich-Impulse bewusster wahrnimmt und sich aus Abhängigkeiten befreit. Wenn die Annahme leidvoller Erfahrungen verweigert wird, leidet das Individuum an dem Anderssein, flüchtet sich in Schuldzuweisungen und Rechtfertigungen und vergrößert dadurch sein Leid.

Beim Loslassen handelt es sich um ein Beziehungsgeschehen. Ein Individuum, das eingestehen muss, „ich kann Dich nicht loslassen", dokumentiert nicht nur seine Abhängigkeit, sondern macht zugleich deutlich, dass es durch Hingabe und Vertrauen Energie in eine Beziehung konzentriert hat, die es nicht ohne weiteres aufgeben kann. Der Prozess des Loslassens weist uns darauf hin, dass wir mit unserer Energie haushalten müssen und dass wir unsere Beziehungen so gestalten, dass die Energie dosiert und richtig verteilt wird. Dies geht nur durch Abgrenzungen. Hingabe kann zur Vertrauensseligkeit und zu einer Energiekonzentration führen, die uns für andere Beziehungen blockiert. Gefühlsmäßige Grenzüberschreitungen überfordern den Energiespender und blockieren den Empfänger. Abgrenzungen sind daher aus kräfteökonomischen Gründen notwendig (Fischer 1992, 354).

Krankheit ist ein Aspekt des Menschseins

Ein zentraler Punkt in der sozialen Arbeit ist die Haltung zum Leid. Krankheit oder Behinderung werden meistens als Verlust oder Abweichung von „Normalität" beziehungsweise als „Stolperstein" interpretiert. Bei dieser Auffassung steht die egoistische Seite der Individualität im Mittelpunkt. Das Selbst, gebildet aus Vorstellungen von Gesundheit und Normalität, signalisiert einen „Schaden", der abgewendet werden soll. Die Persönlichkeitsentwicklung ist bis zu diesem Zeitpunkt so organisiert, dass alle Veränderungen zu einer Anpassung des Selbst an „Normalität" führen. Für den Erwachsenen, der mit völlig neuen Situationen konfrontiert werden kann, wird es notwendig, das Selbst zu verändern oder sogar teilweise aufzugeben, um sein unmittelbares Seinsgefühl wiederzuerleben. Das Ich, unser unmittelbares Empfinden, ist vorurteilsfrei. Es empfindet nicht einen „Schaden", sondern stellt sich auf das veränderte Sein ein. Patienten mit vorurteilsfreiem Bewusstsein können ihre Situation „zeitlos", das heißt als einen Aspekt des allgemeinen Menschseins verstehen und annehmen.

Annahme von Hilfe bedeutet für den Hilfesuchenden, seine Bedürftigkeit nicht als Mangel, sondern als Ausdruck seines Menschseins zu verstehen (Fischer 1992, 348). Die Qualität des Menschseins zeigt sich in der Offenheit gegenüber Wechselfällen der Existenz. In der Sozialarbeit besteht die Aufgabe daher prinzipiell nicht darin, den Klienten über den Verlust bestimmter Lebensfunktionen zu trösten, sondern ihn zu unterstützen, seinen neuen Lebensabschnitt als einen Ausdruck seines Menschseins wahrzunehmen.

Weiterführende Literatur zur Theorie der Persönlichkeit:

Klaus A. Schneewind hat sich umfassend mit Persönlichkeitstheorien befasst. Dieser Abschnitt stützt sich auf Ausführungen im Band 2 seines Werkes: Organismische und dialektische Ansätze (Schneewind 1996). Sehr anregend für die Soziale Arbeit sind die drei Bände von Fischer (Fischer 1992, Band 1-3).

Übungsfragen

1. Charakterisieren Sie die extra- und die introvertierte Persönlichkeit!

2. Was ist eine „Disposition"?

3. Was sind „habits"?

4. Kennzeichnen Sie die gegensätzlichen Weltbilder in der Persönlichkeitstheorie der klassischen Psychoanalyse und der humanistischen Psychologie!

5. Wie definiert Rogers das „Selbst"?

6. Welche Bedeutung hat die Persönlichkeitstheorie der humanistischen Psychologie für die Soziale Arbeit?

7. Unterscheiden Sie die Begriffe „Person" und „Persönlichkeit"!

8. Was bedeutet die Formulierung: „Das Subjekt ist der Schöpfer seines Selbst" für die Persönlichkeitstheorie?

9. Was ist Ich-Kompetenz?

10. Was ist Normalität?

11. Was bedeutet Annehmen?

2. Entwicklungspsychologie

Dieses Kapitel informiert über die wissenschaftlichen Eigenschaften und Theorien von Entwicklung. Der erste Unterpunkt führt aus, dass sich das Paradigma der lebenslangen Entwicklung gegenüber Theorien durchsetzt, die lediglich das Kindes- und Jugendalter betrachten. Dabei wird auch der historische und biografische Entstehungs-Kontext der Theorien berücksichtigt. Im nächsten Abschnitt wird der Entwicklungsbegriff von vorwissenschaftlichen Meinungen über Entwicklung abgegrenzt. Abschnitt drei setzt sich zunächst mit den Grundannahmen der traditionellen Entwicklungspsychologie auseinander und erläutert anschließend den Forschungsansatz der lebenslangen Entwicklung. Dieser Abschnitt untersucht die gesamte Lebensspanne unter anderem danach, welche Entwicklungsaufgaben sich stellen beziehungsweise welche Gewinne und Verluste in jeder Lebensphase, auch im hohen Alter, zu beobachten sind. Der vierte Abschnitt beschreibt die vier Denkmodelle, aus denen unterschiedliche Theorien der Entwicklung abgeleitet wurden, deren gemeinsamer Kern in einer organismischen Vorstellung besteht. Dem organischen Stufenmodell wird im fünften Kapitel der Ansatz der sozialen Entwicklung (Sozialisation) gegenübergestellt, der die Schnittstelle zur Soziologie darstellt und zu zahlreichen psychologischen Fragestellungen der Selbstwahrnehmung und sozialen Anpassung führt. Der sechste Abschnitt informiert über die Forschungsergebnisse der pränatalen Entwicklung, die zunehmend Beachtung finden. Anschließend werden im siebten und achten Abschnitt die für die Sozialpädagogik besonders handlungsrelevanten Theorien von Piaget und Erikson dargestellt und auf ihre Bedeutung für die soziale Arbeit untersucht.

2.1 PARADIGMENWECHSEL IN DER ENTWICKLUNGSPSYCHOLOGIE

2.1.1 Die Überwindung der Anlage-Umwelt-Kontroverse

Die neuere Entwicklungspsychologie ist seit einigen Jahren damit beschäftigt, sich aus den Beschränkungen einer engen Definition von Entwicklung zu befreien, welche durch die Meinungsverschiedenheiten über die Anteile der Anlage beziehungsweise der Umwelt in der Entwicklung bestimmt sind. Sie konzentriert sich auf Konzepte, in welchen ein aktives, sich stets veränderndes Subjekt mit einer ebenfalls aktiven, durch übergreifende und Subjekt-gesteuerte Einflüsse fortwährend veränderten Umwelt konfrontiert ist. Dieses Modell wird als interaktiv bezeichnet. Es stützt sich auf die Grundannahmen phasenspezifischer Entfaltung und bezieht zahlreiche Elemente der kontextabhängigen Entwicklung in die Beobachtungen ein.

Bahnbrechend für diese Betrachtungsweise sind die erkenntnistheoretisch geprägten Forschungen, die Jean Piaget seit 1920 über Entwicklung generell unternahm. Sein Grundmodell der Passung stammt aus der Zoologie. Bemerkenswert und für die Erweiterung der Entwicklungspsychologie grundlegend war seine Auffassung, dass die Adaption von Lebewesen langfristige Veränderungen sowohl auf der Subjektseite, das heißt bei dem Lebewesen selbst, wie auch bei der Umwelt veranlasst. Diese theoretische Grundannahme von der Wechselseitigkeit der Veränderungen markierte den dritten Weg des strukturgenetischen Ansatzes neben dem Behaviorismus und der Psychoanalyse. Piaget durchbrach sowohl die älteren endogenistischen Theorien, die auf dem Gedanken der Reifung basierten, wie auch die umweltorientierten exogenistischen Modelle der Behavioristen, in denen das Individuum als „tabula rasa", als unbeschriebenes Blatt konzipiert wurde, welches durch Konditionierungen zu einem sozialen Wesen herangebildet werden konnte. Sein kognitivistischer Ansatz beeinflusste die Entwicklungspsychologie maßgebend.

Aus einer psychoanalytisch motivierten Grundhaltung gelangte Erik H. Erikson in den 50er Jahren ebenfalls zu der Annahme, dass Individuum und Gesellschaft in einem interaktiven Verhältnis stehen. Seine Ausführungen trugen entscheidend dazu bei, dass wichtige Themen des Entwicklungsprozesses, wie Urvertrauen, Autonomie, Integration und vor allem der Begriff der Identität aus der gegenwärtigen Diskussion um Entwicklung nicht mehr wegzudenken sind. Sein Verdienst besteht auch darin, dass er als Erster von einer lebenslangen Entwicklung ausging.

2.1.2 Der Wandel von biologischen zu soziologischen Grundannahmen der Entwicklung

Nahezu allen psychologischen Theorien der Entwicklung liegen biologische Annahmen zugrunde. Jeder Organismus entwickelt sich danach

„von selbst", das heißt, die Entwicklung kann zwar durch soziale, kulturelle oder situationsspezifische Elemente beeinflusst werden, die Stadien des Wachstums sind jedoch von der Natur des Menschen vorgegeben. In jeder biologischen Phase stellen sich Entwicklungsaufgaben, die kulturell definiert sind. Zur Reife gelangt ein Mensch, wenn er nach den Prinzipien der Passung (Piaget) oder der Balance (Erikson) die Entwicklungsaufgaben des jeweiligen Reifestadiums erfolgreich löst.

Die organismische Betrachtung folgt dem Lebenslauf. Sie ist immer dann hilfreich, wenn es darum geht, altersgerechte Formen der Beratung, Erziehung und Betreuung zu formulieren und zu praktizieren. Die sozialpädagogisch ausgerichtete Psychologie kann dabei nicht stehenbleiben. Der soziokulturelle Kontext steht im Mittelpunkt ihrer Aufmerksamkeit. Sie beobachtet die psychologische Entwicklung unter sozialen Belastungen und in sozialen Brennpunkten. Dabei untersucht sie zum Beispiel die psychologischen Determinanten der Familie als Entwicklungskontext, Geschlechtsrollenstereotype, Entwicklungsaufgaben und Bewältigungsprobleme in der Adoleszenz, Wohlbefinden und depressive Verstimmungen im Jugendalter, die Werteentwicklung und den Wertewandel im Jugend- und Erwachsenenalter, jugendliche Subkulturen, Scheidung der Eltern und ihre Folgen für die Entwicklung Jugendlicher sowie Freundschaft, Identität und Selbstkonzept bei Jugendlichen. Für die Ausrichtung der sozial orientierten Entwicklungspsychologie ist daher eine Erweiterung des Entwicklungskonzepts durch die soziologisch orientierte Theorie der „Sozialisation" erforderlich.

2.1.3 Der historische Wandel wissenschaftlicher Betrachtungen von Entwicklung

Entwicklung bedeutet Veränderung. Entwicklungstheorien gehen von Phasen der Entwicklung aus. Nach heutigen Erkenntnissen sind solche Stufen jedoch nicht in der Natur des Menschen angelegt, sondern von den gesellschaftlichen Bedingungen und der Erziehungspraxis abhängig. Während in älteren Theorien die körperliche Entwicklung als Grundlage einer Verhaltensmodifikation angenommen wurde, vermutet man heute „weichere" Faktoren, wie „Identität", „Kognition" oder „Interaktion", als Steuermechanismen der Verhaltensmodifikation. Einigen Bereichen der Entwicklung wurde früher keine oder nur geringe Aufmerksamkeit gewidmet. Das trifft besonders auf die vorgeburtliche

Phase zu, aber auch auf die Entwicklung im Alter. Beide Aspekte kamen erst in den Blick, als die technischen Beobachtungsmöglichkeiten herangereift waren beziehungsweise diese Phasen gesellschaftlich relevant wurden.

Die Theorien der Entwicklung haben einen besonders schnellen Wandel durchgemacht. Noch vor 200 Jahren glaubte man, dass das Kind mit sündhaften Anlagen zur Welt komme und nur durch Züchtigungen von seinen bösen Neigungen abgehalten werden könne. Zu dieser von der christlichen Religion geprägten Ansicht hatten die Ausführungen von Augustinus beigetragen, der in seinen „Bekenntnissen" den Standpunkt vertrat, dass niemand vor Gott frei sei von Sünde, „nicht einmal das Neugeborene" (Augustinus 1989, 39) und dass Säuglinge vom ersten Tag ihrer Geburt an ein egoistisches Verhalten an den Tag legten (Augustinus 1989, 40). Augustinus war es aber auch, der auf die aktive Rolle des Kindes im Entwicklungsprozess hinwies. Nicht die Lehrer macht er dafür verantwortlich, dass er „leeres Zeug" lernt, sondern sein eigenes, in Ablenkung und Spiel verliebtes Bestreben als Kind (Augustinus 1989, 48). Schließlich wies Augustinus bereits vor 1600 Jahren darauf hin, dass „freie Wissbegier beim Lernen viel mehr erreicht als einschüchternder Zwang" (Augustinus 1989, 49).

Rousseaus Roman „Emile" rückte den aktiven Beitrag des Kindes in den Mittelpunkt des Interesses. Die Zeit war nun herangereift, Kinder unter dem Gesichtspunkt der Entwicklung zu verstehen. So bedeutete es zunächst einen enormen Sprung in der Theoriebildung, Heranwachsende unter dem Aspekt der Reifung zu betrachten. Reifungsprozesse wurden mit Phasentheorien kombiniert, die zunächst nach medizinisch-naturwissenschaftlichen Erkenntnissen gebildet wurden und sich ab dem ersten Drittel dieses Jahrhunderts mehr und mehr auf Theorien über Phasen der intellektuellen, kognitiven oder identitätsbestimmten, das heißt der geistigen Entwicklung bezogen. Heute werden auch diese Theorien, in denen das Anlage-Umwelt-Problem als 50:50-Verhältnis angenommen wurde, zunehmend durch interaktionistische und kontextbezogene Modelle ersetzt. Damit löst sich die Theorie allmählich von dem bisher unangetasteten Dogma der äußeren Determinierung und wendet sich den inneren Bestimmungsgründen der Entwicklung zu. Augustinus hat uns scheinbar eingeholt. Aber nur scheinbar, denn es mussten erst die ökonomischen und politisch-kulturellen Bedingungen heranreifen, in denen Menschen als autonome Subjekte die Grundlage des gesellschaftlichen

Handelns bilden. Diese Voraussetzungen sind mit der „postmodernen" Gesellschaft hochentwickelter Industriestaaten und deren demokratischer politischer Verfassung erreicht. Daraus ergibt sich die Konsequenz, die Entwicklungspsychologie den Anforderungen anzupassen, welche in der heutigen Gesellschaft gestellt werden. Das aktive Individuum als Schöpfer seiner Entwicklung muss im Mittelpunkt eines ganzheitlichen Forschungsinteresses stehen, in welchem das subjektive Wertesystem, Affekte, Emotionen, Motivationen, Kognitionen und Handlungen als untrennbar miteinander verbunden betrachtet werden.

Welche Aussagen über die Entwicklung lassen sich für die Zukunft ableiten? Die Entwicklungstheorie der psychologischen Dimension folgt den Entwicklungsbedürfnissen der jeweiligen historisch bestimmten Gesellschaft. Der traditionalistischen Ständegesellschaft (Augustinus) entsprach das Modell einer von Natur aus unveränderbaren Persönlichkeit. Die Aufklärung (Rousseau) bevorzugte das Bild des aktiven Individuums. Die Moderne Anfang dieses Jahrhunderts war von der Machbarkeit der Dinge – und Personen! – überzeugt und betonte die Formbarkeit beziehungsweise Konditionierung von Lebewesen (Skinner). Die moderne Gesellschaft ist von der Autonomie der Persönlichkeit geprägt. Dem entspricht es, dass Theorien zu der Veränderbarkeit einzelner Verhaltenskomponenten wie zum Beispiel der Kognition (Piaget) oder innerer Zustände wie der „Identität" (Erikson) Stellung beziehen. Die gegenwärtige Zeit ist durch Unsicherheit und Unbekanntes gekennzeichnet. Dem entspricht es, dass bisher wenig beachtete Aspekte der Entwicklung, wie zum Beispiel die vorgeburtliche Entwicklung und die Ich-Steuerung des Individuums (Rogers) nun besondere Beachtung finden. Diese Tendenz wird anhalten. Irgendwann könnte jemand die Frage stellen, wodurch die vorgeburtliche Entwicklung ihrerseits determiniert wird: Wie konstituiert sich die Individualität eines Lebens im Augenblick der Empfängnis? Was heute noch absurd und unwissenschaftlich erscheint, kann morgen bereits „normal" sein und zum Gegenstand der wissenschaftlichen Forschung werden.

2.2 DER ALLTAGSBEGRIFF DER ENTWICKLUNG

Der Begriff „Entwicklung" ist, wie zahlreiche andere psychologische Definitionen, der Alltagssprache entlehnt. In Alltagstheorien über Entwicklung sind bestimmte Beobachtungen und Vermutungen enthalten, mit denen die Veränderung von Verhalten und Einstellungen innerhalb einer bestimmten Lebens- oder Entwicklungsphase verdeutlicht werden soll. Es handelt sich um persönliche Überzeugungen oder Erklärungsmuster, mit denen sich die Menschen im Alltag zurechtfinden. Häufig werden auch Begriffe und Erklärungszusammenhänge aus der wissenschaftlichen Psychologie in die Alltagstheorien übernommen, wie „Frustration", „Verdrängung", „Empathie" usw. Diese Berührungspunkte und begrifflichen Überschneidungen erschweren gelegentlich das Verständnis dafür, dass die Entwicklungspsychologie sich wesentlich von unserem „privaten" psychologischen Einfühlungsvermögen in die Situation von Kindern, Heranwachsenden oder alten Menschen unterscheidet.

Gerade im Bereich Entwicklung trifft man eine Vielzahl von naiven Theorien – Einstellungen, Vorstellungen und Erfahrungswerte – darüber an, was Kinder und Jugendliche tun und lernen sollten. Erfahrungen der eigenen Kindheit werden verallgemeinert und unkritisch übernommen („Eine Ohrfeige schadet nicht"). Volksweisheiten geben uns scheinbar zeitlose Erziehungshilfen an die Hand („Was Hänschen nicht lernt, lernt Hans nimmer mehr"; „Wer anderen eine Grube gräbt, fällt selbst hinein"; „Aus Schaden wird man klug" usw.). Entwicklungsromane und Kino- beziehungsweise Fernsehfilme klären uns über Schicksale und Lebensverläufe auf. Viele Menschen vertrauen auf ihre Lebenserfahrungen und halten sich für gute Psychologen.

Tatsache ist, dass Erziehungsaufgaben ohne psychologisches Alltagswissen über Entwicklung nicht geleistet werden können. Dieses basiert jedoch auf verkürzten psychologischen Einsichten, ungeprüften Überlieferungen sowie persönlichen Neigungen und kann zu Handlungen verleiten, die eine Entwicklung stören, hemmen oder sogar fehlleiten können.

Das Merkwürdige an dem Entwicklungsbegriff und der Entwicklungspsychologie ist, dass jeder zu wissen glaubt, was damit gemeint ist. Erst bei einem genaueren Definitionsversuch wird bewusst, wie schwierig die Abgrenzungen gerade bei diesem Begriff sind. Der in der Tradition B.F. Skinners stehende Autor S. W. Bijou definiert den Untersuchungsgegenstand der Entwicklungspsychologie als „die fortschreitenden Veränderungen in der Art, wie ein sich biologisch verändernder ... Organismus mit den auf ihn einwirkenden und den sich ebenfalls verändern Umweltbedingungen interagiert" (Bijou: 1968, 420).

118

Doch: Was ist „Organismus"? Zum einen Biologie, zum anderen die individuelle Verhaltensbereitschaft, das Ergebnis vorausgegangener Lern- und Entwicklungsprozesse usw. Eine vollständige Übereinstimmung wird man vergeblich suchen. Um so aufschlussreicher ist es, die Grundannahmen und die daraus abgeleiteten Merkmale der Definition von Entwicklung genauer zu betrachten.

2.3 GRUNDANNAHMEN DER ENTWICKLUNGSPSYCHOLOGIE

2.3.1 Das Konzept der traditionellen Entwicklungspsychologie

Was die Entwicklungspsychologie ist oder leisten kann, hängt entscheidend davon ab, welche impliziten Annahmen mit dem Begriff Entwicklung verbunden werden, das heißt, was man unter „entwickeln" versteht. Grundfragen – wie: gibt es zeitliche Begrenzungen von Entwicklung, wie zum Beispiel das Lebensalter? Hat Entwicklung ein Ziel? Wer oder was entwickelt sich? – müssen beantwortet werden. (Langfeldt 1993, 52). Vertreter der Psychologie sprechen in einer engen Definition von Entwicklung, wenn Veränderungsreihen vorliegen, welche folgende Merkmale erfüllen (Oerter/Montada 1995, 1):

(1) Sie müssen eine Richtung und einen Endzustand aufweisen.

(2) Der Endzustand gilt als höherwertig gegenüber dem Ausgangszustand.

(3) Es wird angenommen, dass die Abfolge der Schritte unumkehrbar (irreversibel) ist.

(4) Der jeweils höhere Entwicklungsschritt folgt aus dem früheren Glied der Entwicklungsreihe, das heißt, diese stellt die Voraussetzung für die Weiterentwicklung dar.

(5) Bei den Veränderungen handelt es sich um Transformationen in qualitativ neue Zustände.

(6) Veränderungen korrelieren mit dem Lebensalter.

(7) Veränderungen sind universell, das heißt, sie verlaufen bei allen Menschen in einem bestimmten Entwicklungsstadium im Prinzip gleich, unabhängig von der jeweiligen Kultur.

119

(8) Es handelt sich um in der Natur des Menschen begründete Entwicklungen.

Diese Definition beschränkt die Entwicklung auf die Zeiten der Kindheit und Jugend, welche durch biologisch und sozial deutlich abgegrenzte Phasen gekennzeichnet sind. Säuglinge entwickeln sich zu aufrecht gehenden Menschen, Kinder beginnen zu sprechen und die Verhaltensweisen der Erwachsenen zu kopieren, Jugendliche entwickeln ihre Identität. Ziel dieser Entwicklungsreihe ist der gesellschaftsfähige Erwachsene. Die erwachsene Person gilt in der engen Definition von Entwicklung als autonom und individuell gereift, so dass in diesem Lebensabschnitt keine universellen Entwicklungen mehr beobachtet werden können. Das Alter wird entsprechend als Phase des Absterbens von entwickelten Eigenschaften und Fähigkeiten aufgefasst. Unschwer ist zu erkennen, dass diese Auffassung von Entwicklung einer biologischen Metapher folgt, welche dem Pflanzenbereich entlehnt ist und die Gesetzmäßigkeiten des Keimens, der Blüte und des Absterbens eines Organismus beschreibt.

Entwicklung und Lernen

Veränderung ist ein dynamischer Begriff, der die statischen Altersbilder früherer Entwicklungsauffassungen („Flegeljahre", Säuglingsalter, Vorschulalter, Schulalter, Jugend usw.) abgelöst hat. Es gibt jedoch zahlreiche Entwicklungsbereiche im menschlichen Leben – die Veränderung von Fähigkeiten, Werten und Gewohnheiten, biologische Reifungsprozesse usw. – so dass der Begriff „Veränderung" noch keine klare Bestimmung enthält. In Abgrenzung zum Begriff „Lernen" wird unter Entwicklung häufig eine langfristige Veränderung verstanden, welche mehrere Funktionsbereiche umfasst (Flammer 1988, 17). Lernen und Entwicklung sind daher untrennbar aufeinander bezogen. Lernprozesse können qualitative Veränderungen der Entwicklung auslösen und Entwicklungsprozesse können neue Lernprozesse ermöglichen.

Ziele der Entwicklung

Die biologische Metapher geht von der impliziten Annahme aus, dass Entwicklung als eine Veränderung zu einem höheren Zustand, der „Blüte", zu verstehen ist. Eltern und Erzieher verstehen ihre „natürliche" Aufgabe darin, die Entwicklung von Kindern „positiv" zu beeinflussen. Wer Einfluss nimmt auf die Entwicklung von Menschen, für die er Verantwortung trägt, möchte „das Gute" in ihnen fördern. Kaum jemand wird sich mit dem Gedanken tragen, den Organismus und die Entwicklungsmöglichkeiten von Kindern und Jugendlichen zu schwächen. Damit wird vertreten, dass die Entwicklung ein Ziel und eine Richtung und einen Gewinn für den sich Entwickelnden hat. Diese Auffassung birgt jedoch eine Reihe von Problemen, denn eine wünschenswerte Entwicklung ist an Werte, an Kulturen und an Subkulturen gebunden (Flammer 1988, 18). In einer Zeit des rapiden Wertewandels stellen sich zusätzliche Probleme, wünschenswerte Ziele einer Entwicklung zu formulieren. Dennoch wird der Entwicklungsbegriff nicht ohne eine Wertung der Veränderungen auskommen. Diese können zeitgemäß und ohne Anspruch auf allgemeine Gültigkeit stets neu vorgenommen werden. Entwicklung wird dann verstanden als das Ergebnis von Handlungen oder ein Zusammentreffen von zahlreichen Lern- und Reifungsprozessen in dem gesamten Strom des historischen Geschehens, in welches ein Individuum mit seiner Geburt gestellt ist.

Strukturelle Veränderungen

Ein Kerngedanke der Entwicklungspsychologie ist, dass mit Entwicklung qualitativ veränderte Zustände zu verstehen sind, die sich nicht umkehren lassen (irreversibel sind). Ein Kind lernt laufen, sprechen, schreiben. Bliebe man bei diesem Beispiel des Wachstums, wäre alles einfach. Schwieriger wird es jedoch, wenn die Qualität geistiger Funktionen oder individueller Verhaltenseigenschaften, Einstellungen, Präferenzen, Meinungen und Urteile eingestuft werden soll. „Qualität" oder „Intelligenz" sind zum Beispiel Begriffe, die durch Operationalisierungen, das heißt durch wissenschaftlich überprüfbare Hypothesen sehr unterschiedliche Färbungen annehmen können. Um dieser Problematik zu entgehen, sprechen Entwicklungspsychologen meistens von „strukturellen" Veränderungen. Damit wird ausgedrückt, dass von einem bestimmten Punkt quantitative Veränderungen in eine qualitativ neue Organisation beziehungsweise Struktur des Denkens, Fühlens oder Handelns umschlagen können. Es findet ein „qualitativer Sprung" statt. Ein Kind, das erhebliche Rechtschreibschwierigkeiten hatte, kann nach

zahlreichen Übungsstunden, in welchen es kaum Lernfortschritte mach-
te, „plötzlich" richtig schreiben. Ein Kleinkind spricht das erste Wort.
Ein alter Mensch wird weise. Um bei diesem Beispiel zu bleiben: Ein
Individuum muss viel erlebt haben, um auf alle Lebenssituationen eine
angemessene und differenzierte Antwort geben zu können – aber nicht
die Quantität der Erfahrungen macht weise, sondern die subjektive Art
der Verarbeitung, die schließlich zu einer neuen Qualität der Betrachtung der Dinge – einer neuen Struktur des Denkens und der Erkenntnis
führt. Besonders Jean Piaget hat zu der Auffassung beigetragen, dass
Entwicklung in strukturellen Veränderungen besteht. Im Abschnitt 2.6
wird dieses Theorie ausführlich dargestellt.

Die Idee der Universalität der Entwicklung

Das Merkmal der Universalität macht nach Überzeugung der Vertreter
einer engen Definition der Entwicklung die eigentliche Wissenschaft-
lichkeit einer Theorie aus. Die Entwicklungspsychologie muss verallgemeinerbare und gesicherte Prognosen über zukünftige Entwicklungen
treffen, damit unser Handeln in der Zukunft beziehungsweise in neuen
Situationen eine Anleitung erfährt. Man will erfahren, ob und wie sich
ein Kind oder ein Erwachsener weiter entwickelt. Schulpsychologen
möchten herausfinden, ob das Kind für eine weiterführende Schule geeignet ist. Wird ein Langzeitarbeitsloser mit seiner Situation fertig? Von
welchem Alter an sind Kinder schulreif? Wann kann das eigene Gestalten von Entwicklungsaufgaben erwartet werden (Langfeldt 1993, 56)?
Ohne verallgemeinerbare Aussagen ist die Entwicklungspsychologie
offenbar von geringem Nutzen.

Das Problem steckt in dem Begriff „Universalität" selbst. Ob eine bestimmte Veränderung unter gleichen oder ähnlichen Bedingungen generell eintritt, kann niemand sagen. Es ist lediglich möglich, von einer
Beobachtung auf das Auftreten einer gleichen Entwicklung zu schließen
(Induktion). Heute ist man überwiegend der Meinung, dass entwick-
lungspsychologische Aussagen kulturabhängig sind und oftmals keine
Allgemeingültigkeit beanspruchen können. Das Merkmal der Universalität wird daher heute meistens weiter gefasst, so dass auch entwick-
lungspsychologische Aussagen, die für einen Teil der Bevölkerung, für
einen bestimmten Zeitabschnitt oder unter bestimmten historischen Bedingungen formuliert wurden, das Merkmal der Universalität erfüllen.

Eine Untersuchung, die sich mit den Folgen der Jugendarbeitslosigkeit in den 50er Jahren befasst, kann wertvolle und generalisierbare Erkenntnisse für die damalige Zeit ergeben. Es wäre jedoch überzogen, an die Studie den Anspruch stellen, allgemeingültige Ergebnisse auch für die heutige Zeit zu liefern.

Die Natur des Menschen

Feststellungen über Gesetzmäßigkeiten der Entwicklung können nur getroffen werden, wenn die Besonderheiten der Individuen außer Acht gelassen und in der Psyche des Einzelnen allgemeine, aus der Natur des Menschen resultierende Veränderungen wahrgenommen werden. Diese Annahme engt den Blick ein auf Beobachtungen, die unter gleichen Bedingungen für jeden Menschen zutreffen. Aussagen über die Natur des Menschen sind jedoch oft problematisch, da sie mit einem bestimmten Menschenbild verbunden sind. Die Wechselwirkung von Einflüssen der Menschen bleibt unberücksichtigt. Gerade die interindividuellen Unterschiede sind für die Forschung und für die Praxis oft von Interesse. Individuen beeinflussen ihre Entwicklungsumwelt aktiv und sind nicht lediglich „Opfer" von Umweltfaktoren oder „Ausdruck" endogener Entwicklungen. Kinder sind also zum Beispiel nicht immer nur die Leidtragenden der Ehescheidung ihrer Eltern, und es liegt auch nicht in ihrer Natur, den Familienzusammenhang anzustreben. Sie können im Gegenteil durch ihr Verhalten aktiv dazu beitragen, dass der Mann oder die Frau die durch das Kind beeinflusste Familiensituation nicht mehr ertragen.

2.3.2 Das Konzept der lebenslangen Entwicklung

Die Mängel der engen Grundposition führten in den 80er Jahren dazu, dass von einigen Wissenschaftlern ein Perspektivenwechsel vorgenommen und eine weite Definition der Entwicklung konzipiert wurde. Ein prominenter Vertreter dieser Richtung ist Baltes. Die von ihm entwickelten Leitsätze einer Entwicklungspsychologie der Lebensspanne verstehen sich bewusst als Gegensatz zu der traditionalistischen Entwicklungspsychologie der Kindheit und Jugend (Baltes 1990, 4).

(1) Entwicklung ist ein lebenslanger Prozess. Keine Altersstufe nimmt eine Vorrangstellung ein.

123

(2) Die Richtung der Entwicklung ist „multidirektional", das heißt, es gibt in jeder Altersstufe Veränderungen hinsichtlich der verschiedenen Verhaltensbereiche sowie innerhalb derselben Verhaltenskategorie.

(3) In jedem Alter kann es Wachstum und Abbau innerhalb von Verhaltensbereichen geben. Entwicklung kann sowohl Gewinn, das heißt Wachstum, wie Verlust (Abbau) bedeuten.

(4) Die psychologische Entwicklung ist durch eine hohe Plastizität innerhalb einer Person gekennzeichnet. Der Entwicklungsverlauf wird durch die Lebensbedingungen und -erfahrungen bestimmt.

(5) Jeder individuelle Entwicklungsverlauf wird stark durch situative Einflüsse, das heißt durch den Kontext eines Lebens bestimmt.

(6) Die historisch kulturellen Erfahrungen bestimmen weitgehend den Entwicklungsverlauf einer Person.

Baltes und Baltes konnten 1989 zeigen, dass Entwicklung über die gesamte Lebensspanne in allen Phasen Elemente des Wachstums und der Vergänglichkeit enthält. Neue Funktionen und Wahlmöglichkeiten erhalten Bedeutung, andere treten zurück. Das höhere Lebensalter ist zweifellos durch den Verlust beziehungsweise die Schwächung wichtiger physischer Körperfunktionen und durch die Abnahme von Expertenwissen gekennzeichnet. Gleichzeitig kann jedoch ein Wachstum im Bereich der sozialen Intelligenz, der Lebenserfahrung und der Lebensweisheit beobachtet werden. Weisheit ist durchaus empirisch messbar. Um weise zu urteilen, muss ein Erfahrungsschatz an Wissen über Grundfragen des Lebens vorhanden sein, ferner Übung in strategischem Denken und strategisches Wissen, die Fähigkeit, Werte und Lebensziele zu überdenken, den gesellschaftlichen Wandel einzubeziehen und das Unbekannte zu akzeptieren (Oerter/Montada 1995, 14; weiterführende Literatur siehe Ende dieses Abschnitts).

Ein verbreitetes Vorurteil gegenüber dem Alter lautet, dass in dieser Phase des Lebens die Intelligenz abnimmt. Dies trifft jedoch nur für eine bestimmte Form, die so genannte „fluide" Intelligenz, das heißt die Schnelligkeit der Auffassung und der Verarbeitung von Informationen, zu. Die „kristallisierte" Intelligenz dagegen, das heißt das Erfahrungs- und Expertenwissen auf bestimmten Gebieten, kulturelle und allgemeine Wissensbestände sowie Problemlösungsstrategien sind von diesem Abbau nicht betroffen. Experimente konnten darüber hinaus zeigen, dass auch die fluide Intelligenz im Alter trainierbar ist.

Das Paradigma von Entwicklung als lebenslangem Prozess erweitert die
Fragestellungen zum Themenbereich Entwicklung erheblich: Störungen und die Auflösung von Beziehungen, Beziehungskonzepte und Be-
ziehungskonflikte, Fragen der Weisheitsentwicklung, Lebenszufrieden-
heit sowie die kognitive Leistungsfähigkeit im Alter und das Verhältnis
zu Sterben und zum Tod werden in die Forschung einbezogen.

Weiterführende Literatur zur Einordnung der Entwicklung in den
Lebenslauf: vgl. Baltes 1990; Brandstätter 1990; Endepohls 1995.

2.4 THEORIEN DER ENTWICKLUNG

Warum entwickeln sich die Menschen verschieden? Liegt es an der Umwelt? Sind sie verschieden veranlagt? Wurden sie so erzogen? Oder haben sie selbst entscheidend zu ihrer Entwicklung beigetragen? Uns fallen viele Argumente ein, wenn wir die unterschiedlichen Entwicklungen unserer Geschwister, von Freunden, Bekannten oder fremden
Menschen beurteilen (Langfeldt 1993, 57). Die Erklärungen variieren
danach, ob wir wesentliche Ursachen in der Person sehen oder die Umwelt verantwortlich machen für bestimmte Entwicklungsverläufe. Auch
unsere eigene Biografie beurteilen wir nach dem Person-Umwelt-Sche-
ma. Die wissenschaftlichen Theorien der Entwicklung haben den gleichen Ausgangspunkt. Je nachdem, ob dem Subjekt eine aktive Rolle in
der Entwicklung zugebilligt wird, lassen sich vier Klassen von Theorien
unterscheiden (Oerter/Montada 1995, 7):

		Umwelt	
		aktiv	nicht aktiv
Subjekt	aktiv	Interaktionisti- sche Theorien (1)	Strukturgeneti- sche Theorien (2)
	nicht aktiv	Exogenistische Theorien (3)	Endogenistische Theorien (4)

2.4.1 Endogenistische Theorien (Gruppe 4)

Theorien der Gruppe 4, in welchen weder das Subjekt noch die Umwelt einen aktiven Beitrag zur Entwicklung leisten, zählen zu den so genannten endogenistischen Konzepten. Der Volksmund kennt den Ausspruch „Das wurde ihr/ihm in die Wiege gelegt". Es handelt sich um Reifungstheorien. Die Entwicklung verläuft in dieser Vorstellung nach einem inneren Bauplan, wobei das genetisch angelegte Entwicklungsprogramm nur in bestimmten sensiblen Phasen für jeweils spezifische Einflüsse offen ist (Oerter/Montada 1995, 8). Diese Anschauung ist deterministisch, das heißt, wenn der Endzustand erreicht ist (Erwachsenenalter), gibt es keine Weiterentwicklung. Die psychoanalytische Tradition der Entwicklungstheorie basiert überwiegend auf endogenistischen Konzepten. Diese endogenistische Entwicklungstheorie geht von einem Bauplan aus, der am Körperwachstum orientiert ist. Die Entwicklung folgt nach dieser Auffassung einem immanenten Regelprozess, der von der Geburt bis zum Tod durchlaufen wird und die Voraussetzungen für den Erwerb von Verhaltenskomponenten bietet. Jede Phase stellt an das Individuum Entwicklungsaufgaben, deren Lösung die Voraussetzung für die Bewältigung der Aufgaben in der folgenden Stufe der Entwicklung darstellt. Einzelne Wachstums-Theoretiker unterscheiden zwischen dem Modell der Stufen, der Phasen einer Spirale, eines Kreisbogens oder dem Modell der Ausdifferenzierung (dtv-Atlas zur Psychologie Bd. 2, 1993, 281). Entwicklung wird in diesen Modellen als Entfaltung, das heißt als Zuwachs von Erkenntnissen und Fähigkeiten verstanden.

Erziehern und Pädagogen kommt in den Phasenmodellen eine eher passive Rolle zu. Sie müssen warten, bis ein bestimmter Reifezustand erreicht ist, der ein erfolgreiches Lernen auf der jeweiligen Stufe gewährleistet. So gilt es bei Eltern und Erziehern bis in die heutigen Tage als „Naturgesetz", dass das „Trotzalter" beziehungsweise die „Flegeljahre" in einer bestimmten Altersphase auftreten müssen, damit sich das Kind oder der Heranwachsende „die Hörner abstoße". Tatsächlich dienen Trotzanfälle in der Vorpubertät dazu, dass sich das Ich der Jugendlichen gegen zu starke Überfremdungen seitens der Erwachsenen behauptet. Es handelt sich jedoch um Verhaltensformen, die nur unter bestimmten kulturellen und erzieherischen Bedingungen auftreten (dtv-Atlas zur Psychologie Bd. 2, 1993, 32).

Wachstums-Modelle der Entwicklung werden mit der Vorstellung der biologischen Reifung und der Formulierung altersgemäßer Anforderungen und Angebote verbunden und als „natürlich" hingestellt (Montada 1995, 37). So gilt es in unserer Kultur als der Natur des Kindes entsprechend, dass Kinder nicht vor dem sechsten Lebensjahr mit dem Lesen beginnen. Das Einsetzen des Lesenlernens vor diesem Alter wird als Überforderung des Kindes angesehen. Das frühe 19. Jahrhundert kannte diese „natürliche" Grenze nicht. Auch jüngere Kinder wurden im Lesen unterrichtet. Erst unsere Zeit hat die Kategorie eines „Alters der Schulreife" formuliert und darauf hingewirkt, dass Kinder tatsächlich erst mit sechs Jahren das Lesen lernen. Empirische Tests zeigen, dass bereits Drei- und Vierjährige bei geeigneten Methoden dazu in der Lage sind (Montada 1995, 38). Einzelne Vertreter der Erziehungswissenschaft sprechen daher mittlerweile von dem „inzwischen unhaltbaren diagnostische(n) Konzept der Schulreife" (Gröschke 1992, 146).

Umgekehrt wurde aus der Phasen- und Reifevorstellung der Entwicklung ein Abbau von erworbenen Funktionen bei alten Menschen vermutet. Das Nachlassen der Gedächtnisleistung in höherem Alter muss jedoch nicht durch das „Altern" bedingt sein. Es gibt in der Vergangenheit und Gegenwart zahlreiche alte Menschen, die sowohl durch ihre Gedächtnisleistung wie auch durch tiefes Wissen und intelligente Reaktionen beweisen, dass sie nicht „verkalkt" sind. Mittlerweile gilt es als erwiesen, dass die Speicherkapazität des Gedächtnisses biologisch unbegrenzt bis ins hohe Alter genutzt werden kann und dass Reduktionen im Alter eher auf eine mangelhafte beziehungsweise wenig effiziente Nutzung des Gehirns zurückzuführen sind. Bestimmte Gedächtnisleistungen, wie zum Beispiel systematisches Auswendiglernen, werden von alten Menschen normalerweise nicht mehr verlangt. Die mangelnde Übung bewirkt daher in Tests einen überproportionalen Leistungsabfall bei dieser Personengruppe (Grösche 1992, 38).

Das endogenistische Konzept der Entwicklung geht auf Charles Darwin zurück. Nach seiner Vorstellung kommt das Kind teilweise vorprogrammiert zur Welt. Erziehung und Umwelt können die vererbten Anlagen dementsprechend nur weiterentwickeln und modifizieren. Dieser Theorieansatz wurde in Deutschland in den 70er Jahren zum Teil noch vertreten (Beller 1995, 790). Er führt zu der pädagogischen Konsequenz, dass Kinder in den ersten drei Jahren eine optimale „Nestwärme" erfahren sollten, damit ihre biologischen Anlagen sich wie bei einem Keim optimal entwickeln können. Auch die traditionelle Psychoanalyse folgt einem statischen Modell, wonach Nestwärme und Kontinuität in der

127

leiblichen Familie die Voraussetzungen für eine optimale Entwicklung des Kindes darstellen. Entwicklungen im Verhalten des Kindes werden in diesem Modell als Ergebnis einer natürlichen Abfolge verstanden.

2.4.2 Exogenistische Entwicklungstheorien (Gruppe 3)

Theorien der Gruppe 3, in denen angenommen wird, dass die Umwelt einen entscheidenden Beitrag zur Entwicklung leistet und das Subjekt den historischen beziehungsweise familiären Bedingungen unterworfen ist, ohne diese aktiv mitzugestalten, werden als exogenistisch bezeichnet. Der Volksmund kennt den Spruch „Er/sie ist ein Kind seiner/ihrer Zeit" oder ein bestimmtes Verhalten sei „typisch für diese Generation". Damit wird unterstellt, dass die subjektiven Gestaltungen eines Individuums den Bedingungen seiner historischen Umwelt vollkommen verhaftet sind. Der eigene Gestaltungswille findet keinen Ausdruck, weil „die Verhältnisse" es nicht zulassen. Die Person ist nach dieser Auffassung lediglich ausführendes Organ der von der Umwelt eingeleiteten und determinierten Lern- und Entwicklungsprozesse (Langfeldt 1993, 57). Dieser Theoriebildung liegt ebenfalls ein deterministisches Menschenbild zugrunde. Die bekannteste exogenistische Richtung ist der Behaviorismus. Entwicklung kann nach diesem Modell unter der Kontrolle externer Variablen gehalten werden, so dass beliebige Interventionen möglich sind (Oerter/Montada 1995, 8). Berühmt geworden ist das Angebot Watsons aus dem Jahre 1924, man möge ihm ein Dutzend Säuglinge überlassen und eine Umwelt, in welcher diese aufwachsen könnten, er garantiere, dass er aus jedem Kind das mache, was man wolle: einen Arzt, Rechtsanwalt, Künstler, Unternehmer oder auch einen Bettler oder Dieb (Oerter/Montada 1995, 8).

Exogenistische Theorien gehen davon aus, dass das Individuum in seiner Entwicklungsanpassung nahezu vollständig durch gesellschaftliche Bedingungen geformt wird (dtv-Atlas zur Psychologie 1993, 281). Jahrzehnte war die Entwicklungspsychologie von dem kausalen Weltbild der Behavioristen geprägt. Diese setzten sich die Konditionierung des Menschen zum Ziel. Die äußeren Ursachen der Entwicklung wurden als unabhängige Variable und die Verhaltensveränderungen beim Kind als abhängige Variable aufgefasst. Skinner, der Hauptvertreter der behavioristischen Denkrichtung, verstand Entwicklung als Prozess gezielter Verhaltensmodifikationen. Diese Betrachtung hat historische Vorbilder.

Der Engländer John Locke sah das neugeborene Kind als passives, hilfloses Wesen, als tabula rasa (leere Tafel), die durch Erfahrungen gefüllt wird. Das Wissen wird bei dieser Betrachtungsweise allein durch Sinneseindrücke und Wahrnehmungen aufgebaut. Eine Steuerung durch innere Seelenkräfte kommt nicht in Betracht. Basiselemente des Lernens sind die Assoziation von Erfahrungen, Wiederholungen und Übungen sowie Nachahmung, Belohnung und Strafe. Die Persönlichkeit des Kindes wird in diesem statischen Entwicklungsmodell ausschließlich durch Erwachsene geprägt (Beller 1995, 790).

2.4.3 Strukturgenetische Entwicklungstheorien (Gruppe 2)

Gegen die zum Teil statischen Vorstellungen der Anlage-Umwelt-Modelle gab es bereits in den 20er und 30er Jahren Einwände, die den Grundsatz vertraten, dass der Mensch als Schöpfer seiner Entwicklung anzusehen sei. Es handelte sich um Vorbereiter beziehungsweise Vertreter der weiten Definition von Entwicklung. Das bekannteste und am weitesten ausgearbeitete Modell stammt von Jean Piaget.

Auch diesen Theorien liegt oft eine organismisch-biologische Denkweise zugrunde. Piaget betrachtet zum Beispiel Entwicklung als einen organischen Prozess zu immer höheren Denk- und Verhaltensoperationen. Die Verhaltensmotoren liegen für ihn im Organismus und weniger in der Umwelt. Diese bietet lediglich den Stoff, das „Futter" für die Entwicklung (Flammer 1988, 157). Eingriffe von außen sind nur begrenzt möglich. Die Umwelt kann zum jeweiligen Entwicklungsstand angemessene Anreize geben – gesteuert wird der Prozess durch die inneren Kräfte der Person. Durch das Neugierverhalten, das heißt durch entdeckende und strukturierende Aktivitäten, konstruiert das Individuum seine eigene Welt der Fähigkeiten, Einstellungen, Werte usw. Ein „aufgewecktes" und „patentes" Kind, das „mit offenen Augen durch die Welt" geht, entspricht dieser Theorievorstellung oder mit dem Volksmund gesprochen: Jemand „nimmt sein Leben selbst in die Hand".

Die strukturgenetische Tradition der Entwicklungspsychologie betrachtet das Individuum als Akteur seiner Entwicklung. Kinder eignen sich nach dieser Auffassung ihre Kenntnisse und ihre Selbständigkeit im Umgang mit Dingen und Menschen durch ihre eigenen Sinne und ihre Motorik an. Dem Erzieher fällt in diesem Modell die Aufgabe eines Assistenten zu, der nur dann eingreift, wenn das Kind seine Hilfe benötigt, um seine eigenen Aktivitäten durchzuführen (Beller 1995, 791).

Die Umwelt kann nach diesem Bild der Entwicklung lediglich Impulse geben, welche das Subjekt nach eigenem Ermessen aufnehmen, nutzen und verarbeiten kann. Das aktive Entwicklungskonzept ist ziel- und zukunftsgerichtet. Das Individuum ist Subjekt seines Handelns. Es lernt und trifft seine Wahlen in jedem Lebensalter auf der Basis subjektiver Muster, Wertschätzungen und Gefühle. Die Umwelt dient ihm als Anregungspotential für die in jeder Lebensphase subjektiv zu lösenden Aufgaben.

Der gestalterische Ansatz untersucht, wie und ob die individuellen Eigenschaften einer Person passend sind, um in der Entwicklung bestimmte Ziele zu erreichen. Entwicklungsprobleme können daher als „Passungsprobleme" (Brandstädter 1985) bezeichnet werden. Im Laufe der Entwicklung stellen sich bestimmte Aufgaben, wie Autonomie, Partnerschaft, Berufsfindung usw. Eine fehlende Passung liegt vor, wenn es einer Person nicht gelingt, seine Entwicklungsziele mit seinen individuellen Voraussetzungen, den Erwartungen (Normen) der Umwelt und den Ressourcen der Umwelt (Entwicklungsangebote) zu erreichen (siehe Text 1: Aktive Welterfahrung).

Aktive Welterfahrung

Ein besonders anschauliches Beispiel für die Auffassung von der Aktivität des Kindes beim Erlernen der Sprache gibt bereits Augustinus am Ende des 4. Jahrhunderts nach Christus (Augustinus 1989, 41):

„Denn nicht die Erwachsenen lehrten es mich, indem sie mir die Wörter in einer bestimmten didaktischen Abfolge vorgelegt hätten, wie sie es später mit den Buchstaben taten, sondern ich selbst mit dem Geist, den du mir, mein Gott, gegeben hast: Mit Stöhnen, verschiedenen Lauten und Gesten wollte ich kundtun, was ich empfand, damit man meine Wünsche erfülle. Doch so konnte ich nicht alles ausdrücken, was ich wollte, auch nicht für alle, für die ich es wollte. Ich behielt es im Gedächtnis, wenn Erwachsene eine Sache beim Namen nannten und wenn sie dann diesem Laut entsprechend ihren Körper irgendwo hinbewegten. Ich sah das und merkte mir, dass sie mit den Lauten das Ding bezeichneten, das sie mir zeigen wollten. Dass sie das wollten, verriet ihre Körperbewegung, die gewissermaßen die Natursprache aller Völker ist; sie besteht in Mienenspiel, Augenausdruck und Gestikulation; durch Handlung und Stimme zeigte sie den Zustand der Seele an, die etwas erstrebt oder erreicht, etwas abweist oder flieht. So lernte ich allmählich, dass die Wörter, die in verschiedenen Sätzen an ihrer Stelle vorkamen und die ich oft gehört hatte, die Zeichen für bestimmte Dinge waren. Dann gewöhnten meine Lippen sich daran, diese Zeichen hervorzubringen, und ich begann, meine Wünsche durch sie auszudrücken. So tauschte ich, um Willensbewegungen anzuzeigen, Zeichen aus mit den Menschen, mit denen ich zusammenlebte, und damit fuhr ich hinaus auf das stürmische Meer der menschlichen Gesellschaft, unterworfen der elterlichen Gewalt und dem Willen der Erwachsenen."

(Text 1: Aktive Welterfahrung)

2.4.4 Das interaktionistische Modell der Entwicklung (Gruppe 1)

Während Theorien der Gruppe 2 fast ausschließlich das Individuum als Entwicklungssubjekt sehen, werden in Theorien der Gruppe 1 sowohl dem Entwicklungssubjekt wie dem Kontext aktive Gestaltungseigenschaften zuerkannt. In beiden Modellen wird die weite Definition von Entwicklung zugrunde gelegt. Im interaktionistischen Modell werden keine einseitigen Kausalzusammenhänge mehr definiert. Das Wechselspiel zwischen Person und Umwelt ruft als Reaktion in dem Entwicklungssubjekt angemessene Handlungsstrategien hervor, welche den Entwicklungsverlauf bestimmen und ihrerseits zur Veränderung der Umwelt beitragen, die wiederum mit neuen Impulsen auf das Subjekt antwortet. Statt von „interaktivem" wird daher auch von einem „dialektischen" oder „ökologischen" System gesprochen. Das interaktionistische Modell entspricht der heutigen Sichtweise, die Komplexität der Prozesse zu erkennen und gilt als bedeutungsvolles Modell der gegenwärtigen Entwicklungspsychologie (Langfeldt 1993, 58). Der Volksmund kennt das „Wechselspiel der Kräfte" und „lebenslanges Lernen". Das interaktionistische Konzept hat erkannt, dass nicht nur das Entwicklungssubjekt sich ändert, sondern dass es durch sein Handeln derart auf die Umwelt Einfluss nimmt, dass diese ebenfalls Veränderungen erfährt – die ihrerseits auf das Subjekt der Entwicklung zurückwirken. So befindet sich das Individuum während der gesamten Lebensspanne in einem fortwährenden dialektischen Prozess mit der ständig sich wandelnden Umwelt. Das Entwicklungssubjekt ist bei diesem Konzept Objekt und Subjekt einer sich wandelnden Umwelt. Nervöse, leicht irritierbare Säuglinge verursachen zum Beispiel Nervosität, Frustrationen und Ablehnung bei der Mutter. Aggressive Kinder bedingen Aggressivität bei der Mutter und umgekehrt. Die interaktionistisch orientierte Entwicklungspsychologie prüft die Vielfalt der an einem Prozess beteiligten Faktoren, wobei die bisher in der empirischen Forschung vernachlässigten internen Bewegungen der Persönlichkeit an Bedeutung gewinnen.

Diese Betrachtung hat Konsequenzen für die Auffassung des Erziehungs- beziehungsweise des Entwicklungsprozesses. Während in den funktional-strukturellen Gestaltungsmodellen die Einstellung vorherrscht, dass die Umwelt konstant ist und nur das Kind sich verändert, fragt man sich heute umgekehrt, wie das Kind oder der Jugendliche auf die Familie zurückwirken. Es wird zum Beispiel nicht mehr nur untersucht, welche Auswirkungen die Scheidung auf Kinder haben kann, sondern auch, welchen Beitrag die Kinder zur Ehezufriedenheit oder zur Scheidungsneigung der Eltern leisten (Montada 1995, 78).

In der „child effect"-Forschung sind Anpassungen der Eltern untersucht worden. Bereits Babies können durch weinen oder lächeln, Äußerungen von Unmut oder Behagen oder durch ihr Geschlecht die Eltern steuern (Kohnstamm 1990, 21). Natürlich handelt es sich dabei nicht um bewusste Handlungen. Aber die Eltern können durch bestimmte Aktivitäten des Kindes in Verhaltensmuster zu ihrem Kind gedrängt werden. Später verlangen andere Interessen der Kinder – Moden, Freunde, Hobbies sowie Krankheiten und Schwächen – immer wieder neue Anpassungsleistungen der Eltern (Montada 1995, 79).

2.5 ENTWICKLUNG ALS SOZIALISATION

Alle entwicklungspsychologischen Konzepte stützen sich in irgendeiner Form auf organismische Modelle. Eine Alternative hat die Auffassung der Entwicklung als Durchlaufen bestimmter Reifephasen durch den Begriff der Sozialisation erfahren. Diese Schnittstelle zum Fachgebiet der Soziologie lässt sich aus der heutigen Diskussion um Entwicklung nicht mehr wegdenken. Die Sozialisation, das heißt die Unterweisung Heranwachsender in den Kulturtechniken und die Förderung ihrer sozialen Kompetenz, wird als Abfolge von Entwicklungsaufgaben gesehen. Jeder Lebensabschnitt hält in dieser Theorie bestimmte Aufgaben bereit, deren Bewältigung die Änderung bestimmter Verhaltenssegmente notwendig macht. Neue Strukturen des Denkens, Fühlens und Handelns müssen vom Entwicklungssubjekt jeweils ausgebildet werden, damit es die erweiterten Aufgaben bewältigt: Die Kontrolle der Ausscheidungsorgane, das Ertragen der Trennung von Bezugspersonen, die Anpassung an schulische Anforderungen, Berufsfindung, Familiengründung usw. sind solche Stationen der Sozialisation, die zugleich auf der psychologischen Ebene Entwicklung, das heißt Verhaltensänderungen beziehungsweise die Ausbildung neuer Strukturen, erfordern.

Die soziale Entwicklung bedingt die ständige Auseinandersetzung mit Prozessen der Selbstwahrnehmung und Anpassung und erfordert auf der psychischen Ebene Lernprozesse und Verhaltensänderungen. Wichtige Themen aus diesem Bereich sind die frühe Empathie und Wahrnehmung der eigenen Person, Selbstwahrnehmung und Fremdwahrnehmung, fremdbezogenes Verhalten in belastenden Situationen, die Geschlechterrollenentwicklung, aggressives Verhalten im Kindesalter und die moralische Entwicklung im Kindes- und Jugendalter.

„Primitive" Gesellschaften bewältigen diese Übergänge im Leben auf andere Weise durch Initiationsriten. Dabei wird deutlich, dass es sich weniger um „Entwicklung" als um Wandlungen im Leben handelt, bei denen eine Personengruppe von ihrer bisherigen vertrauten Umgebung getrennt, mit dem Geist der neuen Umgebung vertraut gemacht und von der Gemeinschaft mit Geschenken ausgestattet wird, die zur Bewältigung des neuen Lebensabschnitts nötig sind. Mandela berichtet zum Beispiel in seiner Autobiografie, dass er als 16-Jähriger nach einer Initiationszeremonie Geschenke erhielt, mit denen er eine Erwachsenenexistenz begründen konnte. „Ich erhielt zwei junge Kühe und vier Schafe, und ich fühlte mich reicher, denn je zuvor" (Mandela 1994, 47). Da die Initiation zum gesellschaftlichen Leben gehört, kann sie von den jeweils Betroffenen geistig vorbereitet werden. In der modernen Gesellschaft sind nur einige Rituale erhalten geblieben, zum Beispiel die Konfirmation/Kommunion als Übergang zum Jugendalter, die Heirat als Eintritt in das verantwortungsvolle Erwachsenenleben, das Begräbnis, als (feierlicher) Abschluss des Lebens.

Mit dem Begriff „Sozialisation" wird heute stärker der individuelle Prozess der Bewältigung von sozialen Passungen untersucht. Entwicklungsprobleme entstehen bei dieser Sichtweise immer dann, wenn eine Diskrepanz zwischen den kulturellen Anforderungen und der persönlichen Entwicklungsleistung festgestellt wird. Entwicklung wird als lebenslanger Prozess betrachtet, sich auf Veränderungen einzustellen (Rogers 1984, 42).

Weiterführende Literatur zur sozialen Entwicklung: Bischoff-Köhler 1988 und 1994; Fremmer-Bombik/Grossmann 1991; Asendorpf/Baudonniere 1993; Zahn-Waxler/Radke-Yarrow/Wagner/Chapman 1992; 18. (Montada) sowie 30. (Petermann) Kapitel in: Oerter/Montada 1995.

2.6 PRÄNATALE ENTWICKLUNG UND DIE ENTWICKLUNG DES NEUGEBORENEN

Die lebenslange Entwicklung beginnt nicht erst mit der Geburt, wie noch vor circa 20 Jahren angenommen wurde, sondern wird entscheidend vorbereitet durch die neurophysiologische Entwicklung des Embryos sowie die subjektiven und umweltspezifischen pränatalen Entwicklungsbedingungen. Schon in den allerersten Monaten nach der Empfängnis, wahrscheinlich bereits in den ersten Wochen, entsteht etwas, das man die seelische Verbindung zwischen Mutter und dem heranwachsenden Kind bezeichnen kann (Zimmer 1998, 2). Das Embryo nimmt an allem teil, was der Mutter widerfährt, denn ihre Erlebnisse – Aufregung, Freude oder Angst – schlagen sich im Herzrhythmus und damit im Kreislauf und in den Stoffen (Hormonen unter anderem) nieder, sie werden durch den ganzen Körper geschleust und gelangen über das Fruchtwasser in den Blutkreislauf des Embryos.

In allen einfach strukturierten Gesellschaften findet sich der Glaube, dass magische Kräfte oder auch schreckhafte Erlebnisse der Mutter auf das Ungeborene einwirken. Bei einfachen Leuten ist auch heute noch die Ahnung vorhanden, dass die schwangere Mutter ihr Kind durch böse Erfahrungen schädigen kann (Schenck-Danzinger 1988, 53).

Die aufgeklärte Wissenschaft des 19. und 20. Jahrhunderts verwarf diese Vorstellungen als Aberglauben. Die Gebärmutter galt als stockfinsterer, geräuschloser Raum und man nahm an, dass der Fötus völlig empfindungslos sei und seine Sinnesorgane erst nach der Geburt entwickelte (Zimmer 1998, 1). Durch die Anwendung modernster Techniken konnten diese Vorstellungen, die auf Prinzipien der „Plausibilität" aufgebaut waren, widerlegt werden. So führte man zum Beispiel kleine Mikrophone in die Gebärmutter ein und stellte fest, dass dort zahlreiche Geräusche der Darmtätigkeit und der Herztöne der Mutter zu vernehmen sind (Kohnstamm 1990, 32).

Bis vor wenigen Jahren war die Vorstellung weit verbreitet, das Embryo durchlaufe während seines Wachstums tierähnliche Prozesse. Der Wissenschaftler Haeckel hatte 1866 das „Biogenetische Grundgesetz" formuliert, nach welchem der Mensch während seiner embryonalen Entwicklung in verkürzter Form nacheinander die Stadien der Evolution, das heißt gewissermaßen die Entwicklungsgeschichte der Menschheit durchlaufe, so zum Beispiel das Fisch- und Reptilienstadium. Die moderne Wissenschaft hat diese Vorstellungen als Irrtum widerlegt (Zimmer 1998, 1).

Bereits Ende des letzten Jahrhunderts hatte man die schädigenden Wirkungen erkannt, die Drogen, Alkohol oder Äther über den Blutstrom der Mutter hervorriefen. In den 30er Jahren, besonders aber während des Zweiten Weltkriegs befassten sich amerikanische Forscher intensiv mit der Beobachtung der Verhaltensänderungen Ungeborener. In Deutschland blieben diese Untersuchungen bis Mitte der 70er Jahre unberücksichtigt. Vermutlich erst mit den Diskussionen über Abtreibung und der Frage, wann Leben im menschlichen Sinne entsteht, richtete sich die Aufmerksamkeit der Psychologen auf die Verhaltensänderungen des Fötus (Schenck-Danzinger 1988, 19). Seit den 80er Jahren ist ein regelrechter Boom zu verzeichnen, das Leben vor der Geburt zu beschreiben. Heute besteht die Gefahr, dass zuviel „Lernerfahrungen" in die Reflexe des Fötus hineingedeutet werden.

2.6.1 Reflexe und „Lernen" des Fötus

Viele Verhaltensweisen, von denen man früher annahm, dass sie „angeboren" im Sinne von genetisch programmiert seien, haben sich als vorgeburtliche Lernprozesse erwiesen. Das Kind übt bereits im Mutterleib bestimmte Haltungs- und Stellreflexe, die später für die kontrollierten Formen der Körperbeherrschung von Nutzen sind. Nach und nach bildet der Fötus Nah- und Fernsinne aus, zunächst den Tastsinn (ab dem zweiten Monat), dann den Geschmackssinn (ab drittem Monat), den Geruch (ab fünftem Monat), Hören (ab sechstem Monat) und Sehen (ab neuntem Monat). Der Gleichgewichtssinn benötigt die gesamte Spanne der anderen Sinne zu seiner Formung (zweiter bis neunter Monat).

Die systematischen Beobachtungen des Fötus zeigten sogar, dass er mit mimischen Reaktionen auf die Lust oder Unlust der Mutter antwortete (dtv-Atlas zur Psychologie 1993, 287). Mangelzustände, zum Beispiel bei der Nahrungsaufnahme, kann er durch Daumenlutschen kompensieren. Dieses Ausgleichsverhalten kann nach der Geburt beibehalten und ausgebaut werden. Es handelt sich um „Zustände", die sich manifestieren können und mit denen das Kind zur Welt kommt (dtv-Atlas zur Psychologie 1993, 287). Die Forscher werden sich zunehmend klar darüber, dass Reflexe, die der Säugling zeigt, nicht plötzlich mit der Geburt da sein können, sondern sich bereits zum Teil im Uterus bilden. Die Erforschung der pränatalen Entwicklung steckt aber noch so sehr in den Anfängen, dass eindeutige Aussagen über den Charakter der Reflexzustände und Lerneffekte bei Ungeborenen nicht gemacht werden können.

Das Ungeborene kann nicht alle Mangelzustände ausgleichen. Man darf aber aufgrund der Beobachtungen vermuten, dass es grundsätzlich auf Zuwendung und Ablehnung reagiert. Es bekundet durch körperliche Bewegungen seine Gefühlszustände. Diese im Mutterleib geübte Bewegung und Wahrnehmung hilft zum einen, das zarte Gehirn weiter zu entwickeln, zum anderen bildet die wortlose Verständigung die Grundlage der Kommunikation, mit welcher nach der Geburt der Säugling seine geistige und soziale Entwicklung vorantreibt (Zimmer 1998, 9). Aufgrund dieser ersten Erkenntnisse lässt sich die Bedeutung ahnen, welche von der Austragung des Kindes im Leib seiner Mutter ausgeht. Nur die leibliche Mutter bringt die optimalen physischen und psychischen Bedingungen mit, um dem Ungeborenen grundlegende Lernprozesse zu ermöglichen, die eine geeignete Grundlage für Entwicklungen nach der Geburt darstellen. Schon aus diesem Grund sind Bestrebungen wie „Leihmütter" oder gar Kinder aus der „Retorte" äußerst fragwürdig.

2.6.2 Die Verhaltensentwicklung bei Neugeborenen

Lange Zeit wurde das Neugeborene fast ausschließlich nur als physiologisches Wesen betrachtet, das heißt, es wurde nach körperlicher Unversehrtheit und seinem physiologischen Reifestand beurteilt. Viele Ärzte und Hebammen nehmen auch heute noch an, dass der Fötus bei der Geburt nichts empfindet und auch danach noch ganz unempfindlich ist (Schenck-Danzinger 1988, 65). Ab Mitte der 60er Jahre begannen in den USA Untersuchungen über die Vorläufer von Verhaltensweisen bei Säuglingen. Sie ergaben, dass den Neugeborenen eine beachtliche Verhaltensausstattung zur Verfügung steht und sie individuelle Unterschiede mitbringen. Besonders gut sind die Fähigkeiten zur Wahrnehmung und zum Lernen ausgeprägt. Vom ersten Atemzug an kann der Säugling sehen, hören und riechen. Er empfindet Schmerz, Berührung und Positionsveränderungen (Rauh 1995, 146). Das Lernen vollzieht er ganz aus eigenem Antrieb. Die klassische Konditionierung, das heißt Lernen nach dem Reiz-Reaktionsschema, ist bei Kleinstkindern nur in geringem Umfang möglich. Der Säugling folgt seinen eigenen Empfindungen. Dies mag ein Hinweis darauf sein, dass kleine Kinder sich vorwiegend selbst organisieren, indem sie ihrem Neugierverhalten, lustvoller Betätigung und individuellen Besonderheiten der Bewegung und Interaktion folgen.

Fast alle Babies begleiten die Sprache und vermutlich besonders die Sprachmelodie der Mutter mit synchronen Bewegungen. Aus diesen Beobachtungen lässt sich der Schluss ziehen, dass das Baby bei seiner Geburt nicht nur für das physische Überleben ausgerüstet ist, sondern auch für die frühe soziale Interaktion (Rauh 1995, 151). Das Neugeborene zeigt eine Vielzahl motorischer Reflexe, wie niesen, schlucken, Schluckauf, gähnen, blinzeln, wegwischen eines Tuches, das die Atmung behindert, saugen und greifen. Die Forschung ist sich noch nicht klar darüber, welche Bedeutung diese Reflexe für die Entwicklung haben. Es kann sich sowohl um „Platzhalter" für spätere reifere Bewegungsmuster handeln, als auch um Schutzreaktionen.

Bezüglich der Aktivität des Säuglings herrschte noch bis vor kurzem die Annahme, das Baby warte passiv, bis bestimmte Reize an es herangetragen werden. Inzwischen ist man davon überzeugt, dass das Neugeborene selbst äußerst aktiv ist und seine Umgebung nach neuen Reizen abtastet, sei es durch hören, riechen, schmecken oder sehen. Diese Sinnesorgane hat es während der Fötuszeit entwickelt. Eine Umwelt, die reich an Reizen ist, regt die Aktivität des Babies an. Eine Überschwemmung mit fremden Reizen kann aber zu Verwirrung führen. Auf Geräusche, die dem Säugling aus seiner Fötusentwicklung vertraut sind, reagiert er stärker, zum Beispiel auf die Stimme der Mutter.

2.7 DIE ENTWICKLUNGSTHEORIE JEAN PIAGETS

Die endogenistischen und exogenistischen Theorien der Entwicklung betonen jeweils einseitig den Einfluss der Reifung (endogen) beziehungsweise die Wirkungen der Umwelt (exogen) auf das Entwicklungsgeschehen. Das Subjekt wird in beiden Konzeptionen als passiv aufgefasst. Erziehungsmöglichkeiten beschränken sich im ersten Fall auf vermutete „kindgerechte" beziehungsweise „jugendgerechte" Maßnahmen, im anderen Fall auf das Angebot beziehungsweise die Durchsetzung allgemeiner Erziehungsnormen ohne Berücksichtigung der subjektiven Bedürfnisse. Individuum und Umwelt bleiben in diesen Modellen statische Begriffe. Das Verdienst Piagets besteht darin, diese starren Fronten in der Auffassung von Entwicklung aufgelöst und mit dem Gedanken der Passung das interaktive Verhältnis, das heißt gerade die Veränderungen von Subjekt und Umwelt, in den Mittelpunkt seiner Forschungen gestellt zu haben. Mit seiner Auffassung von Entwicklung als Schreiten zu immer höheren, umfassenderen und flexibleren Strukturen hat er die Entwicklungspsychologie für umfangreiche Forschungen geöffnet. Beispiele hierfür sind unter anderem die Untersuchungen Kohlbergs zur Entwicklung des moralischen Urteils sowie zahlreiche weitere Untersuchungen zur Entwicklung des Gerechtigkeitssinns (Damon 1975), zur Empathie und zum Altruismus (Hoffmann 1976; Sharabany und Bar-Tal 1982) sowie zur Eltern-Kind-Beziehung und zur Freundschaft (Selman 1980). Das Entwicklungskonzept Piagets gilt als zentral in der Entwicklungspsychologie und wird daher hier ausführlich dargestellt.

Jean Piaget

Jean Piaget wurde 1896 in Neuchâtel in der Schweiz geboren, 1980 ist er in Genf gestorben. Er war der Sohn eines Wissenschaftlers und lernte früh einen gründlichen und kritischen Arbeitsstil kennen. Als Kind zog er sich bald von den Spielen Gleichaltriger zurück und begeisterte sich für das Beobachten und Sammeln von Vögeln, Muscheln und Versteinerungen (Flammer 1988, 131). Er suchte während seiner ersten Gymnasiumsjahre Kontakt zu dem örtlichen Direktor des naturhistorischen Museums und durfte als „Volontärassistent" an den schulfreien Nachmittagen die Schnecken- und Muschelsammlung beschriften. Motiviert durch diese Beschäftigung entschloss er sich, Zoologie zu studieren und promovierte 1918 an der Universität Neuchâtel über Weichtiere im Wallis.

Während seines Studiums hatte er seine erkenntnistheoretischen Neigungen entdeckt. Er entwickelte die Idee, psychologische Studien über das Problem von Struktur und Ganzheit zu betreiben, und da diese Möglichkeit in Neuchâtel nicht bestand, wechselte er an die Zürcher Universität. Dort lernte er die Psychiatrie und die Tiefenpsychologie kennen.

Da er zu praktischen Forschungen neigte, nahm er erneut einen Universitätswechsel, diesmal an die Sorbonne in Paris, vor. Dort hatte er das Glück, einen Auftrag zu erhalten, Arbeiten über das kindliche Urteilsvermögen an Pariser Kindern zu standardisieren. Dabei entwickelte er die Grundzüge seiner Theorie. Durch psychologische Publikationen über die Genese des Erkennens und der Denktätigkeit wurde er bekannt und erhielt 1921 zunächst eine Einladung, später eine Anstellung an der Universität Genf. 1925 wurde Piaget Vater. Seine Töchter wurden seine wichtigsten Beobachtungs- und Versuchspersonen.

In dieser Zeit erhielt er eine Stelle als Dozent in seiner Heimatstadt Neuchâtel. Dort nahm er seine zoologischen Studien wieder auf und entwickelte die Theorie, dass spezielle Lebensbedingungen nach wenigen Generationen zu vererbbaren Fähigkeiten führten. Diese Entdeckung der Wirkung von Umweltfaktoren auf grundlegende Lernvoraussetzungen bewog ihn, Reifungstheorien in der geistigen Entwicklung zu relativieren und einen eigenen Weg der Lerntheorie zu beschreiten. 1940 übernahm Piaget den Lehrstuhl für Psychologie an der Genfer Universität, wo er, unterstützt durch zahlreiche Assistenten und eine zunehmende Zahl von Besuchern aus dem Ausland, seine Forschungen auf den Gebieten der Entwicklungs- und Erziehungsfragen intensivierte (Flammer 1988, 133).

Seine Beobachtungen an Kleinkindern in den 20er Jahren in Paris fasste Piaget zu einer Entwicklungstheorie zusammen. Er erblickte seine Aufgabe darin, die höchsten Erkenntnisleistungen des Menschen durch die Analyse ihrer Genese im Kindesalter bewusst zu machen. Die Entwicklung teilte er ein in vier Hauptstadien (Montada 1995b, 414; Buggle 1993, 49):

(1) das Stadium der sensomotorischen Intelligenz (null bis zwei Jahre),

(2) das Stadium des voroperatorischen anschaulichen Denkens (circa zwei bis siebn Jahre):

Entwicklung der Symbolfunktionen der Sprache,

vorbegriffliches und transduktives Denken,

anschauliches irreversibles Denken,

139

(3) die Entwicklung der konkreten Operationen (circa sieben bis elf Jahre):

Reversibilität, Gruppierungen,

noch stark der konkret-anschaulichen Realität verhaftet,

(4) das Stadium der formalen Operationen (ab circa elf Jahren):

formales, abstraktes, hypothetisches Denken.

2.7.1 Die sensomotorische Phase

In der sensomotorischen Phase der ersten zwei Lebensjahre werden nach Auffassung Piagets die Wurzeln des Denkens gelegt. Er vertritt die These, dass es intelligente Wahrnehmung gibt, die nicht an die innere Repräsentation des Wahrgenommenen durch Vorstellungen, Bilder oder sprachliche Symbole geknüpft ist. Die kognitive Orientierung des Kindes entwickelt sich in dieser Phase durch den Umgang mit den konkreten Dingen in seinem unmittelbaren Wirkungsraum (Buggle 1993, 51). Diese Entwicklung der nicht-symbolischen Wahrnehmung erfolgt in sechs Stufen:

(a) In der ersten Phase (erster Monat) verfügt der Säugling über angeborene Reflexmechanismen (Saug-, Greif-, Schluckreflex). Er kann Dinge anschauen, neue Reize empfinden, Geräusche hören, sich zu- und abwenden und soziale Beachtung schenken durch lächeln. Dieses angeborene Verhaltensrepertoire dient dem Säugling zur Verhaltenseinübung. Er ist bald in der Lage, genauer und differenzierter mit den angeborenen Verhaltenssegmenten umzugehen, indem er zum Beispiel das Saugen an der Mutterbrust auf das Saugen an der Flasche überträgt, spielerisch saugt oder ähnliches (Buggle 1993, 54).

(b) In der zweiten Phase (circa erster bis vierter Monat) kommt es zu Wiederholungen von Handlungen, die zu einem angenehmen Ergebnis geführt hatten. Es bilden sich erste Gewohnheiten und Fähigkeiten heraus, wobei die individuelle Veranlagung des Kindes eine entscheidende Rolle spielt. Piaget ist der Meinung, dass „zufällig" gelungene Handlungen, wie die, nach einer Kinderrassel zu greifen, den Säugling veranlassen, dies häufiger zu tun. Aus heutiger Sicht würde man für den „Zufall" auch pränatale Reflexe verantwortlich machen. Der Säugling schaut farbige oder interessante Dinge gern und immer wieder an. In Anlehnung an biologische Prozesse nennt Piaget diese Wiederholungen und ihre Anwendung auf andere Dinge generalisierende Assimilation beziehungsweise „Einverleibung" von Umweltgegebenheiten in die eigenen „Handlungsorgane" (Montada 1995b, 415; siehe Text 2: Assimilation, Adaption und Akkomodation).

Assimilation, Adaption und Akkomodation

Piaget war ausgebildeter Zoologe. Sein Hauptinteresse galt der Wissenschafts- und Erkenntnistheorie. Das Grundthema seiner Entwicklungspsychologie ist, ähnlich wie in seiner Dissertation über Weichtiere, die Passung zwischen dem Lebewesen und seiner Umwelt. Er kam zu dem Ergebnis, dass Lebewesen sich durch Selektion und Lernen an die Umwelt anpassen. Gleichzeitig verändern sie die Umwelt, indem sie diese an ihre Bedürfnisse und Möglichkeiten angleichen. Dieses interaktive Verhältnis nahm Piaget auch für das kulturelle beziehungsweise soziale Leben an. Menschen passen sich an die Verhältnisse ihrer natürlichen und sozialen Gegebenheiten an, verändern diese aber auch nach ihren Bedürfnissen (Flammer 1988,134). Zentral für sein Entwicklungs-Denken waren die Begriffe „Adaption", „Assimilation" und „Akkomodation" von Organismen sowie die Unterscheidung von Funktionen, Strukturen und Inhalten des Entwicklungsprozesses.

Die Entwicklung von Organismen enthält immer invariante und variante Elemente, das heißt, bestimmte Anteile des Verhaltens bleiben unverändert, andere verändern sich. Veränderliche Anteile der Entwicklung können unterschieden werden in individuelle, das heißt besondere und in gesetzmäßige, das heißt universelle Verhaltenselemente. Diese Differenzierung erlaubte Piaget folgende begriffliche Unterscheidung: Invariante, das heißt unveränderliche Verhaltenselemente bezeichnet er als Funktionen. Variante Anteile der Entwicklung unterscheidet er als Strukturen (universelle, das heißt entwicklungsgesetzmäßig variant) und Inhalte (individuelle, das heißt nicht entwicklungsgesetzmäßig variantes Verhalten).

Die grundsätzliche Funktion des Verhaltens besteht in der Adaption, das heißt der Anpassung zwischen Organismus und Umwelt beziehungsweise in der Organisation des Subjekt-Welt-Systems (Flammer 1988, 135). Diese Passung wird durch zwei sich ergänzende Mechanismen bewirkt, durch Assimilation und Adaption:

(A) Assimilation bedeutet, dass ich die Umweltgegebenheiten an meine Handlungsmöglichkeiten anpasse. Ein Beispiel aus der Physiologie verdeutlicht diesen Prozess: Die Verdauung als Assimilation zergliedert die Speisen und bereitet sie vor für ihre Aufnahme in die Blutbahn. Aus dem Bereich des menschlichen Verhaltens gibt es zahlreiche Beispiele: Ein Kind nimmt eine Handvoll Matsch auf und formt daraus einen Berg; ein Jugendlicher wählt sich in der Tanzstunde ein Mädchen aus.

(B) Akkomodation ist der entgegengesetzte Prozess: Ich passe meine Handlungs- und Erkenntnismöglichkeiten an die Erfordernisse der Umwelt an. Das Auge passt sich durch Vergrößerung/Verkleinerung der Pupille an die Lichtverhältnisse an. Im menschlichen Verhalten lassen sich ebenfalls zahlreiche Beispiele für die Anpassung an Umweltgegebenheiten beobachten. Ein Kind lernt laufen, Fahrrad fahren oder schwimmen. Ein Erwachsener ändert seine Einstellung gegenüber Asylanten (Flammer 1988, 136).

(Text 2: Assimilation, Akkomodation und Adaption)

(c) Im dritten Stadium (circa vierter bis achter Monat) unterscheidet der Säugling bereits zwischen Mittel und Zweck. Er entdeckt, dass bestimmte Handlungsweisen zu einem bestimmten Ergebnis führen. Diese Phase beginnt etwa ab dem vierten Lebensmonat. Kinder strampeln in diesem Alter zum Beispiel nicht mehr nur aus reiner Funktionslust, sondern um zum Beispiel bestimmte Erfahrungen zu wiederholen, indem beispielsweise Glöckchen am Bett durch das Strampeln in Bewegung geraten.

(d) In der vierten Phase (circa achter bis zwölfter Monat) erfolgt eine Koordinierung erworbener Handlungsschemata und ihre Anwendung auf neue Situationen. Für diese Stufe der Entwicklung ist es typisch, dass derselbe Gegenstand auf verschiedene Weise wahrgenommen beziehungsweise geprüft wird. Ein Kind nimmt zum Beispiel einen Bauklotz in den Mund, betrachtet und schüttelt ihn, wirft ihn weg oder klopft ihn. Diese Reaktionen werden in der fünften Phase zum Teil kreativ erweitert. Ein Kind zieht dann zum Beispiel an einer Tischdecke, um an Gegenstände außerhalb seiner Reichweite zu kommen.

(e) Mit zweieinhalb Jahren kann ein Kind Handlungen antizipieren. Die Sicherheit, ein bestimmtes Ergebnis zu erzielen, nimmt zu. Dies lässt sich auch an der Mimik des Kindes ablesen. Das Kind versteht plötzlich Zusammenhänge. Handlungen werden nicht mehr nur aus erfolgreichen Wiederholungen aktiviert, sondern verinnerlicht. Dadurch wird der Übergang zum Denken eingeleitet. Sensomotorische Lernprozesse bleiben ein Bestandteil auch des Jugend- und Erwachsenenlebens: Rollschuh-, Skateboard- oder Fahrrad fahren, Billard spielen, segeln unter anderem erfordern ein Höchstmaß sensomotorischer Fähigkeiten, begleitet durch die Einsicht in Regeln des Handelns.

(f) Mit der inneren Repräsentation von Handlungen und Gegenständen ist eine neue Qualität der Wahrnehmung erreicht. Piaget beschreibt diese Entwicklungsperiode als den Erwerb von Repräsentations- und Symbolfunktionen. Er unterscheidet wichtige Etappen dieser Entwicklung. Ein erster Schritt wird mit dem Erreichen der so genannten Objektpermanenz erreicht. Kinder entdecken zwischen dem sechsten und achten Lebensmonat, dass ein Gegenstand auch dann weiterexistiert, wenn er nicht mehr zu sehen ist. Versteckt man in diesem Alter vor den Augen des Kindes einen Gegenstand, sucht es aktiv danach. Kinder müssen also eine innere Repräsentation dieses Gegenstandes gebildet haben. Die Suche nach einem Gegenstand kann nur durch die innere Repräsentation des Suchziels vonstatten gehen. Auch das Nachahmungsverhalten von Kindern in dieser Zeit weist auf die Verinnerlichung von Handlungen hin. Die Beobachtung einer Handlung kann nur dann zu einer Nachahmung führen, wenn das Beobachtete innerlich als Modell abgebildet wird. Das Kind greift dabei naturgemäß diejenigen Handlungsaspekte heraus, die interessant oder erfolgversprechend sind. Nachahmung ist daher nie „objektiv". Eine dritte Etappe ist die Ausbildung von Symbolhandlungen, das heißt von solchen Tätigkeiten, die stellvertretend für eine tatsächliche Handlung vollzogen werden. So berichtet Piaget, dass ein Kind das Öffnen und Schließen einer Streichholzschachtel beobachtet. Als es will, dass die Schachtel erneut geöffnet wird, öffnet und schließt es statt dessen den Mund (Montada 1995b, 418).

2.7.2 Die Phasen des voroperatorischen und operatorischen Denkens (konkrete Operationen)

Bis zum Schulalter gefallen Kinder sich darin, Begriffe und Vorstellungen auf Dinge und Personen anzuwenden, um erlebte Erscheinungen auf ihre Weise zu erklären. Piaget nennt diese Phase „voroperatorisch", weil die Phantasie des Kindes scheinbar wahllos Zusammenhänge „falsch" erklärt, zum Beispiel: „Die Wolken gehen langsam, weil sie keine Füße haben". Solche fehlerhaften Assimilationen kommen zustande, weil das Kind Naturerscheinungen vermenschlicht beziehungsweise eine bestimmte Beziehung zu ihnen aufbaut („Steine sind dazu da, damit man Häuser aus ihnen baut", „Bäume sind da, damit sie Schatten spenden") (Montada 1995b, 419).

Piaget nennt diese Denkweise des Kindes „egozentrisch". Das Kind ist noch nicht in der Lage, in Zusammenhängen zu denken beziehungsweise sich in die Rolle eines anderen zu versetzen. Es hat in diesem Alter keinen Zweifel, dass der andere es versteht und fragt nicht nach. Es sieht keinen Anlass, die eigenen Ansichten zu begründen oder zu rechtfertigen. Erst, wenn das Kind zur Rollen- beziehungsweise Perspektivenübernahme in der Lage ist, kann dieser auf die Wahrnehmung und Kommunikation bezogene Egozentrismus überwunden werden (Montada 1995b, 420).

Im Alter der konkreten Operationen (sieben bis elf Jahre) beherrscht das Kind in konkreten Situationen logische Operationen wie Umkehrbarkeit, Klassifikation, Herstellung von Rangfolgen. Während zum Beispiel ein voroperatorisches Kind der Meinung ist, dass Knetmasse mehr wird, wenn man sie zu einem Wurm ausrollt, kann das operatorische Kind bereits erkennen, dass die Masse gleich viel ist (Masseninvarianz). Ähnlich verhält es sich bei der Flüssigkeitsvarianz: Operatorische Kinder wissen, dass die Flüssigkeit nicht mehr wird, wenn sie von einem breiten in ein schmales, hohes Glas umgefüllt wird.

Piaget gibt für diese Wandlung im Denken und Wahrnehmen Plausibilitätsgründe an. Er vermutet, dass das Verlassen des egozentrischen Standpunktes des Kindes mit zunehmender Erfahrung im Kommunikationsaustausch, mit Konfliktverarbeitung, ferner durch die Speicherung alternativer Sichtweisen und durch das Erlebnis von Widersprüchen zustande kommt. Dabei greift er ein erwachsenenspezifisches Muster der Wahrnehmung und Kommunikation auf, dessen Ursprung er in dieser

Phase der kindlichen Entwicklung vermutet. Erwachsene sind darin ge-
übt, ständig Rollen zu wechseln, Meinungen auszutauschen, Konflikte
durchzustehen und Dinge beziehungsweise Ereignisse im Zusammenhang zu sehen. Keineswegs alle Erwachsenen stellen ihre Beobachtungen in einen richtigen Zusammenhang. Es ergeht ihnen nicht viel anders
als dem Kind, das „falsche" Erklärungen abgibt.

Die wenigsten Erwachsenen orientieren ihr Handeln an einem Gesamt-
plan der Erkenntnis. Erwachsene sind jedoch besser in der Lage, den
von ihnen behaupteten Zusammenhang als „richtig" zu verteidigen, das
heißt, sie beherrschen das Denkmuster des Rechthabens und sind in der
Lage, subjektive Empfindungen in „objektive" Erklärungen umzudeu-
ten. Derartige Rationalisierungen sind nicht unbedenklich (Montada
1995b, 429). Dem Denken des Kindes mangelt es jedoch an Beweglich-
keit, so dass es häufiger zu auffälligen Fehlurteilen verleitet wird (Montada 1995b, 425). Dies trifft vor allem auf logische Zusammenhänge zu.

2.7.3 Die formal-operatorische Stufe

Die formal-operatorische Phase beginnt bei Piaget mit elf bis zwölf Jahren. Manche Kinder beziehungsweise Jugendliche haben sie auch mit
fünfzehn Jahren nicht abgeschlossen. In dieser Stufe der Entwicklung
beginnt der Übergang zum abstrakten Denken. Kinder beziehungsweise
Jugendliche entfalten in dieser Phase die Fähigkeit, Hypothesen aufzustellen und zu testen (Gedankenexperimente). Während die konkreten
Operationen Schlüsse aus dem unmittelbar Gegebenen erlaubten, führen die formalen Operationen zu Annahmen, die aus formal begründe-
ten Schlussfolgerungen abgeleitet werden (hypothetisch-deduktives
Denken). Es handelt sich oft um Verallgemeinerungen der in der Stufe
des konkreten Denkens entwickelten Operationen.

Die formalen Denkoperationen sind ein typisches Kennzeichen unserer
westlichen Kultur und führen die Heranwachsenden an die Anforderungen der wissenschaftlich-technischen Zivilisation heran. Sie befähigen
zur Teilnahme an unserem Bildungs- und Schulsystem.

2.7.4 Die Theorie der Entwicklung des sozialen Urteils nach Kohlberg

1932 veröffentlichte Piaget sein Buch „Das moralische Urteil beim Kin-
de". Als Grundlage dienten ihm umfangreiche Befragungen von Kin-

dern im Alter von fünf bis dreizehn Jahren, in welchen er die Denkoperationen der Kinder bei der Beurteilung moralischer Dilemmata untersuchte. Piaget formulierte drei Hauptstufen der moralischen Entwicklung:

- Autoritätsorientierung,
- Konventionsorientierung,
- Prinzipienorientierung.

Seine Arbeiten zur Entwicklung des moralischen Urteils wurden vor allem von dem Amerikaner L. Kohlberg weitergeführt (1924–1987). Dieser fasste die drei Stufen Piagets zu einer Sechs-Stufen-Theorie zusammen, die der Bildung von Konventionen gewidmet war. Entsprechend benannte er die Stufen Piagets um in präkonventionell, konventionell und postkonventionell (Flammer 1996, 165):

I. Präkonventionell:

1. Strafe und Gehorsam,

2. naiver instrumenteller Hedonismus.

II. Konventionell:

3. interpersonale und Gruppenperspektive,

4. Gesellschaftsperspektive.

III. Postkonventionell

5. sozialer Kontakt,

6. universelle ethische Prinzipien.

Als diagnostisches Instrument entwickelte Kohlberg so genannte Probanden-Dilemmata, bei denen er die Versuchspersonen bat, Entscheidungen zu treffen und diese zu begründen. Ein berühmter diagnostischer Konflikt ist das so genannte Heinz-Dilemma (Flammer 1996, 166): Eine Frau liegt im Sterben. Sie leidet an einer besonderen Art von Krebs. Ein Apotheker hat ein Medikament entwickelt, das ihr helfen könnte, will es aber nur für viel Geld herausgeben, weil er Jahre daran geforscht hat, seine Mitarbeiter bezahlen muss und auch Geld verdienen will. Heinz, der Ehemann der Frau bekommt bei Freunden nur einen

146

Bruchteil des Geldes zusammen und erwägt, einfach in der Apotheke einzubrechen und das Medikament zu stehlen.

Typische Argumente im Rahmen der 6-Stufen-Theorie Kohlbergs sind (Flammer 1996, 166):

- Stufe 1: Heinz soll nicht stehlen, sonst kommt er ins Gefängnis und muss das Medikament wieder zurückgeben.

- Stufe 2: Heinz soll das Medikament stehlen, er kommt dann zwar ins Gefängnis, erhält aber seine Frau am Leben.

- Stufe 3: Heinz sollte das Medikament stehlen. Ein richtiger Ehemann sorgt aktiv für seine Frau und schaut nicht passiv zu, wie sie stirbt.

- Stufe 4: Eheleute haben sich ewige Liebe und Treue geschworen. Der Ehevertrag ist wie ein Gesetz und bedeutet auch eine Verpflichtung.

- Stufe 5: Das Leben der Frau hat Vorrang vor Geld oder anderen Erwägungen.

- Stufe 6: Keine einfachen Argumente am Einzelfall möglich.

In der ersten Stufe orientiert sich das Kind am Muster von Strafe und Belohnung. Anordnungen müssen befolgt werden. In der zweiten Stufe werden rationale Kalküle aufgestellt, um argumentativ ein Gleichgewicht herzustellen. Begründungen in der dritten Stufe richten sich oft nach Moralvorstellungen der Mehrheit, das heißt, was zum Beispiel ein „braver Junge" oder ein „anständiges Mädchen" zu tun haben. Entscheidungen in der vierten Stufen werden durch soziale Aspekte wie Verpflichtungen, Gesetze, Regeln, Aufrechterhaltung von Ordnung und Ähnlichem getroffen. In der fünften Stufe wird noch übergreifender nach Entscheidungskriterien gesucht, welche die Menschenrechte oder andere moralische Grundwerte hervorheben. Zur 6. und höchsten Stufe des moralischen Urteils macht Kohlberg wenig Angaben. Hier entscheidet der Mensch nach Abwägung aller Argumente und nach persönlichem Gerechtigkeitsempfinden.

Kohlberg sieht die Entwicklung des moralischen Urteils als eine Entwicklung von unten nach oben. Die Stufen sind nach seiner Auffassung universell. Sein Menschenbild ist dem des Kantschen Rationalismus angelehnt, nach dem die letzten Prinzipien der Urteilsfindung à priori und universal gegeben sind. Sie umfassen die elementaren Menschenrechte und gerechten Regeln des Zusammenlebens. Kohlbergs oberster Wert ist daher die weise Entscheidung, die von dem Streben nach der Gerechtigkeit getragen wird.

2.7.5 Die Bedeutung des Entwicklungskonzepts von Piaget für die Soziale Arbeit

Piagets Entwicklungsmodell beschreibt Stufen der Erkenntniserweiterung. Entwicklung wird darin als ein Prozess der Interaktion zwischen Individuum und Umwelt aufgefasst. Nach Piagets Auffassung sind die Handlungen des Individuums ausschlaggebend. Das Kind sieht die Welt nicht „objektiv", sondern durch seine eigene Brille. Seine Wahrnehmungen werden beeinflusst durch die Muster, mit denen es operiert hat, und durch die individuelle Reife. Es muss selbst die Widersprüche feststellen und Konflikte erleben, um Erkenntnisfortschritte zu machen. Sogenannte Äquilibrationsprozesse, das heißt das Bestreben des Kindes, ein durch Widersprüche entstandenes Ungleichgewicht zu beseitigen, führen zum Aufbau immer komplexerer Struktursysteme. Die Entwicklung der kognitiven Strukturen folgt nach Piaget einer immanenten „Entfaltungslogik" und kann nicht gelehrt werden. Erzieher können in der jeweiligen Reifestufe lediglich Hilfestellungen geben (Montada 1995b, 460).

Der Fortschritt der Entwicklungstheorie Piagets besteht darin, dass er sich von der bis dahin durch die vom Behaviorismus radikal vertretene Vorstellung der vollkommenen Konditionierbarkeit des Kindes durch Umweltbedingungen absetzte und die aktive Gestaltung des Kindes hervorhob. Er betont die entdeckende Selbsttätigkeit des Kindes und warnt gleichzeitig vor den Gefahren der Autorität des Lehrers, durch welche dem Kind Informationen entgegengebracht werden könnten, die seinem Reifegrad nicht entsprechen. Das Wissen muss sich seiner Auffassung nach „organisch" aufbauen. Situationsspezifische, problemspezifische und individuelle Faktoren lässt er dabei allerdings außer Acht. Er gibt keine Hinweise darauf, unter welchen affektiven oder emotionalen Bedingungen kognitive Entwicklungen elaboriert werden können und welche diese verhindern. Interindividelle Unterschiede hinsichtlich des Tempos der Entwicklung berücksichtigt Piaget nicht. Er gibt lediglich eine Idee der grundsätzlichen Entwicklung von Instrumenten des Erkennens durch innere Gesetzmäßigkeiten. Die Verabsolutierung des Bildes vom selbsttätigen und erkenntnisproduzierenden Kind kann zur Vernachlässigung der individuellen Unterschiede auf die Verhaltensentwicklung führen (vgl.Montada 1995b 462).

Piagets Ansatz der Entwicklung bietet gute Möglichkeiten der Spielförderung für Kinder. Bis zwei Jahre können sensomotorische Spiele der Einübung einfacher Aktions- und Handlungsschemata dienen. Etwa ab dem dritten Lebensjahr kann die Symbolisierungsfähigkeit von Kindern durch „So-tun-als-ob"-Spiele angeregt werden. Im Schulalter motivieren so genannte Regelspiele das Kind zu zunehmender Kooperation und Kommunikation. Es lernt, dass das Spiel nur funktioniert, wenn alle sich an die Regeln und Normen halten (Gröschke 1992, 151). Seine Vorstellung, dass Entwicklung sich „organisch" aufbaut, regt dazu an, Entwicklungsaufgaben beziehungsweise Defizite zu formulieren und die soziale Arbeit daran zu orientieren. Zahlreiche Studien der Selbstwahrnehmung und sozialen Anpassung gehen von der Piagetschen Vorstellung der Passung aus (siehe die weiterführenden Literaturhinweise am Ende dieses Abschnitts).

Die Anwendung von Piagets Phasenlehre der Entwicklung auf die Sozialarbeit könnte allerdings auch zu problematischen Konsequenzen führen. Menschen in sozialen Problemlagen bleiben unter Umständen lange auf der sensomotorischen Entwicklungsstufe der Erkenntnis stehen oder verlassen diese nie (Gröschke 1992, 149). Daraus kann leicht der Schluss gezogen werden, sie als „ewige Kinder" zu bezeichnen und zu behandeln. Piagets Stufenkonzept ist überwiegend auf die kognitive Entwicklung ausgerichtet. Menschen mit abweichendem Sozialverhalten an dieser Norm der Entwicklung zu messen wäre einseitig. Zum einen haben sie ihre Verhaltensstärken oft im emotionalen, weniger im kognitiven Bereich. Sie entsprechen damit nicht der Zielvorstellung der Entwicklung, die auf Verbesserung von (kulturell erwartetem) Wissen, Können und Wollen ausgerichtet ist. Zum anderen leben und erleben Menschen, die sozialer Hilfe bedürfen, mehr als andere im Hier und Jetzt und entsprechen damit nicht dem Entwicklungsgedanken, der auf die Zukunft gerichtet ist (Gröschke 1992, 155).

Weiterführende Literatur zur Theorie Piagets: Flammer 1996; Schröder 1989; Brainerd 1989; Kohlberg 1990; Montada 1995.
Eine kritische Wertung der Theorie findet sich unter anderem bei Flammer 1996, 113-128; Schröder 1989, 27-51; Oerter/Montada 1995, 559-560; Mechsner 1992, 44-51.
Neo-Piagetsche Theorien zur Entwicklung des Problemlösens finden sich bei Case 1988 und bei Flammer 1996.

2.8 ERIKSONS THEORIE DER ENTWICKLUNG VON ICH-IDENTITÄT

Erikson ist ein Schüler der Freudschen Psychoanalyse, dessen Phasentheorie er übernommen und ausgebaut hat. Sein zentrales Thema ist die Identität. Er bleibt jedoch nicht bei der Identitätssuche im Kindes- und Jugendalter stehen, sondern formuliert für die Pubertät eine besondere Phase und für das Erwachsenenalter zwei zusätzliche Lebensabschnitte, so dass er neben den fünf Phasen Sigmund Freuds drei weitere, insgesamt acht Stadien der Identitätsbildung kennt (Erikson 1957, 228). Zentrale Aspekte der Entwicklung in jeder Periode sind nach seiner Auffassung psychosoziale Krisen, der Umkreis der Bezugspersonen, der soziale beziehungsweise kulturelle Rahmen sowie psychosoziale und psychosexuelle Prozesse (Flammer 1988, 92).

Eriksons Verdienst besteht darin, durch den Einbezug der sozialen Dimension eine Erweiterung der bei Freud ausschließlich „inneren" Dynamik hergestellt zu haben. In jeder Phase sind bestimmte Lebensaufgaben zu verwirklichen. Von der Art der subjektiven Bewältigung hängt der weitere Verlauf der Entwicklung eines Individuums ab. Dieser Gedanke der lebenslangen Entwicklung hat die heute weit verbreitete Auffassung der interaktiven Veränderung des Subjekt-Umwelt-Verhältnisses bis ins hohe Lebensalter vorbereitet. Eriksons Theorie der Identitätsbildung wird daher hier ebenfalls ausführlich vorgestellt.

Erik H. Erikson

Erik Erikson ist dänischer Herkunft und wurde 1902 in Frankfurt/M. geboren. Seine Mutter war Jüdin. Die Eltern hatten sich bereits vor seiner Geburt getrennt. Mit drei Jahren erhielt er einen Stiefvater, der ebenfalls jüdischer Abstammung war. Erikson versuchte sich als junger Mann zunächst als Künstler und bereiste Hauptstädte Europas in der Absicht, sich selbst und seinen Stil zu erfahren. In Wien unterrichtete er die Kinder amerikanischer Schüler Freuds und kam auf diese Weise mit der Psychoanalyse in Berührung, die er intensiv studierte. Er unterzog sich einer Lehranalyse bei Anna Freud. 1933 floh er mit seiner Familie in die USA. In Boston eröffnete er eine Praxis für Kinderanalyse, wechselte nach drei Jahren in eine Anstellung in Yale und zog bereits zwei Jahre später nach South Dakota, wo er eine Zeitlang unter Sioux Indianern lebte.

Die nächste Station in Eriksons wechselvollen Leben war Berkeley, wo er an einer Längsschnittstudie von „normalen" Kindern teilnahm. Er nutzte diese Zeit, um durch ausgedehnte Reisen in den Norden Kaliforniens den dort ansässigen indianischen Fischerstamm der Yurok zu studieren. Weil er während der McCarthy-Zeit den Treueeid verweigerte, musste er die Stelle in Berkeley aufgeben und zog wieder an die Ostküste, wo er zunächst als Kliniker und später als Professor an der Harvard Universität arbeitete (einen Universitätsgrad hat Erikson nie erworben!).

Mit zahlreichen Kritikern Freuds teilt Erikson das Anliegen, nicht die Muster und Ausdrucksformen der neurotischen Persönlichkeit, sondern die Merkmale einer gesunden Persönlichkeit zu ermitteln. Das entscheidende Kennzeichen einer gesunden Persönlichkeit ist seiner Auffassung nach, dass ein Individuum in der Lage ist, die Umwelt aktiv zu meistern. Dazu benötigt es Erkenntnisse über die Umwelt und seine Stellung in der Welt. Sein Handeln muss mit seinen Erkenntnissen im Einklang stehen. Als zentrale Kategorie für diesen Prozess der Vereinheitlichung von Umwelt, Handeln und Bewusstsein, wählt Eriksons den Begriff „Identität" beziehungsweise genauer: „Ich-Identität". Ich-Identität besteht nach Erikson aus zwei ineinandergreifenden Prozessen: Erstens muss das Individuum sein Selbst als etwas erleben, was Dauer besitzt, das sich gleich bleibt. Erikson benennt diese innere Erfahrung als ein dauerndes inneres Sich-Selbst-Gleichsein (Erikson 1957, 228). Der zweite Aspekt bezieht sich auf die äußere Integration des Individuums in eine Kultur beziehungsweise eine Gesellschaft. Nach Eriksons Auffassung hat der Mensch, der durch eine gute Ich-Identität gekennzeichnet ist, eine klare Vorstellung von seinem Wesen sowie von der Gruppenkultur, die ihn umgibt und die er akzeptiert.

Erikson verbindet die Vorstellung von der Einheitlichkeit des inneren Erlebens und kultureller Integration mit der Annahme genetischer, das heißt interkulturell gleichbleibender und psychosozial bestimmter Entwicklungsstadien. Das Neugeborene verfügt seiner Ansicht nach über keinerlei Formen der Realitätskontrolle, die völlig gesunde Erwachsenenpersönlichkeit dagegen über alle. Jede Krise fasst er als einen Antagonismus zwischen zwei Persönlichkeitsmerkmalen auf, die in einer bestimmten Entwicklungsphase vorherrschend sind. Bei diesen Antagonismen handelt es sich jeweils um Extrempunkte der Entwicklung. In der Realität lässt sich bei jedem Individuum eine Mischung dieser gegensätzlichen Verhaltensmerkmale beobachten.

Abbildung: Die acht Phasen der Entwicklung nach Erikson (Erikson 1975, deutsch 1977, 214-215, Diagramm D)

	A	B	C	D	E
	Psychosoziale Krisen	Umkreis der Beziehungspersonen	Elemente der Sozialordnung	Psychosoziale Modalitäten	Psychosexuelle Phasen
I	Vertrauen gg. Misstrauen	Mutter	Kosmische Ordnung	Gegeben, bekommen, geben	Oral-respiratorisch, sensorisch kinästhetisch (Einverleibungsmodi)
II	Autonomie gg. Scham, Zweifel	Eltern	„Gesetz und Ordnung"	Halten (Festhalten), Lassen (Loslassen)	Anal-urethral, (retentiv-eliminierend
III	Initiative gg. Schuldgefühl	Familienzelle	Ideale Leitbilder	Tun (Drauf losgehen), Tun-als-ob (=Spielen)	Infantil-genital, lokomotorisch (eindringend, einschließend)
IV	Werksinn gg. Minderwertigkeitsgefühl	Wohngegend, Schule	Technologische Elemente	Etwas „Richtiges" machen, etwas mit anderen zusammen machen	Latenzzeit
V	Identität und Ablehnung gg. Identitätsdiffusion	„Eigene" Gruppen, „die Anderen", Führer-Vorbilder	Ideologische Perspektiven	Wer bin ich (wer bin ich nicht?) Das Ich in der Gemeinschaft	Pubertät
VI	Intimität und Solidarität gg. Isolierung	Freunde, sexuelle Partner, Rivalen, Mitarbeiter	Arbeits- und Rivalitätsordnungen	Sich im anderen verlieren und finden	Genitalität

	A	B	C	D	E
	Psychosoziale Krisen	Umkreis der Beziehungspersonen	Elemente der Sozialordnung	Psychosoziale Modalitäten	Psychosexuelle Phasen
VI I	Generarativität gg. Selbstabsorption	Gemeinsame Arbeit, Zusammenleben in der Ehe	Zeitströmungen in Erziehung und Tradition	Schaffen, vorsorgen	
VI II	Integrität gg. Verzweiflung	„Die Menschheit", „Menschen meiner Art"	Weisheit	Sein, was man geworden ist; wissen, dass man einmal nicht mehr sein wird.	

2.8.1 Urvertrauen versus Urmisstrauen

Die Pole Urvertrauen und Urmisstrauen bilden sich im ersten Jahr heraus, wenn der Säugling sich in der oralen Phase befindet und sein Verlangen nach Nahrung, Nuckeln und Saugen von dem psychosozialen Bedürfnis begleitet ist, von der Mutter oder einer entsprechenden Person versorgt zu werden. Wenn die Qualität der Beziehung zur Mutter in Wärme und Zuneigung besteht, wird der Säugling das Verhaltensmerkmal des Vertrauens aufnehmen; häufige Frustrationen können dazu führen, dass er eher in das Extrem des Misstrauens verfällt (Erikson 1979, 72).

Die Bildung von Urvertrauen – Erikson verwendet den englischen Ausdruck „basic trust"– ist die Hauptaufgabe des ersten Lebensjahres. Das kleine Kind sollte die Erfahrung machen, dass zwischen der Welt und seinen Bedürfnissen eine Übereinstimmung besteht. Es kann sich entwickeln, wenn die Mutter das weinende Kind tröstet, es vor der Angst des Alleinseins im Dunkeln durch ein Schummerlicht bewahrt, das hungrige Kind nährt und es auch sonst nicht abweist. Natürlich muss das kleine Kind auch unangenehme Erfahrungen machen und lernen, dass das Vertrauen enttäuscht werden kann. Die positiven Erfahrungen sollten jedoch überwiegen (Flammer 1988, 94). Die Erfahrung des Urvertrauens ist eine Grundlage für spätere Entwicklungen. Sie bildet unter anderem das Fundament für Religiosität. Menschen, die im ersten Lebensjahr eher die Erfahrung des Misstrauens machen, erleben sich entfremdet und tendieren danach, sich in kritischen Situationen zurückzuziehen. Sie neigen zu pessimistischen Weltanschauungen, verfallen oft in Trauerzustände oder Depressionen und haben das Gefühl des Versagens.

Das Urvertrauen ist eine Grundhaltung, die sich durch das ganze Leben zieht. Es lässt sich durch Befragungen ermitteln. Beispiele für Items auf der Skala Urvertrauen-Urmisstrauen sind zum Beispiel (Flammer 1988, 94):

- Ich bin pessimistisch gegenüber der Zukunft der Menschheit.

- Ich glaube, dass ich im Leben das erreiche, was ich will.

- Ich vertraue den Menschen.

- Ich glaube, die Leute misstrauen mir.

- Ich blicke optimistisch in die Zukunft.

2.8.2 Autonomie versus Scham

Autonomie und Scham entwickeln sich ab dem zweiten Lebensjahr. Das Kind wächst körperlich zu größerer Selbständigkeit heran. Es kann nun besser Dinge festhalten und loslassen und entwickelt ein wachsendes Machtgefühl über die Körperfunktionen. Gleichzeitig überschätzt sich das Kind oft und muss von den Eltern auf seine Grenzen hingewiesen werden. Es kann zu Trotzreaktionen und regressiven Reaktionen kommen (Daumenlutschen, Quengeln). Erikson ist der Auffassung, dass ein zwar entschiedenes, aber duldsames Reinlichkeitstraining dem Kind genügend Spielraum für das Gefühl der Selbstbeherrschung lassen muss: Eltern, die ihr Kind einer zu strengen Reinlichkeitserziehung unterwerfen, werden es später mit einem Kind zu tun haben, das an sich selbst zweifelt und anderen kaum mit Liebe und Großzügigkeit begegnen kann (Erikson 1979, 78).

Das zwei- und dreijährige Kind schwankt zwischen den Polen, alles selber machen zu wollen und Zweifel, ob es dies auch kann. Es kann sich Scham einstellen, wenn die Eltern deutlich zu erkennen geben, dass sie ein ungeschicktes Verhalten des Kindes missbilligen (Jacke zuknöpfen, Schnürsenkel binden usw.). Das Kind selbst ist manchmal ungeduldig.

Mal will es alles selber machen, mal bekommt es einen Wutanfall, wenn die Mutter ihm nicht hilft. Die Aufgabe in dieser Entwicklungsphase besteht darin, loslassen zu können und das Risiko von Fehlern ertragen zu lernen. Wenn eine Lösung zu früh erfolgt, können peinliche Situationen entstehen. Das Kind sieht sich bloßgestellt und möchte „in den Boden versinken", was durch das Halten der Hände vor die Augen symbolisiert wird. Wenn die Balance zwischen Selbermachen (Loslassen) und Zweifel nicht gelingt, können sich später negative Verhaltenseigenschaften ausbilden, wie zum Beispiel Gewinnsucht, Rechthaberei, Geiz, übertriebene Reinlichkeit, Unsicherheit und Selbstzweifel. Die beiden Pole zeigen sich in folgenden Äußerungen:

- Ich möchte manchmal am liebsten im Erdboden versinken.

- Wenn ich zu etwas gezwungen werden soll, was ich nicht will, wehre ich mich.

- Ich habe bei Entscheidungen oft das Gefühl, einen Fehler gemacht zu haben.

- Ich entschuldige mich oft.

2.8.3 Initiative versus Schuldgefühl

Im vierten und fünften Lebensjahr besteht die Krise des Kindes darin, dass die vielfältigen Initiativen, die es entwickelt, von den Erwachsenen immer wieder gebrochen werden, um es an die Regeln des Gemeinschaftslebens zu gewöhnen. Das Kind wird geschickter im Umgang mit der Sprache und entwickelt ein reges Vorstellungs- und Phantasievermögen. Im Prozess seiner eigenen Regungen und dem Rat sowie den Ermahnungen der Erwachsenen bildet es ein Gewissen aus. Sein Verhalten pendelt zwischen den Polen Initiative und Schuldgefühl. Erikson ist der Auffassung, dass es dem Kind in dieser Phase gelingen muss, sich das Gefühl der ungebrochenen Initiative zu bewahren (Erikson 1979, 87).

Während das Kind in der vorangegangenen Phase seinen eigenen Willen über das Selbermachen kennen lernte, kommt es in dieser Entwicklungsphase verstärkt darauf an, das unabhängige Wollen als eigenständiges Verhaltenselement auszubilden. Das Kind weiß jetzt, dass es ein Ich ist und sich von anderen Ichen unterscheidet. Es beginnt, seine Persönlichkeit herauszufinden beziehungsweise zu bilden. Dies geschieht durch Neugierverhalten: Neue Räume werden erkundet, durch Fragen werden neue geistige Horizonte geöffnet, das eigene und das andere Geschlecht werden wahrgenommen usw. Es werden gegensätzliche Rollen ausprobiert, wie Vater-Mutter, Räuber-Polizist und Identifikationen im Rollenspiel aufgebaut (Kinoheld, Astronaut, Fußballspieler). Diese Phase ist gekennzeichnet durch Wollensprozesse, wie Machen und „Rangehen um jeden Preis" sowie „Tun als ob". Wenn die Balance in diesem Alter nicht gelingt, kann es zu Schuldängsten kommen. Eine ungenügende Verarbeitung von Konflikten in diesem Alter zeigt sich später in hysterischen Formen der Selbstverleugnung sowie Selbstbeschränkung beziehungsweise dem Zwang der Selbstdarstellung und, unter anderem, dem Behaupten von Initiative und „Rangehen um jeden Preis" (Erikson 1981, 122).

Die Pole dieser Phase finden sich in Äußerungen, wie

- Ich schrecke vor Neuem zurück.
- Ich versuche, im Wettkampf immer zu gewinnen.
- Ich bin neugierig und wissbegierig.
- Risiken gehe ich gern ein, um mein Ziel zu erreichen.
- Meine Pläne für die Zukunft sind aufregend.

2.8.4 Werksinn versus Minderwertigkeitsgefühl

In der Zeit vor der Pubertät schwanken Heranwachsende nach Eriksons Auffassung zwischen Gefühlen der Minderwertigkeit und dem Wunsch, Leistungen zu zeigen. Kinder möchten in dieser Zeit mit eigenen Leistungen Aufmerksamkeit erzielen. Sie brauchen dabei Anleitung. Wird diese Phase nicht richtig durchlaufen, kann es zu Gefühlen der eigenen Unzulänglichkeit kommen. Die Erfahrung der Schule weckt ihre Motivation, fleißig zu sein. Sie lernen, Anerkennung durch die Herstellung von Dingen zu gewinnen (lesen, schreiben, rechnen, basteln unter anderem). Dabei kann es zu Erlebnissen des Misslingens kommen. Erfolgs- und Misserfolgserlebnisse bestimmen diese Phase. Erfolg erzeugt ein Gefühl der Bestätigung, Misserfolg führt zu Minderwertigkeitsgefühlen. Wenn zwischen diesen beiden Polen kein Ausgleich stattfindet, kann es später zu extremen Verhaltensformen bezüglich der Arbeit kommen, zum Beispiel Arbeitsscheu, Angst vor Versagen auf der einen Seite, Arbeitsbesessenheit und übertriebenes Pflichtgefühl auf der anderen. Die in dieser Lebensphase entwickelten Eigenschaften können in folgenden Aussagen zum Ausdruck kommen (Flammer 1988, 97):

- Manchmal habe ich das Gefühl, die Leute, die meine Arbeit betrachten, hätten es besser gemacht.
- Dinge, die ich angefangen habe, lasse ich oft liegen.
- Es reizt mich, Dinge ganz besonders gut zu machen.
- Mir fehlt die Energie, Dinge, die ich vorhabe, auch in die Tat umzusetzen.
- Ich fühle mich oft nicht kompetent.

2.8.5 Identität versus Identitätsdiffusion

In der Adoleszenz muss die Krise zwischen Identität und Rollendiffusion gemeistert werden. In dieser Zeit machen der Körper und die Psyche der Heranwachsenden große Veränderungen durch, die sie auf ihre Rolle als Erwachsene vorbereiten. Erwachsene und Gleichaltrige stellen neue Erwartungen an sie. Ihre bisherigen Meinungen passen nicht mehr zu ihrer neuen Rolle. Erikson bezeichnet daher diese Phase zunächst als „Identitätskrise". Jugendliche suchen sich in dieser Zeit eine Identität. Die Chance dieses Lebensabschnitts besteht darin, dass die bisher erfolgreich durchlaufenen Phasen die Basis für eine stabile Ich-Identität abgeben. Urvertrauen, Autonomie, Initiative und Fleiß versorgen das Kind mit dem Selbstvertrauen, auch die zukünftigen Dinge meistern zu können. Die Gefahr in diesem Stadium sieht Erikson vor allem darin, dass Jugendliche in Identitätsdiffusion geraten, das heißt, dass sie sich in Rollen drängen lassen, die nicht mit ihrem Selbstbild verknüpft sind, und in denen sie sich lediglich der Anerkennung willen behaupten lernen (Erikson 1979, 109).

Jugendliche benötigen ein positives Selbstwertgefühl in dieser Phase, weil sie ganz neuartige körperliche Veränderungen erfahren und neue Ansprüche der Umwelt erleben. In neuen sozialen Rollen, wie „sich verlieben", „Mitgliedschaft in Jugendgruppen", „politischem Engagement", „beruflicher Ausbildung", „künstlerischer Betätigung" entwickeln sie Identitäten. Wenn die Balance in dieser kritischen Phase des

Heranwachsens gestört wird, kann es zu Erscheinungen des „ewig Jung-bleibens", voreiliger Begeisterung und Ziellosigkeit kommen. Sprach-liche Ausdrücke für diese Pole sind unter anderem:

- Manchmal staune ich über mich selbst.

- Ich bin stolz auf mich.

- Ich weiß, was ich im Leben erreichen will.

- Ich sehe mich ganz anders als die Leute.

- Ich fühle mich oft übergangen.

2.8.6 Intimität und Solidarität versus Isolierung

Das frühe Erwachsenenleben ist gekennzeichnet durch die Polarität zwi-schen Intimität beziehungsweise Solidarität und Isolierung. Selbstbezo-genheit und Egoismus sind die Folgen der inneren Isolation. Der junge Erwachsene mit einer gesunden Ich-Identität kann sich abgrenzen und ist in der Lage, tragfähige Partnerschaften zu entwickeln. Er folgt nicht zwanghaft Erwartungen und Rollennormen, die seinem Wesen nicht ent-sprechen. Er ist fähig, intime Beziehungen einzugehen, in denen sich sein Ich ausdrücken kann.

Die Schwierigkeiten der Balance in dieser Zeit sind durch Prozesse des Sich-Verlierens und Sich-Findens gekennzeichnet. Gelingt der Aus-gleich nicht, kann es zu sozialer Isolierung und Distanzierung kommen. Die sozialen Beziehungen einer gestörten Balance im jungen Erwach-senenleben sind kühl, berechnend und stereotyp. Der unsichere junge Erwachsene geht auf „Nummer sicher". Feindbilder werden leicht auf-gebaut. Ablehnung und Hass können sich zum Schutz des eigenen Ter-ritoriums ausbilden. Aufopferung und Treue sind ebenfalls Kennzei-chen einer fehlenden Balance von Intimität und Solidarität, zum Bei-spiel ein Sich-Hingeben für die Belange des Unternehmens, Aufopfe-rung für die Pfadfinderbewegung, für eine Ideologie oder Sekte. Bei-spiele für diese Pole sind:

- Es ist besser, frei zu bleiben, als zu heiraten.

- Jeder ist allein auf der Welt.

- Ich habe das Gefühl der vollkommenen Übereinstimmung mit einem Menschen.

• Meine inneren Gedanken teile ich niemandem mit.

2.8.7 Generativität versus Selbstabsorbtion

Der Erwachsene im mittleren Alter hat seine Identität gefunden, und die soziale Einbindung ist ihm gelungen. Nun muss er den Antagonismus von Generativität und Stagnation lösen. Damit ist gemeint, dass der reife Erwachsene aus seinem Ich heraustritt und Leben erzeugt. Er kann geben, nicht mehr nur nehmen. Erikson bezieht sich dabei direkt auf das „Kinder-Haben". Es sind aber auch andere Formen der Teilnahme am Leben beziehungsweise der Weitergabe von Leben denkbar, zum Beispiel das Lenken sozialer Organisationen, das Kreieren wissenschaftlicher, sozialer oder fürsorgerischer Werke usw.

Der entgegengesetzte Pol ist die Selbstzufriedenheit und Selbstbezogenheit des Menschen in diesem Alter, Stagnation. Wo dieses Gefühl überwiegt, stellen sich Wünsche nach Bemuttertwerden und Selbstverklärung ein. Langeweile und die Verarmung zwischenmenschlicher Beziehungen können die Folge sein. Statt auf andere, richten solche Menschen die Aufmerksamkeit und Fürsorge auf sich selbst. Sie verwöhnen sich, sprechen viel von ihrem Leben, ihren Krankheiten, ihren Entwicklungen – als wären sie ihr eigenes Kind (Flammer 1988, 99). Aber auch Elternschaft ist nicht immer identisch mit einer gelungenen Lösung der Balance in dieser Phase des Lebens. Auch Eltern können selbstbezogen und egoistisch sein. Entsprechende Äußerungen können folgendermaßen lauten:

• Kinder sind auf die Dauer eher eine Last.

• Ich habe das Gefühl, dass nach meinem Tod nichts von dem bleibt, was ich gelebt habe.

• Ich habe das Gefühl, mein Leben ist umsonst.

• Ich sorge mich um mich selbst.

• Ich liebe meine Kinder.

2.8.8 Integrität versus Verzweiflung

In der späten Phase des Erwachsenendaseins ist der Mensch mit dem Gegensatz von Integrität und Verzweiflung konfrontiert. Ein Mensch, der in seinem Leben eine gesunde Identität entwickelt hat, strahlt im Alter Würde aus. In dieser Phase kann die Frucht der sieben vorangegangenen Stadien zur vollen Reife gelangen. Der ältere Erwachsene ist integer. Seine Lebensform und seine Lebenserfahrungen stellen für den älteren Menschen sein Leben dar, das er gegenüber anderen Lebensgestaltungen verteidigt. Der alte Mensch ist entweder in dieser Weise souverän oder von Zweifeln und Lebensekel geplagt (Erikson 1979, 119). Die Verzweiflung kann aus dem Gefühl entspringen, dass die verbleibende Zeit zu kurz ist, um ein „anderes Leben" zu beginnen, das heißt, andere Wege der Integrität zu suchen. Lebensverachtung und ständiges Herumnörgeln an Erscheinungen der Politik und der sozialen Lebensumwelt können sichtbare Zeichen der ungelösten Balance in diesem Alter sein. Eine geglückte Integration bezieht den Tod ein und akzeptiert, dass nach dem letzten Loslassen noch etwas sein wird (Flammer 1988, 100).

2.8.9 Die Bedeutung der Phasentheorie Eriksons

Bei Erikson steht das Ich im Mittelpunkt der Betrachtung. Als Erster formulierte er eine Entwicklungstheorie, welche die gesamte Lebensspanne umfasst. In seinem Modell ist „Identität" positiv besetzt als geistiger Mittelpunkt, aus dem ein Individuum seine Lebensenergie schöpft. Mit seiner Identität stellt das Individuum nach dieser Auffassung in den aktuellen Lebenssituationen eine Balance her zwischen seinem Selbst und den Anforderungen und Erwartungen der Umwelt.

Neben dieser Erweiterung ist Erikson auch der engen Definition von Entwicklung verhaftet. Nach seiner Auffassung bestimmt die physische Reifung die Reihenfolge der Entwicklungsphasen. Diese sind invariant und irreversibel. Entwicklung basiert nach Erikson auf einem Grundplan, aus dem die Teile nach und nach erwachsen. Die Entwicklung schreitet voran zu immer höherer Integration und findet im reifen und weisen älteren Menschen ihren Höhepunkt. Die Stufen des Wachstums sind nach Erikson universal, das heißt, sie gelten in allen Gesellschaften und Kulturen. Die jeweilige Kultur bietet dem sich Entwickelnden konkrete Inhalte und Lösungsmöglichkeiten und bestimmt das Tempo der Entwicklung.

Eriksons Konzept ist gekennzeichnet durch ein Vertrauen in die menschliche Natur. Damit grenzt er sich deutlich von Freud ab. Für die

Sozialpädagogik ergeben sich aus dem Phasenmodell gute Ansatzmöglichkeiten, weil es das Verständnis von Störungen erhöht und eine „Nachbearbeitung" alter Konflikte nahelegt. Alle wichtigen Themen, mit denen Menschen im Verlauf ihres Lebens konfrontiert werden, greift dieses Modell auf und behandelt differenziert die jeweiligen Entwicklungsrichtungen.

Weiterführende Literatur zum Thema Identität und Selbstkonzept: Baacke 1994 und 1995; Ferchhoff 1993; Fuhrer/Kaiser Hangartner 1995; B. Kracke/Silbereisen 1994; Kraus/Mitzscherlich 1995; Steinhausen 1990; A. S. Waterman/Archer 1990.

Übungsfragen:

1. Unterscheiden Sie die enge und die weite Definition von Entwicklung!

2. Nennen Sie drei Merkmale der engen Definition von Entwicklung und nehmen Sie kritisch dazu Stellung!

3. Wodurch unterscheiden sich interaktionistische Theorien von anderen Modellen der Entwicklungspsychologie?

4. Nennen Sie die wichtigste Richtung der exogenistischen Theorien!

5. Beschreiben Sie die Vorstellung, die endogenistischen Theorien zugrunde liegt!

6. Welche amerikanische Psychologie-Richtung wird der exogenistischen Theorie der Entwicklung zugeordnet? Nehmen Sie Stellung zu der Behauptung, durch Reize und Impulse der Umwelt lasse sich jedes Verhalten induzieren!

7. Welche Annahmen kennzeichnen den Gestaltungsansatz?

8. Worin unterscheidet sich der interaktionistische Theorieansatz grundsätzlich von allen vorhergehenden Theorien der Entwicklung?

9. Vergleichen Sie die psychologischen Entwicklungstheorien mit der Sozialisationstheorie als Entwicklungskonzept!

10. Welche Annahmen der pränatalen Entwicklung galten noch vor circa zwanzig Jahren?

11. Ist der Fötus lernfähig?

12. Was passiert bei der Geburt aus der Sicht der Entwicklungstheorie?

13. Welche Fähigkeiten beherrscht das Neugeborene?

14. Unterscheiden Sie Assimilation und Akkomodation in der Entwicklung nach Piaget!

15. Worin besteht der Fortschritt von Piaget gegenüber endo- und exogenistischen Modellen der Entwicklung?

16. Kennzeichnen Sie die Phase der konkreten und formalen Operationen nach Piaget!

17. Nehmen Sie kritisch Stellung zur Entwicklungstheorie Piagets!

18. Was ist Identität?

19. Welche Identitätsproblematik kennzeichnet die Adoleszenz?

20. Welche Aussagen macht Erikson zur Identitätsentwicklung im Erwachsenenleben?

21. Nehmen Sie kritisch Stellung zu Eriksons Phasentheorie der Entwicklung!

3. Motivationspsychologie

Motive oder Antriebe spielen eine zentrale Rolle in der Psychologie. Sie steuern das Verhalten und werden durch genetische Voraussetzungen, Affekte, Emotionen, subjektive Wertvorstellungen und persönliche Merkmale kontrolliert. Im ersten Abschnitt dieses Kapitels werden die Begriffe Motiv und Motivation differenziert und von Trieben und Bedürfnissen abgegrenzt. Der zweite Abschnitt befasst sich mit Motivarten, die in der Motivationsforschung als Konzepte beziehungsweise Theoriefragmente eine bedeutende Rolle spielen. Der dritte Abschnitt stellt das Modell der Motivationshierarchie von Maslow vor und erläutert dessen Bedeutung für die Sozialarbeit. Im vierten Abschnitt wird am Beispiel der Sexualität Aufschluss über das Bedürfnis nach innerem Gleichgewicht beziehungsweise Ganzheitlichkeit gegeben. Dass Motive individuell entwickelte Steuerungselemente des Verhaltens sind, wird im fünften Abschnitt behandelt. Danach wird im sechsten Abschnitt der Einfluss von Motiven auf das Handeln untersucht.

3.1 DIE BEGRIFFE MOTIV, MOTIVATION, TRIEB UND BEDÜRFNIS

Tiere sind in ihren Verhaltensweisen weitgehend durch die Natur festgelegt. Die Instinkte des Menschen haben dagegen nur eine mangelhafte Ausbildung erfahren. Er gelangt überwiegend durch Lernen zum Aufbau geeigneter Verhaltensdispositionen. Auch die meisten Motive werden gelernt – jedoch oft nicht bewusst, sondern unbewusst als Hintergrundverhalten (Oerter 1987, 643).

In der Alltagssprache bedeutet „Motiv", dass ein Individuum bewusst oder unbewusst bestrebt ist, einen Mangel zu beseitigen beziehungsweise auszugleichen oder einen Zustand des Wohlbefindens – Freude, Lust, Zufriedenheit – aufrecht zu erhalten oder zu erlangen. Motive sind Beweggründe für ein Verhalten. Es handelt sich um einen Sammelnamen für unterschiedliche Energiequellen wie Bedürfnisse, Antriebe, Beweggründe, Neigungen, Bestrebungen etc. (Edelmann 1996, 91). Motive sind unsichtbar (Hornung/Lächler 1982, 36). Die psychologische Forschung steht daher vor dem Problem, von einem bestimmten Verhalten beziehungsweise Handeln einer Person auf dessen Beweggründe zu schließen. Aktuelle Motivationen entstehen, wenn Situationsfaktoren Anregungen bieten, das heißt wenn Situationen einen Aufforderungs- charakter beziehungsweise eine emotionale Wertigkeit für ein Individu- um enthalten (Edelmann 1996, 92). „Motivation" bleibt daher eine ge- dankliche Hilfskonstruktion, ein „Konstrukt". Es handelt sich um die Vermutung, dass „irgendetwas" im Individuum das Verhalten in einem bestimmten Kontext aktiv steuert. Motive beziehungsweise Motivatio- nen werden in der psychologischen Forschung als individuelle Persön- lichkeitsdispositionen aufgefasst. Unter Motiv versteht die psychologi- sche Forschung dementsprechend eine bestimmte Antriebskraft, die in- dividuell ausgeprägt ist und als Erklärung für das typische Verhalten einer Person gewählt wird.

Triebe werden in der psychologischen Wissenschaft begrifflich von Motiven abgegrenzt. Unter Trieb wird allgemein eine angeborene Ener- giequelle verstanden, durch welche Aktivitäten des Organismus verur- sacht werden können (Novak/Finster/Schneider 1989, 241). „Trieb" be- zeichnet daher eine Handlungsmotivation, die primär biologische Vor- aussetzungen hat (Vermeidung von Hunger, Durst, Kälte usw.), während „Motiv" eher relativ stabile, individuell verschieden ausge- prägte Antriebskräfte des Handelns bezeichnet (Machtmotiv, Geltungs- motiv, soziales Motiv).

Bei Bedürfnissen handelt es sich um psychische Mangel- beziehungs- weise Bedarfszustände wie das Bedürfnis nach Zuwendung, Geltung und Anerkennung, nach Liebe und Geborgenheit und Selbstverwirkli- chung. Auch „Wünsche" können als Bedürfnisse klassifiziert werden, so der Wunsch nach Scheidung, der Wunsch nach einem Kind oder se- xuelle Wünsche (Novak/Finster/Schneider 1989, 234).

Motive und Motivationen werden nicht immer und nicht direkt in Hand- lungen umgesetzt. Sie können gehemmt, umgeleitet oder verändert wer- den. Es handelt sich um Impulse, die durch die Lebenserfahrung sowie durch Gefühle, Emotionen, Willens-, Denk- und Lernprozesse model- liert werden, so dass sie ihren handlungsbestimmenden Charakter in be- stimmten Situationen verlieren können. Affekte und Emotionen kon- trollieren die Motive. Noch komplizierter wird der Zusammenhang von Motiven und Handlungen durch die hohe Flexibilität des kognitiven Systems des Menschen. Verschiedene Menschen können dieselben Aufgaben unterschiedlich ausführen und dieselben Individuen können verschiedene Handlungs- und Lösungsmöglichkeiten wählen.

Motive umfassen unterschiedliche Energieausprägungen wie Wünsche, Absichten und Interessen (Hornung/Lächler 1982, 36). Da es vielfältige Bedürfnisse und Interessen gibt, muss eine Abgrenzung vorgenommen werden. Die Psychologie spricht nur dann von Motiven oder Motivationen, wenn das Verhalten von Erregungszentren gesteuert wird, die dem Bewusstsein nicht oder nur teilweise zugänglich sind. Verwechslungen mit dem alltäglichen Gebrauch des Wortes Motivation sind möglich, weil der Begriff der Alltagssprache entlehnt ist. Motive sind veränderbar, da es sich nicht um genetisch festgelegte Instinkte handelt. Motivveränderungen sind nur durch Akte des Bewusstwerdens und durch lange Übungen zu erzielen.

Der Begriff „Motivation" bezeichnet einen komplexen Vorgang (Willig 1987, 97). Ich strebe einen bestimmten Beruf oder eine bestimmte Art des Handelns, wie zum Beispiel Leistung, an. Es gibt Prozesse, die diese Handlungen auslösen (zum Beispiel das Zusammenwirken von situativen Anreizen mit persönlichen Wertdispositionen), weitere Prozesse stellen eine Energiequelle dar (zum Beispiel Erfolge), andere hemmen die Motivation (zum Beispiel Misserfolg oder eine neue Wertorientierung) und verursachen einen höheren Energieverbrauch oder die Blockierung von Energie.

Motiv als individuell ausgeprägte Antriebskraft und Motivation als „Prozessvariable" stellen keine unabhängigen Quellen beziehungsweise Zentren des Handelns dar. Ohne die Konzentration der Energie auf bestimmte, lebensnotwendige beziehungsweise für die Person wesentliche Verhaltenssegmente wäre der Mensch jedoch nicht lebensfähig. Unter den menschlichen Motiven ist eine Gruppe der körperlichen Bedürfnisse zu erkennen, die biologischen Triebe, welche der Mensch mit anderen Lebewesen teilt und die seiner Selbsterhaltung dienen: zum Beispiel die Befriedigung von Hunger, Durst oder sexueller Erregung. Andere Motive entstehen aus der Auseinandersetzung mit den Gegenständen beziehungsweise Aufgaben, welche die Umgebung an ein Individuum stellt. Ohne soziale Beachtung könnte sich kein Mensch entwickeln. Eine weitere Gruppe unserer Bedürfnisse bezieht sich daher auf unsere sozialen Partner. Es handelt sich um soziale Motive.

Als geistige Wesen entwickeln Menschen darüber hinaus schließlich das Bestreben, ihre persönlichen Qualitäten und Neigungen zu entwickeln, um sich selbst zu verwirklichen. Es handelt sich dabei um den Wunsch nach persönlicher Identität.

Soziale Motive

Die Liebe der Mutter versetzt das Neugeborene in die Lage, sein Verhalten zu entwickeln (Jean Paul Sartre 1977, 147).

- Altruismus ist das Bedürfnis, für die Gemeinschaft beziehungsweise für andere ganz dazusein.

- Aggression entsteht aus dem Bedürfnis, sich durch Angriffe vor dem anderen zu schützen.

- Dominanz verfolgt das Ziel, das Gefühl der eigenen Unterlegenheit durch Macht über andere zu kompensieren (Schönpflug 1980, 106).

Die Besonderheit eines Individuums bestimmt, welche Motive aktuell in einer bestimmten Umgebung entstehen können. Diese bilden einen Filter für die Wahrnehmung. Es handelt sich um individuelle Einstellungen oder Wertdispositionen. So bezeichnet man Individuen mit einer hohen Leistungsbereitschaft als „leistungsmotiviert". Andere Individuen finden sich mehr angezogen von künstlerischen oder sozialen Betätigungen und sind schwer zu sachbezogenen oder pünktlichen Verhaltensweisen zu bewegen. Motive/Motivationen bezeichnen daher sowohl erlernte, wie besonders ausgeprägte personengebundene Antriebe eines Individuums.

3.2 MOTIVARTEN

3.2.1 Primäre und sekundäre Motive

Eine gebräuchliche Unterscheidung von Motiven besteht in der Unterscheidung von „primären" und „sekundären" Motiven, wobei Erstere auf die so genannten lebensnotwendigen Bedürfnisse wie Nahrung, Schlaf, Unterkunft, Wärme- und Kälteregulierung oder Sauerstoffzufuhr, das heißt auf die Befriedigung physiologischer Bedürfnisse ausgerichtet sind (Remschmidt 1987, 17). Einige primäre Motive, wie zum Beispiel das Saugen des Säuglings, sind dem Menschen angeboren. Ihre Befriedigung wird durch das biologische Prinzip der Homöostase, das heißt das Streben nach einem Gleichgewichtszustand, gesteuert. In dieser Betrachtung wird eine Trennungslinie zwischen den biologischen und den sozialen Motiven gezogen, wobei den sozialen Antrieben ein höherer Wert zuerkannt wird. Unverkennbar spiegelt sich in dieser Unterteilung die christliche Ethik wider, die zwischen Körper und Geist unterscheidet.

Sekundäre Motive beziehen sich auf soziale Bedürfnisse wie Sicherheit, Geborgenheit, Anerkennung, Macht, Wissen, Hilfsbereitschaft, Zugehörigkeit und Vertrauen (Gröschke 1992, 129). Sie sind nicht an biologische Mangelzustände gebunden, sondern entwickeln sich aus dem Grundbedürfnis nach sozialer Beachtung. Einige sekundäre Motive entstehen durch die Koppelung an „primäre" Bedürfnisse (Willig 1987, 98): Das primäre Bedürfnis nach Nahrungsaufnahme kann sich mit dem sekundären Motiv nach sozialer Beachtung und Liebe durch die Mutter verknüpfen. Das Bedürfnis nach Ausscheidung kann mit der Anpassung an sozialverträgliche Formen dieser Verrichtung gekoppelt sein usw.

Abbildung: Merkmale primärer und sekundärer Bedürfnisse
(Novak/Finster/Schneider 1989, 246)

Primäre Bedürfnisse	Sekundäre Bedürfnisse
angeboren, biologisch bedingt	erworben, Folge von Lernprozessen
organische Grundlage weitgehend bekannt	organische Grundlage unbekannt
sind bei allen Menschen vorhanden	individuell unterschiedlich stark ausgeprägt
müssen befriedigt werden	die Befriedigung kann aufgeschoben werden
Befriedigung = Aufheben eine physiologischen Mangelzustandes	Befriedigung = Lustzustand, Zufriedenheit, Selbstverwirklichung
Beispiele: Hunger, Durst, Schlaf, Traum, Wärme- und Kälteregulierung	Beispiele: Bedürfnis nach Sicherheit, Geborgenheit, Geltung, Selbstverwirklichung

3.2.2 Intrinsische und extrinsische Motive

Lernmotivation und Leistungsmotivation stehen im Mittelpunkt des Interesses der Motivationsforschung. Dabei wird häufig auf das Konzept der „intrinsischen" Motivation zurückgegriffen. Zwischen 1974 und 1990 befassten sich mehr als 700 Untersuchungen mit diesem Thema (Krapp 1996, 1). Die intrinsische Motivation wird als Spezialfall der allgemeinen Leistungsmotivation aufgefasst. Mit dem Begriff wird ein von „innen" gesteuerter (Lern)Antrieb bezeichnet, das heißt die Motivation, sich einer Tätigkeit um ihrer selbst willen zu widmen und Belohnungen – oder Bestrafungen – im Wesentlichen von innen, das heißt aus dem eigenen Wertesystem, zu erfahren. Der entgegengesetzte Begriff der „extrinsischen" Motivation bezeichnet demgegenüber diejenige Lernmotivation, die durch äußerliche, externe Anreize gekennzeichnet ist, das heißt die Motivation, sich einer Tätigkeit primär um der Konsequenzen willen (Erfolg, Belohnung) zu widmen. Diese zunächst einleuchtende Gegenüberstellung bereitet der Wissenschaft jedoch oft Probleme, weil letztlich beide Motivationsarten „innen", das heißt von der Persönlichkeit selbst, gebildet werden.

Die kognitive Motivationspsychologie geht von einer Erwartungs-Wert-Konzeption aus. Die Handlungen eines Individuums werden in diesem psychologischen Modell als zweckrationale Entscheidungsverläufe rekonstruiert. Intrinsische Motivationen spielen in diesem Konzept eine untergeordnete Rolle, da Individuen am Ergebnis ihrer Handlungen interessiert sind. Dennoch halten auch Vertreter der kognitiven Motivationspsychologie an dem Konzept der intrinsischen und extrinsischen Lernmotivation fest, wobei sie annehmen, dass diese additiv zusammenwirken (Krapp 1996, 2).

Größere Bedeutung kommt diesem Konzept in der Persönlichkeitspsychologie zu. Vertreter so genannter Zieltheorien (goal theories) gehen davon aus, dass Personen eine „motivationale Orientierung" ausbilden, welche als persönliche Disposition das gesamte Lern- und Leistungsverhalten steuert. Es handelt sich um generalisierte, das heißt habituelle (= gewohnheitsgesteuerte) Präferenzen für bestimmte Tätigkeiten (Krapp 1996, 2). Viele Fragen sind in diesem Zusammenhang offen. Problematisch bleibt, ob Kontrastbegriffe wie „intrinsisch – extrinsisch" überhaupt geeignet sind, psychologische Zusammenhänge zu erklären. Eine genauere Betrachtung zeigt, dass „intrinsisches" Verhalten bei der Lösung von Lern- und Leistungsaufgaben so unterschiedliche Aspekte wie Neugier, Lernfreude und Vorlieben umfasst. Noch nicht gelöst ist die Frage, ob es sich bei dieser Motivationsrichtung um ein generelles Merkmal oder um ein bereichsspezifisches Verhalten eines Individuums handelt.

Eine weitere Forschungsrichtung, die von intrinsischer Motivation ausgeht, bezieht sich auf den Begriff des Interesses. Bei „Interesse" handelt es sich um eine von innen gesteuerte Bereitschaft, mich mit einem Gegenstand zu beschäftigen. Dabei verfolge ich das Ziel, entweder mein Wissen zu erweitern oder meine Kompetenzen zu steigern. Interessen sind stark von emotionalen und wertbezogenen Prägungen bestimmt. Sie zeichnen sich überwiegend durch eine positive Erlebnisqualität aus, wie Freude an der Tätigkeit und positive Spannung. Die emotionale „Färbung" des Interesses birgt die Möglichkeit, dass das Individuum sein grundlegendes Bedürfnis nach Kompetenz, Selbstbestimmung und sozialer Eingebundenheit erfahren kann. Die intrinsische Motivation hat daher für die Person eine entscheidende subjektive Bedeutung. Die Identifikation mit Gegenständen, Themen oder Handlungsmöglichkeiten stellt einen subjektiven Wertbezug dar (Krapp 1996, 5).

Intrinsische Motivationen werden durch Werte gesteuert. Handlungen, die an inneren Werten orientiert sind, sind durch das Bestreben nach Liebe, Offenheit, Wahrheit, Kreativität, Vernunft oder auch Angst gekennzeichnet. Individuen, die ihre Energie auf die Verwirklichung eines höheren Sinns richten, schöpfen ihren Wert nicht aus äußeren Werken, sondern aus der Gewissheit, sich auf dem richtigen Weg zu befinden. Innengeleitete Menschen haben Ideale. Sie sind in der Lage, sich selbst zu belohnen und können Einsamkeit ertragen. Häufig findet man bei solchen Menschen die Äußerung, dass der Weg entscheidend ist, nicht das Ziel. Sie messen dem Hier und Jetzt mehr Bedeutung bei als der Zukunft beziehungsweise dem zu erwartenden Erfolg. Es handelt sich um suchende Menschen, die für sich beanspruchen, sich ständig (innerlich) zu verändern. Ruhe und Frieden sind ihnen mehr wert als Betriebsamkeit und Auseinandersetzung.

Die Steuerung des intrinsisch motivierten Verhaltens geschieht durch Selbstbekräftigung, das heißt durch die Person selbst: Freude bei der Erledigung einer Tätigkeit, Erfolgserlebnisse oder das Gefühl, geistig gereift zu sein. Eine extrinsisch motivierte Person ist dagegen darauf angewiesen, durch andere Personen anerkannt zu werden. Das ständige

Verlangen nach äußerer Belohnung aus der sozialen Umwelt schafft Abhängigkeiten und „Sucht"-Probleme – weil das Bedürfnis nach ständiger Wiederholung der Beachtung durch andere wächst.

Menschen mit intrinsischer Motivation scheinen den extrinsisch motivierten Individuen überlegen zu sein, weil sie weniger abhängig von äußerem Lob sind. Sie neigen gerade deshalb jedoch zu einem geringeren Grad von sozialer Teilnahme und Selbstausdruck und werden von anderen als schweigsam, zurückgezogen, eventuell sogar als überheblich und verschlossen eingeschätzt. Extrinsisch orientierte Menschen sind dagegen oft gesellig, erfreuen sich einer großen Beliebtheit – auf die sie allerdings auch angewiesen sind, um ihren Wert als Persönlichkeit aufrecht zu erhalten – und sammeln auf diese Art mehr Erfahrungen mit der Außenwelt.

Außengeleitete Menschen bevorzugen es, ihren Wert durch ihr Leben und ihr Werk bestätigen zu lassen. Sie suchen den Beifall. Dadurch werden sie jedoch abhängig von äußeren Merkmalen ihres Wertes, von Anerkennung und Erfolg. Sie streben nach Status und Macht. Unfähig, sich selbst für sinnvolle Handlungen zu belohnen, benötigen sie ständig ein Publikum, vor dem sie ihre Bedeutung demonstrieren. Es handelt sich um Menschen, die ihre Energie überwiegend auf Leistung (Leistungsmotivation) und gesellschaftlichen Status sowie Macht ausrichten.

3.2.3 Bewusste und unbewusste Motive (Volitionen)

Die Steuerung von Handlungen und Kognitionen erfolgt über Vermittlungsprozesse, durch welche Motive kontrolliert und selektiert werden. Die Modellierung kognitiver Prozesse findet durch Emotionen, Motive und Absichten statt. Psychologen verstehen unter Absicht einen internen Prozess, der aus einer psychischen Struktur des Mangels besteht und dem Bedürfnis, diesen Mangel zu beseitigen oder ihn zu vermeiden. Jede menschliche Tätigkeit ist durch Absichten gekennzeichnet. Durch sie findet eine innere Kontrolle der Handlung statt. Sie lenken das Verhalten eines Subjekts auf das Ziel, den Mangelzustand zu vermeiden beziehungsweise zu beseitigen. Sie können dem Individuum bewusst sein, wirken aber auch unbewusst.

Motive wirken sich nicht direkt auf das Handeln aus. Individuen verfolgen Ziele und haben Wertvorstellungen ausgebildet, an denen sie auch unter schwierigen Bedingungen festhalten. Subjektive Wertvorstellungen entscheiden daher oft darüber, welches Motiv sich durchsetzt und welches nicht. Diese Steuerungs- beziehungsweise Auswahlprozesse werden von manchen Motivationsforschern mit dem neuen Begriff der „Volition", das heißt einem Mischbegriff zwischen Willen und Motivation, belegt (Schmalt/Heckhausen 1990, 461). Er soll die Aufmerksamkeit auf den Übergangspunkt lenken, an dem aus einer Motivationstendenz eine Intention und aus dieser eine Handlung entsteht: Wann wird aus einem Bewusstsein über Motive ein Bewusstsein zur Realisierung von Motiven (Schmalt/Heckhausen 1990, 462)?

Neuere Motivationstheorien konzentrieren ihr Interesse auf kognitive Vermittlungsprozesse (Schmalt/Heckhausen 1990, 478). Die Motivation hängt zunächst von der persönlichen Disposition ab. Es gibt entscheidungsstarke und zögernde Personen, eine Persönlichkeit ist positiv-optimistisch eingestellt, die andere negativ-pessimistisch usw. Das Ziel der Motivation muss einen Anreiz bieten. Die Auswirkungen bei der Befolgung der Motivation für das Handeln müssen kalkulierbar und den Erwartungen entsprechend sein (Althoff/Thielepape 1985, 68). Ängste verhindern oft die Umsetzung eines Motivs in Handlungen. Hindernisse bei der Realisierung eines Handlungsplans können so unüberwindlich erscheinen, dass sie demotivieren.

3.3 DIE MOTIVATIONSHIERARCHIE NACH MASLOW

Der amerikanische Psychologe Maslow ist ein Vertreter der so genannten humanistischen Psychologie, die sich gegen den Behaviorismus wendet und den Menschen als schöpferische Persönlichkeit betrachtet. Für diese Richtung ist der von Rogers geprägte Begriff der Selbstaktualisierung zentral. Entsprechend stehen Themen wie Selbstverwirklichung und Selbstbestimmung im Mittelpunkt des Psychologieverständnisses dieser Richtung.

In der Bedürfnishierarchie von Maslow werden fünf grundlegende Bedürfniskategorien unterschieden:

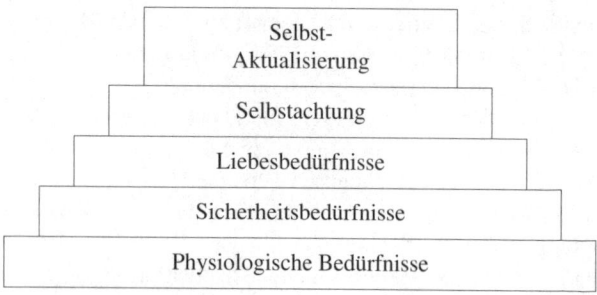

Maslow selbst bezeichnete seine Theorie als „holistisch-dynamisch" (Maslow 1977, 74). Sie hat nach seiner Auffassung universelle Bedeutung. Wenn eine Motivation regelmäßig befriedigt wird, kann die nächst höhere einsetzen. Motivationen bauen gewissermaßen organisch aufeinander auf. Eine Motivation setzt Beziehung voraus. Leistungsmotivierte Menschen suchen zum Beispiel immer auch die soziale Anerkennung ihres Tuns. Menschen in helfenden Berufen befriedigen zugleich ihr Bedürfnis nach sozialem Kontakt und Anerkennung sowie nach Nähe und Liebe. In der Maslowschen Motivpyramide sind die menschlichen Grundbedürfnisse nach biologischem Überleben, Sicherheit, Liebe, Zugehörigkeit und sozialer Achtung angesiedelt. Die unteren vier Bedürfnisse definiert Maslow als Defizitmotivationen, während er die Befriedigung des obersten Bedürfnisses als Wachstumsmotivation bezeichnet.

Physiologische Grundbedürfnisse:
Die Sättigung physiologischer Grundbedürfnisse macht das Auftreten von Motiven, die in der Bedürfnishierarchie höher stehen, erst möglich. Die Nahrungsaufnahme bildet in gewisser Weise die Voraussetzung für Prozesse der „geistigen Nahrung" (Maslow 1977, 78). Das Ich des Menschen geht über den unmittelbaren Genuss der Nahrungsaufnahme hinaus und verlangt nach wohlschmeckender Speise. Mit dem Essen verbinden sich bei den meisten Menschen komplexe geistige und soziale Prozesse, die weit über die unmittelbare Befriedigung des Hungers hinausgehen. Auf diese Weise entstehen Wünsche des Ichs, die sich mit

dem Motiv der Nahrungsaufnahme verbinden. Wenn physiologische Bedürfnisse dauerhaft befriedigt werden können, verlieren sie an Kraft. In Notsituationen können diese so genannten „primitiven" Bedürfnisse wieder sehr dominant werden (Edelmann 1996, 387).

Sicherheitsbedürfnisse:
Das Sicherheitsbedürfnis des Menschen drückt sich unter anderem in dem Bemühen aus, sich eine „eigene Welt" zu schaffen, in der Geborgenheit, Schutz, Vertrautheit, Struktur, Ordnung, Angstfreiheit, Grenzen und Gesetz eine Entlastungsfunktion gegenüber der Vielheit der Reize, Ansprüche, Neuerungen und Erwartungen bilden, denen das Individuum sich nicht immer gewachsen fühlt. Maslow ist der Überzeugung, dass sich dieses Schutzbedürfnis besonders bei Kindern beobachten lässt. In einer Vielfalt von kindlichen Verhaltensäußerungen manifestiert sich die Bevorzugung der Kinder für eine geordnete Welt. In bedrohlichen Situationen ziehen Kinder sich in die Nähe vertrauter erwachsener Personen zurück, die ihnen Schutz gewähren können. Rituale oder Routinen des Alltags, wie feste Anwesenheitszeiten der Eltern, feste gemeinsame Essenszeiten sowie Gute-Nacht-Geschichten verleihen den Kindern das Gefühl einer verlässlichen und stabilen Umwelt (Schneewind 1996, 26). Gewöhnungen und stabile Alltagsregelungen können aber auch negative Auswirkungen haben, weil sie die Wahrnehmung einschränken und Sinne abstumpfen. Die Angst vor Neuem kann sich zu einer generellen Angst vor Unsicherheit entwickeln. Erwachsene in unserer Gesellschaft haben es gelernt, ihr Bedürfnis nach Schutz auf unterschiedliche Weise zu befriedigen. Bei Personen in sozialer Not sind Sicherheitsbedürfnisse oft dominant.

Liebesbedürfnisse:
Das Motiv nach Zugehörigkeit und Liebe können Menschen auf zweierlei Art befriedigen, extrinsisch, indem sie durch individuelle Ausstrahlung den Beifall und die Bewunderung anderer hervorzurufen versuchen und Status, einen guten Ruf, Ruhm und Prestige erlangen, oder intrinsisch durch Ichstärke, die auf Verantwortung und Willenskraft beruht (Maslow 1977, 87). Die Basis der Liebe und Zuneigung anderer Menschen zu mir können auf Dauer nur die eigene Selbstachtung und mein Selbstausdruck bilden. Die Mächtigkeit dieser Motivklasse zeigt sich, wie bei anderen Motiven, besonders dann, wenn sie nicht befrie-

digt sind (Maslow 1977, 85). In diesem Falle meint das Individuum, dass es einsam ist und geächtet wird. Menschen, die in ihrem Motiv nach Liebe und Zugehörigkeit enttäuscht werden, sind oft verbittert, fühlen sich isoliert und zurückgewiesen. Mit diesen Reaktionen wird eine Schuldzuweisung und Selbstrechtfertigung vorgenommen. Der Blick ist dabei nach außen gerichtet. Dies hat zur Konsequenz, dass der Fehler, der zu der Zurückweisung geführt hat, in einem anderen Zusammenhang oft wiederholt wird. Nur eine Rückbesinnung auf das wahre Empfinden des Ich vermag gewohnte Muster des Verhaltens, die bei anderen Zurückweisung und Liebesentzug auslösen, zu erkennen und zu verändern.

Selbstachtung:

Wenn das Bedürfnis nach Zugehörigkeit und Liebe hinreichend befriedigt ist, kann ein weiteres Grundbedürfnis sich Geltung verschaffen: Der Wunsch nach Selbstachtung (Maslow 1977, 87). Die gesellschaftliche Anerkennung von Stärke und die Kompetenz des Vertrauens sowie Macht und Leistung spielen für die soziale Identität eine große Rolle. Diese Bedürfnisse werden überwiegend in der Arbeitswelt erfüllt. Mit der sozialen Rolle im Berufsleben sind Formen der gesellschaftlichen Wertschätzung verbunden wie Prestige, Ruhm, Dominanz, Bedeutung, Aufmerksamkeit und Anerkennung. Wenn ich gesellschaftliche Achtung in der von mir gewünschten Form erfahre, wird meine Selbstachtung erhöht. Ich entwickle Gefühle der Stärke und des Selbstvertrauens und erfahre die Ermutigung, nützlich und notwendig für die Allgemeinheit zu sein. Die Versagung gesellschaftlicher Achtung führt zu Entmutigung sowie zu einem Gefühl der Minderwertigkeit oder Schwäche. Ob eine Person so reagiert, hängt von ihrem persönlichen Wertesystem beziehungsweise von der Persönlichkeitsdisposition ab. Ein Individuum, das sich als „Aussteiger" oder als „alternativ" begreift, wird den gesellschaftlichen Normen von Status und Prestige weniger Beachtung schenken als ein Mensch, der das Wertesystem der Gesellschaft, vor allem im Hinblick auf den Beruf, verinnerlicht hat.

Selbstverwirklichung:

Wenn den vorhergehenden Bedürfnissen genügend Rechnung getragen worden ist beziehungsweise diese gesättigt sind, kann sich nach Maslows Ansicht als höchstes Motiv, der Wunsch nach Selbstverwirklichung, ausbilden (Maslow 1977, 20). Dieses Bestreben folgt der inneren Wahrheit eines Menschen. Dieser möchte seiner Bestimmung folgen, ein guter Lehrer, Arbeiter oder Helfer – Arzt, Schwester, Pfleger – zu werden und dabei seine Möglichkeiten ausschöpfen, die er durch Vererbung und Aneignung auszudrücken vermag. Selbstverwirklichung besteht aus dem Gefühl nach befriedigender und wertvoller Arbeit beziehungsweise dem Bedürfnis, als ein wertvolles Glied der Gesellschaft anerkannt zu sein. Es handelt sich im Wesentlichen um ein Wachstumsmotiv. Wenn die Verwirklichung eines gesellschaftlich anerkannten Lebens nicht erreicht wird, kann das Bewusstsein entstehen, dass der Sinn des Lebens verfehlt wurde. Routine, Demotivation und Stillstand anstatt Wachstum kennzeichnen dann das Erwachsenenleben.

3.3.1 Die Bedeutung der Motivationshierarchie für die Soziale Arbeit

Die Motivationshierarchie Maslows ist durch die Aufwärtsbewegung von Motiven des Mangels zu gesellschaftlich übergreifenden Motivationen gekennzeichnet. Damit eignet sie sich gut für die Sozialarbeit, die durch die Zuwendung auf andere gekennzeichnet ist. Das Bewusstsein der Motive des eigenen Handelns führt immer auch über die begrenzte Erfahrung eines Individuums hinaus. Motive und Motivationen verweisen auf größere Zusammenhänge des Lebens. Die wesentliche Information, die Motiven entnommen werden kann, ist, dass das Eigene zurückstehen muss, wenn übergeordnete Ziele verwirklicht werden sollen. Welches Gefühl einen Menschen ergreift, der uneigennützige Motive verfolgt, kann nur er selbst erfahren. Voraussetzung für diese Erfahrung ist, dass er sich von der Ichbezogenheit des Handelns lösen kann und „selbstlos" in dem Sinne wird, dass er Raum gibt für soziale Motive und Handlungen.

Maslow gelangte zu der Auffassung, dass die in der Pyramide der Motivationshierarchie niedriger angesiedelten Bedürfnisse zuerst erfüllt beziehungsweise weitgehend befriedigt sein müssen, bevor ein höheres Motiv realisiert werden kann. Diese Aussage kann ein treffendes Erklärungsmuster für die Mangelsituation sozial Schwacher darstellen. Die Motivationshierarchie kann aber auch zu problematischen Konsequenzen führen, wenn bei der psychologischen Beratung und Betreuung in der Sozialarbeit die Rangfolge der Befriedigung von Bedürfnissen betont wird. Sie könnte zu der Schlussfolgerung führen, dass Menschen, die sich in besonderer physiologischer oder geistiger Abhängigkeit befinden, scheinbar nur defizitäre Bedürfnisse befriedigen können, da ihre Möglichkeiten zur Selbstverwirklichung beschränkt sind. In Wirklichkeit haben Individuen in sozialer oder psychischer Not die gleichen Bedürfnisse wie „normale" Menschen. Sie sind nur aufgrund ihrer erschwerten Lebensverhältnisse weniger in der Lage, ihren Bedürfnissen einen entsprechenden Ausdruck zu verleihen. Man sollte sich bewusst halten, dass Patienten Würde haben und eine unverwechselbare Biografie mitbringen.

3.4 MOTIVATIONEN ALS DISPOSITIONEN ZUR AUFRECHTERHALTUNG VON GLEICHGEWICHTSZUSTÄNDEN

3.4.1 Quellen der Energie

Motivationen sind erworbene „Schaltstellen" des Energieflusses im Menschen. Sie steuern die soziale und geistige Entwicklung einer Persönlichkeit. Der Reichtum des Energieflusses, der gerade in den ersten Kindheitsjahren vorhanden ist, wird verteilt auf verschiedene Zentren, die daraufhin eine scheinbar eigene Antriebskraft, das heißt selbständige Energiequellen bilden. In Wirklichkeit wird die frei fließende Energie, die sich bei Kindern u.a. im Spiel zeigt, verteilt, eingeengt und zum Teil auch blockiert und in wenige gesellschaftlich gebilligte Verhaltensbereiche kanalisiert. Aus dem ganzheitlichen Gefühl des Embryos und der frühen Säuglingszeit entwickelt sich mehr und mehr ein sozial angepasster Organismus, der in verschiedene Verhaltensbereiche (Rollen) geteilt ist.

3.4.2 Sexualität und inneres Gleichgewicht

Erwachsene müssen sich mühsamer Lernprozesse unterziehen, um die volle Kraft ihrer Lebensenergie zu spüren. Deshalb spielt die Sexualität eine überragende Rolle im Erwachsenenleben. Die Sexualität wird körperlich als Energiekonzentration und dadurch als lustvoll empfunden. Ihre Hauptfunktion besteht jedoch in der Befriedigung sozialer und psychischer Bedürfnisse. Im Gegensatz zu den biologischen Motiven ist sie nicht lebensnotwendig. Sie ist jedoch unerlässlich zur Erhaltung der Art (Hornung/Lächler 1982, 37). Durch die Liebe zweier Menschen werden blockierte Energien frei. Dadurch kann sich ein Wohlbefinden einstellen, das sonst nur der Säugling kennt. Dieser Umstand hat u.a. dazu geführt, dass manche Autoren Sexualität als primäre Motivation einstufen (Novak/Finster/Schneider 1989, 246). In Wirklichkeit kommt ihr eine Doppelrolle zu.

Durch die sexuelle Vereinigung findet eine geistige Öffnung statt, die der Alltag selten zulässt. Diese Öffnung erschließt dem Individuum kurzfristig Kraftquellen durch den Prozess der Hingabe und Entspannung. Sie löst jedoch kein Verhaltensproblem, sondern wirft den Menschen immer wieder auf die Erfahrung zurück, mit Ängsten, unbewussten Motiven, mangelhafter Anerkennung und Unsicherheit leben zu müssen. So vermittelt Sexualität durch eine außerordentlich hohe Energiefreisetzung das körperliche Gefühl der Ganzheitlichkeit. An Hindutempeln in Indien wird die geschlechtliche Vereinigung vermutlich deshalb auf Tempelfriesen dargestellt, weil in ihr die göttliche Kraft im Menschen erfahren werden kann.

Der komplexe Aufbau der geteilten Motivationen wird durch das ganzheitliche Gefühl jedoch nicht verändert. Umgekehrt: Erst durch die Freisetzung des Ich und eine damit verbundene geistige ganzheitliche Selbsterfahrung kann auch die Sexualität geistig als ganzheitlich erfahren und gehalten werden.

Sexualität kann zur Droge werden, wenn Individuen sich ihrer „bedienen", um sich zumindest zeitweise das Gefühl der Einheit von Körper und Geist zu verschaffen. Die Spaltung zwischen der in Motiven weiterhin blockierten Energie und der durch Sexualität im Moment erfahrenen Ganzheitlichkeit des Energieflusses kann Gefühle der Leere und Abhängigkeit, wie bei Drogenabhängigen, hervorrufen.

3.5 MOTIVE ALS STEUERUNGSELEMENTE DER PERSÖNLICHKEIT

Motive sind gesellschaftlich kanalisierte Antriebe, die der Erfüllung physiologischer, sozialer und kultureller Bedürfnisse des Individuums dienen. Sie sind oft so tief in der Persönlichkeit verankert, dass sie als Wesensmerkmale der einzigartigen Individualität empfunden werden. Diese tiefe körperliche Prägung von Motivationen macht sie zu einem unlöschbaren Teil der Verhaltensdisposition. Die ständige Wiederholung des Wunsches nach Zuwendung, Liebe, Nachahmung von Vorbil-

dern, Anerkennung usw. verfestigt sich zu Mustern. So kann zum Beispiel eine zu geringe körperliche Zuwendung durch die Mutter bei Säuglingen den Hospitalismuseffekt hervorrufen: Heranwachsende und Erwachsene, die im Säuglingsalter nicht genügend körperliche Zuwendung erfahren haben, zum Beispiel indem sie nicht an die Brust gelegt
wurden, entwickeln beständig und im Übermaß den Wunsch nach körperlicher Zuwendung und nach „Beziehung".

Ein solcher Wunsch entsteht aus dem Gefühl des Mangels. Beziehungen,
die durch den Wunsch zustandekommen, einen Mangel zu beseitigen,
münden in Abhängigkeit. Viele Motive, die aus Mangelsituationen im
Säuglingsalter entstanden sind, haben „Sucht"-Charakter, das heißt, sie
verlangen nach fortwährender Wiederholung. Ein Mann, der in seiner
Kindheit von seinen Eltern im Haus und im Garten eingesperrt wurde
und nach der Schule keinen Kontakt zu anderen Kindern hatte und auch
kein Spielzeug erhielt, berichtete, dass er wie unter einem Zwang Ka-
russell fährt oder eine Rutsche hinunterrutscht, wenn er dazu Gelegenheit findet. Das Bedürfnis lässt nicht nach, obwohl er inzwischen Mitte
dreißig ist. Das Beispiel macht den pathologischen Charakter einiger
Motive deutlich: Sie können die Selbständigkeit des erwachsenen Individuums einschränken, indem sie die Energie einer Person an frühkind-
lich entstandene emotional gesteuerte Verhaltensmuster binden. Diese
Steuerungen sind oft subtil und unbewusst.

Ein Motiv kann die ganze Persönlichkeit, das heißt das gesamte Verhalten bestimmen und zu einem dominierenden Charakterzug werden, der
auch im Erwachsenenleben als Muster bestehen bleibt, bis es schließlich
erkannt wird und durch mühevolle Bewusstseinsprozesse als ein Teil
der Persönlichkeit in sozialen Beziehungen mitgenommen und ausgedrückt werden kann: ändern lassen sich diese tiefsitzenden Motivationen nur in langen Zeiträumen. Sie bleiben ein unauslöschliches Element
der Persönlichkeit und können gleichzeitig auch das Besondere, Reiz-
volle und Liebenswerte eines Menschen darstellen.

Die reife Erwachsenenpersönlichkeit lässt die primären und sekundären
Bedürfnisse nicht mehr unbewusst das Leben bestimmen, sondern entwickelt ein Bewusstsein über die Beweggründe ihres Handelns. Viele
Menschen ziehen es vor, primäre Bedürfnisse zu verdrängen und in den
Intimbereich zu verschieben oder zu kompensieren, das heißt durch Er-
satzbefriedigungen auszugleichen. Die reife Persönlichkeit zeichnet sich
dadurch aus, dass sie primäre Bedürfnisse des Kind-Ichs nicht leugnet,

sondern anerkennt und annimmt. Jede Person muss für sich eine optimale Balance zwischen der Erfüllung der primären Bedürfnisse nach „Nestwärme", Liebe und Anerkennung, der Ausbildung einer Vielzahl von Wachstumsmotiven und der Ausformung eines eigenen Willens sowie der Verwirklichung als einzigartiges Individuum (Selbstverwirklichung) herstellen. Schönpflug spricht daher von Soll-Ist-Abweichungen und deren Regelung (Schönpflug 1980, Graphik 6.3).

3.6 MOTIVATION UND HANDELN

Motive bestimmen unseren Willen und unser Handeln. Sie weisen auf den Ursprung des Handelns hin. Motive, die nicht aus unmittelbaren physiologischen Bedürfnissen resultieren, sind untrennbar mit dem Wollen verknüpft. Ohne Motiv wäre der Wille ein leeres Vermögen. Er wäre richtungslos und an keine Norm gebunden. Wille und Motiv können sich jedoch auch gegensätzlich verhalten: Ein motivbestimmtes Handeln geschieht nicht aus freiem Willen. Der Wille ordnet sich dem Motiv unter, wenn dieses übermächtig wird. In diesem Falle spricht man von unbewussten Motiven. Sie werden nicht durch den Willen kontrolliert. Eine Krankenschwester, die zum Beispiel „vergisst", einem ihr unsympathischen Patienten eine Information zu geben, handelt möglicherweise unbewusst. Sie hat das Bedürfnis, mit diesem Patienten möglichst wenig zu tun zu haben (Hornung/Lächler 1982, 39).
Wenn ein Motiv auf mich wirkt, und ich gezwungen bin, ihm zu folgen, weil es sich als stärker erweist als Vernunft und Wille, bin ich mir nicht über den Ursprung meines Verhaltens bewusst. Ich handle unter Zwang. Ein auf diese Weise motivgesteuertes Verhalten kann sogar widerstrebend erfolgen. Wenn ich etwas wollen muss, ist es mir gelegentlich gleichgültig, ob ich dazu auch in der Lage bin. So gibt es die Erscheinung, dass hoch leistungsmotivierte Menschen plötzlich „absacken" und zu keiner Leistung mehr fähig sind, weil sie sich ständig unter Druck gefühlt haben und sich über den Sinn ihrer Leistung keine Gedanken gemacht haben. Die Leistungsverweigerung wird in diesem Falle als „Befreiung" empfunden. In unserer anonymen Gesellschaft, welche oft Leistung um der Leistung willen verlangt, ist der Zusammenhang von Leistungsdruck und Leistungsverweigerung eine weit verbreitete Erscheinung. In der Leistungsverweigerung kommt die Tendenz zum Aus-

druck, eine Anstrengung zu verweigern, welche von der Umwelt zwar verlangt wird, von mir aber zunehmend als Zwang empfunden wird. Entscheidend ist nach diesen Überlegungen also nicht allein, dass das Handeln motivgesteuert ist, sondern, welche Rolle das vernünftige Denken bei der Entstehung von Willensäußerungen, die ja immer zugleich Motiväußerungen sind, spielt. Die Menschen können die Ursachen ihres Handelns nicht wahrnehmen, weil sie dafür kein Sinnesorgan haben. Aber Motive können bewusst werden, da sie immer mit dem Denken verbunden sind, es sei denn, es handelt sich um die Befriedigung biologisch determinierter Begierden. Ob ich aus Mitleid, Liebe, Egoismus oder Neugier handle, immer spielen Gedanken und Vorstellungen eine entscheidende Rolle bei der Ausführung der Tätigkeit. Bekannt ist das Phänomen, dass Menschen in einer anonymen Atmosphäre Hilfe verweigern, obwohl sie nach eigenem Bekunden eine hilfsbereite Einstellung haben. Ihnen macht der Gedanke Angst, dass sie in eine Situation geraten könnten, in der sie mit Unsicherheit und Angst konfrontiert werden könnten und Verantwortung übernehmen müssten. Das Denken kann ein Motiv umwandeln oder gänzlich beiseite schieben. Ebenso können Vernunft und Erkenntnisfähigkeit ein Individuum veranlassen, sich die Rangordnung seiner Motive im Zusammenhang mit Gedanken und Empfindungen sowie den Sinnzusammenhang zwischen Motiv und Lebensgestaltung bewusst zu machen.

Motive haben einen starken Bezug zu Empfindungen und Gefühlen. Man sagt gelegentlich, dass Gefühle „aus dem Herz" kommen, um auszudrücken, dass es sich nicht um verstandesmäßige Verhaltenskomponenten handelt. Bestimmte Beweggründe des Handelns können nicht unmittelbar aus Emotionalität entstehen. Erst, wenn ich eine Vorstellung von Mitleid habe, das heißt, wenn in meiner Vorstellung Personen existieren, denen Hilfe gegeben werden sollte, entsteht das Gefühl des Helfenwollens. Die Beweggründe meines Handelns sind daher, auf welchem Wege auch immer, zunächst als Vorstellungen in mir vorhanden. Ich nehme mir dann „etwas zu Herzen", das heißt, ich verbinde ein Gefühl beziehungsweise eine Emotion mit einem bewussten Motiv. Oft handelt es sich bei diesen motivgesteuerten Vorstellungen um Idealisierungen von Personen der Kindheit, die als Vorbilder dafür dienen, in einer bestimmten Weise „motiviert" zu sein.

In dem Maße, wie ein Individuum sich über die Hintergründe der Motive bewusst wird, erkennt es die Zusammenhänge von Motiv und Willen, Emotion und Motiv sowie Motiv und Denken. Damit entwickelt es ein Bewusstsein über die Ursachen des Handelns. Motive und Motivationen stammen aus dem Urgrund des individuellen Seins, das heißt, sie sind auch mit den genetischen Konstitutionsbedingungen eines Individuums verknüpft. Sie geben daher Anlass, über die Herkunft und das Ziel, das heißt über den „Sinn" der persönlichen Existenz sowie über Geburt und Tod und über deren religiöse und weltanschauliche Basis nachzudenken.

Bei Gefühls-Gegensätzen wie Lust und Unlust, Freude und Leid, Zufriedenheit und Unzufriedenheit, Mangel und Überfluss handelt es sich um Vermittlungsstellen, über die Motive kontrolliert und kanalisiert werden. Besonders das Verhalten von Kindern wird von Gefühlsdispositionen getragen. Es handelt sich um grundlegende Befindlichkeiten einer Person, um Ich-Zustände, in denen sich physiologische Prozesse äußern, die durch innere oder äußere Reize hervorgerufen sein können (Novak/Finster/Schneider 1989, 240). Die Unzufriedenheit veranlasst ein Individuum, seine Situation ständig zu verbessern und seine Denkfähigkeit zu nutzen, um die Hintergründe seiner sozialen Existenz aufzudecken. Die Aussicht auf lustvolle Erfahrungen treibt es unmittelbar dazu, neue Erfahrungen zu sammeln beziehungsweise positive Erfahrungen zu wiederholen. Das Gefühl des Mangels motiviert, den Mangel zu beseitigen, und die Erfahrung von Leid gilt als Schlüsselerlebnis, das Eigene zu überdenken und sich Neuem zu öffnen.

Übungsfragen

1. Definieren Sie den Begriff Motiv!

2. Unterscheiden Sie Motiv, Motivation, Bedürfnis, Trieb und Wunsch!

3. Nennen Sie soziale Motive!

4. Unterscheiden Sie primäre und sekundäre Motive!

5. Wozu dient die Konzeption intrinsische Motivation?

6. Was ist eine Volition?

4. Lernpsychologie

Lernen ist ein komplexer Prozess. Vereinfachende Vorstellungen über den Einfluss des „Milieus" oder der Vererbung vernachlässigen wichtige Aspekte des Lernens. Das Kapitel Lernen beginnt mit der Definition des Begriffes. Im zweiten Abschnitt wird deutlich, dass der Prozess des Lernens die vier Schritte Wahrnehmung, Speicherung, symbolische Repräsentation und Handlung umfasst. Abschnitt drei stellt die drei wichtigsten Lerntheorien vor: verhaltenspsychologische, kognitive und handlungstheoretische Konzepte des Lernens. Da die kognitive Theorie des Lernens von überragender Bedeutung ist, wird der bekannteste Autor, Bandura, im vierten Abschnitt ausführlich besprochen. Auf den Wandel der kognitiven Lerntheorien zur Emotionalität geht der fünfte Abschnitt ein. Angst als ein zentraler emotionaler Faktor steht im Mittelpunkt dieses Abschnitts. Lernen als subjektive Erfahrung wird im sechsten Kapitel behandelt. Der siebte Abschnitt befasst sich mit Lernbedingungen im Alter und kommt zu Aussagen, die den traditionellen Vorstellungen von Lernprozessen im Alter entgegenstehen.

4.1 DER BEGRIFF „LERNEN"

Lernen ist zugleich ein Begriff der Alltagssprache und der wissenschaftlichen Psychologie. In der Umgangssprache wird „Lernen" für den Erwerb der Grundfunktionen im Kindesalter (das Kind lernt Krabbeln, Sprechen, Verkehrsregeln usw.) sowie für den Bereich der Schule (Schreiben, Lesen, Rechnen u.a.) gebraucht. Auch das Erlernen von sozialen Verhaltensweisen sowie Lernen im Erwachsenenalter (Weiterbildung, Umschulung) fallen unter diesen Begriff der Gebrauchssprache (Edelmann 1996, 5). Der psychologische Lernbegriff ist wesentlich umfassender. Mit ihm werden vor allem Verhaltensänderungen bezeichnet, die von Dauer sind, zum Beispiel auch die Bildung von Angst (Unsicherheit) oder Vertrauen sowie Einstellungen, Gewohnheiten und Motivationen. Sie können verschiedene Bereiche der Persönlichkeit betreffen. Wir unterscheiden Verhaltensänderungen in Bereichen der Sensomotorik (zum Beispiel Laufenlernen), des Denkens (zum Beispiel

Weisheit im Alter), der Wahrnehmung (zum Beispiel Änderung der Einstellung), der Emotion (zum Beispiel Übung in Gelassenheit) oder der Motivation (Gröschke 1992, 165). Aus dem Lernbegriff sollten alle Änderungen des Verhaltens ausgeklammert werden, die auf Reifung, auf angeborene Instinkte, auf Drogen, Ermüdung o.ä. zurückzuführen sind. Oftmals ist eine klare Abgrenzung jedoch nicht möglich.

Nach einer weit verbreiteten Ansicht, sind Lernprozesse überwiegend von der Umwelt abhängig. Die Milieutheorie bildet die Grundlage des Optimismus zahlreicher Verhaltensforscher (Behavioristen), durch eine „verbesserte" Umwelt bessere Lernresultate zu erzielen. Die Behavioristen lösten die traditionelle Erbtheorie ab, die der Umwelt einen vergleichsweise geringen Einfluss bei der Organisation des Lernens einräumte. Die Grundvoraussetzungen des Lernens – Intelligenz, Motivation, Gedächtnis und Persönlichkeit – sind in Theorien der Vererbung weitgehend genetisch bedingt. Nach dieser Auffassung bilden Erziehung und Lernen keine geeigneten Mittel der Persönlichkeitsentwicklung.

Die Gegenüberstellung dieser beiden Extrempositionen vernachlässigt die Komplexität der Lernzusammenhänge, die durch folgende Überlegungen gekennzeichnet werden können (Legewie/Ehlers 1994, 245):

- Der Mensch ist nicht nur Produkt seiner Umwelt, sondern er ist zugleich aktiver Gestalter und Schöpfer der Umwelt in Wechselwirkung. Eine einfache Kausalwirkung Umwelt – Individuum vernachlässigt den Handlungsaspekt.

- Auch wenn Reifungsprozesse angenommen werden können, so bedürfen sie doch immer bestimmter Umwelt- beziehungsweise Entwicklungsbedingungen, um zur Entfaltung zu gelangen. Genetische Anlagen stellen lediglich Möglichkeiten der Entwicklung dar.

- Der menschliche Organismus reagiert nicht automatisch auf Reize der Umwelt. Menschen sind nicht passive Empfänger von Umwelteinflüssen, sondern setzen sich subjektiv, das heißt persönlich und aktiv mit ihren Bedingungen auseinander. Die Wahrnehmung, das Laufenlernen, der Spracherwerb und das Klavierspielen sind Beispiele der subjektiven Auseinandersetzung mit den Möglichkeiten der Umwelt.

- Die Entwicklung psychischer Funktionen, wie zum Beispiel bestimmter konditionierter Lernergebnisse, sind das Ergebnis komple-

xer und kombinierter Prozesse, in denen neben Reifungs- und Lernprozessen auch Aspekte der psychischen Entwicklung, der Motivation und der Persönlichkeit beteiligt sind. Deswegen werden ähnliche
Fragestellungen in allen Teilbereichen der Psychologie unter jeweils
verschiedenem Blickwinkel behandelt.

Dem Lernbegriff liegt eine implizite Erwartungshaltung zugrunde, das
heißt, Lernen wird allgemein nur dann als erfolgreich oder wünschenswert
betrachtet, wenn kulturell akzeptierte und nützliche Verhaltensmodifikationen stattfinden. Dies ist verständlich. Ein Kind im Regenwald benötigt
andere Anpassungsleistungen an seine Umwelt als ein Student der Universität Bochum. Können, Wissen und Energieaufwand eines Straftäters
werden mit anderen Maßstäben gemessen. Kinder oder Jugendliche, die
in der Fingerfertigkeit und dem psychologischen Einfühlungsvermögen
von Taschendieben ausgebildet worden sind und hervorragende Leistungen zeigen, gelten normativ als nicht angepasst. Ihre Leistungen werden
nicht anerkannt. Mit Lernen ist also eine Verhaltensänderung gemeint, die
gemessen an dem Entwicklungsstand, den Entwicklungszielen sowie den
Erziehungs- und Bildungsnormen einer Gesellschaft eine Verbesserung
der bisherigen Fähigkeiten darstellt (Gröschke 1992, 165).

4.2 DER PROZESS DES LERNENS

Der Prozess des Lernens umfasst mehrere Schritte:

Wahrnehmung:
Zunächst richtet sich die Aufmerksamkeit eines Individuums auf einen
Gegenstand, eine Person oder einen Vorgang. Es handelt sich um eine
Selektion aus einer unendlichen Vielfalt. Gesteuert wird der Vorgang
durch äußere Reize und durch die innere Bereitschaft des Individuums,
darauf zu reagieren. Das Individuum wird dabei durch Impulse gesteuert. Es nimmt Reize der Außenwelt wahr und verinnerlicht diese als Bilder. Die erste Phase beinhaltet zusammengenommen den Prozess des
Aufnehmens und der Speicherung von Umwelteinflüssen. Nur ein geringer Teil der Wahrnehmungen tritt durch Verarbeitungsprozesse in
unser Bewusstsein. An unseren Träumen merken wir, dass gelegentlich
Wahrnehmungen, denen wir keine weitere Beachtung schenkten, dennoch gespeichert und im Traum symbolhaft weiterverarbeitet werden.

Memorierung:
In einem zweiten Schritt werden durch wiederholte Wahrnehmung und
Übung Informationen und Gefühle gefiltert, verarbeitet und zentral weitergeleitet. Es kommt zu Mustern des Verhaltens. Konzepte und Denk-
strukturen werden ausgebildet; Werthaltungen, Einstellungen und Motive bilden sich und steuern den Lernprozess. Dieser Speicherprozess ist
komplex. Alle Wahrnehmungen seit der Geburt werden aufgenommen.
Dabei wird der gesamte Körper zum Träger von Informationen, aber
auch von Emotionen, Motivationen und Gefühlen, die das Ereignis be-
gleiteten.

Symbolische Repräsentation:
Der dritte Schritt besteht in der besonderen Kraft des Menschen, Ereignisse, innere Erlebnisse beziehungsweise Beziehungen durch symbolische Repräsentationen, als Worte beziehungsweise Begriffe, zu speichern und sie auf neue Situationen anzuwenden. Diese Fähigkeit hebt
den Menschen aus der ihn umgebenden Tier- und Pflanzenwelt hervor.
Durch die Verknüpfung von Begriffen und Bildern zu geistigen „Systemen" kann die menschliche Vernunft in Regionen des Geistes vordrin-
gen, die nicht sinnlich erlebbar sind oder sein müssen, während Tiere
und Pflanzen ihren sinnlichen Wahrnehmungen verhaftet bleiben. Das
Denken mit symbolischen Repräsentationen birgt allerdings auch immer die Gefahr eines Realitätsverlustes, denn die Kommunikation in
Bildern und Symbolen vermittelt nicht den geistigen Entstehungs- und
Verarbeitungsprozess.
Früher wurden nur wenige Bereiche des Körpers als Träger von konditionierten Verhaltenssegmenten erkannt – der Kopf als Träger der Kognitionen, das Herz für die Gefühle und der Magen für Stress. Unter dem
Einfluss der Medizin, der Psychologie und der Soziologie werden mittlerweile zahlreiche Körpersymptome als Ausdruck von Lernprozessen
gedeutet. Die Psychosomatik bildet heute einen eigenständigen Forschungsbereich der Lernpsychologie. Sie geht von der Grundannahme
aus, dass funktionelle Kreislaufstörungen, Magengeschwüre, Asthma
oder Erkrankungen des Darmes auf psychische Ursachen zurückgeführt
werden können und nicht ausschließlich als körperliche Krankheiten behandelt werden sollten. Als Beweis wird angeführt, dass körperliche Beschwerden stets in bestimmten Reizsituationen auftreten und mit der Be-
seitigung der belastenden Momente oft wie durch ein „Wunder" auch die

körperlichen Symptome der Erkrankung abklingen. Blasen- und Darm-kontraktionen, die Verengung oder Erweiterung der Durchblutung sowie Veränderungen elektrophysischer Prozesse im Gehirn können an bestimmte semantische Signale gekoppelt sein (Legewie/Ehlers 1994, 256).

Selbst die Erkenntnisse über das Verhältnis von Körper und Lernen scheinen heute nicht mehr ausreichend, weil sie sich ausschließlich auf spürbare Körpermerkmale beziehen. Schwieriger ist die Lokalisierung und Erfahrung nicht direkt spürbarer Konditionierungen beziehungsweise Blockierungen, die in verschiedenen Körperregionen stattfinden. Es handelt sich um unbewusste oder verdrängte biografische Erfahrungen, die an sprachliche Symbole gekoppelt sind und oft nur durch therapeutische Übungen erfahren werden können (semantische Konditionierung).

Reproduktion durch Handeln:
Die drei Schritte des Lernens – Wahrnehmung, Memorierung und symbolische Repräsentation – bewirken noch keine Handlung. Der vierte Schritt des Lernens besteht daher im selbständigen Verhaltensausdruck beziehungsweise in der Übung oder Reproduktion des Gelernten durch das Individuum. Die vier Schritte des Lernens geben keine Auskunft darüber, ob die Verhaltensänderungen überwiegend durch Umwelteinflüsse als Prägungen des Individuums zu verstehen sind oder vom handelnden Subjekt selbst hervorgebracht wurden.

4.3 LERNTHEORIEN

Die Geschichte der Lernpsychologie ist geprägt durch das Fortschreiten von einfachen Konzepten zu immer komplexeren Modellen des Lernens. Während sich in der Vergangenheit die Vertreter der unterschiedlichen Ansätze stark voneinander abgrenzten, wird aus heutiger Sicht die Bedeutung der verschiedenen Arten des Lernens im Gesamtzusammenhang der Entwicklung der Persönlichkeit erkannt. Heute lassen sich drei große Theorie-Richtungen unterscheiden:

- verhaltenspsychologische Lerntheorien,
- kognitive Lerntheorien und
- handlungstheoretische Theorien des Lernens.

186

4.3.1 Verhaltenspsychologische Lerntheorien

Im Jahre 1913 schrieb der Amerikaner Watson, angeregt durch die Konditionierungs-Studien des russischen Physiologen Pawlow an Hunden, die Schrift: „Psychologie, wie sie der Behaviorist sieht". Damit war der Begriff für eine Richtung der Verhaltenspsychologie begründet (behavior = Verhalten). Der Behaviorismus geht von der Erzeugung unwillkürlicher Reaktionen beim Auftreten bestimmter Reize aus. Der Säugling verfügt bei der Geburt über ein bestimmtes Reflexverhalten. Er saugt, schluckt und atmet in genau abgestimmter Reihenfolge, wenn die Reaktionskette des Saugreflexes durch einen entsprechenden Berührungsreiz im Mundbereich ausgelöst wird. Während anfangs noch keine Lernvorgänge beteiligt sind, kann man nach einigen Wochen beobachten, dass der Säugling bereits mit dem Saugreflex beginnt, wenn er zum Stillen hochgenommen wird oder wenn die Mutter die Milchflasche vorbereitet. Offensichtlich haben bestimmte Umweltsignale jetzt den Auslösereiz übernommen. Dieses Anpassungsverhalten macht den Organismus flexibler. Das Kind löst sich von den angeborenen biologischen Reaktionsformen und reagiert auf Reize der sozialen Umwelt. Diese Lernvorgänge sind nach dem berühmten russischen Physiologen Iwan P. Pawlow als klassische Konditionierung oder Signallernen bezeichnet worden. Seine Entdeckung beruhte darauf, dass Hunde nicht nur bei der direkten Nahrungsaufnahme Speichel absondern, sondern bereits beim Anblick der Nahrung. Die Experimente mit dem „Pawlowschen Hund" sind in die Geschichte der Lernpsychologie eingegangen. Die Theorie der klassischen Konditionierung behauptet, dass angeborene Reflexe durch Lernprozesse in der sozialen Umwelt ausgelöst werden können. Das Lernen neuer, nicht angeborener Reflexe wird durch diese Theorie nicht erklärt. Vor allem amerikanische Behavioristen gaben sich mit diesem Ergebnis der Pawlow-Schule nicht zufrieden. Bekannte Verhaltensforscher der USA, wie Watson, Thorndike, Hull und Skinner stellten den Aspekt des Lernens von komplexen Handlungen in den Mittelpunkt ihrer Untersuchungen. Da es sich hierbei um die Konditionierung von Tätigkeiten (englisch: operants) handelte, sprach B.F. Skinner im Gegensatz zu Pawlow von operanter Konditionierung. Üblicherweise wurden diese Experimente damals an Tieren – Hunden, Katzen, Ratten, Tauben oder Affen – durchgeführt.

Versuch und Irrtum:

Thorndike sperrte hungrige Katzen in einen „Problemkasten" und beobachtete, wie sich die Tiere befreiten, um an das Futter außerhalb des Kastens zu gelangen. Sie benötigten anfangs relativ lange Zeit, um den Öffnungshebel nach dem Prinzip von Versuch und Irrtum zu finden. Danach gelang es ihnen jedoch wesentlich schneller, den Öffnungsmechanismus zu betätigen. Sie hatten durch Erfolg gelernt. Ihr Verhalten war durch Belohnung (Nahrung) verstärkt worden. Wären sie – zum Beispiel durch elektrische Impulse – beim Öffnen bestraft worden, hätten sie das Verhalten nicht gelernt. Der Begriff der Bekräftigung des Verhaltens (englisch: reinforcement) spielt eine zentrale Rolle in der behavioristischen Lerntheorie.

Burrhus F. Skinner, prominenter Vertreter des Behaviorismus
(Flammer 1988, 54-56)

B. F. Skinner wurde 1904 geboren. Nach seiner Auffassung lernen Menschen im Laufe ihres Lebens über respondentes Konditionieren die Bedingungen ihrer Umwelt immer mehr zu differenzieren und einzuordnen. Durch die Methode der „operanten" beziehungsweise „instrumentellen" Konditionierung erfahren Individuen die Wirkungen ihrer Verhaltensmodifikationen auf die Umwelt. Ohne diese allgegenwärtigen Lernprozesse könnte der Organismus nicht überleben.

In seinem utopischen Roman „Walden II" (1948) schildert Skinner eine Gesellschaftsordnung, die streng nach den Prinzipien der Konditionierung aufgebaut ist. Die Entwicklung wird dort in mehrere Phasen aufgeteilt, die Lower Nursery Phase (1. Lebensjahr), die Upper Nursery Phase (2.-3. Lebensjahr), die mittlere Kindheit (3.-6. Jahr), die spätere Kindheit (7.-13. Jahr) und die Adoleszenz (ab 13. Jahr). In allen Phasen kommt es nach Skinner darauf an, die Bedürfnisse des Kindes so zu befriedigen, dass ein gewünschtes Verhalten erzeugt wird. Seine psychologische Grundhaltung ist von einem grenzenlosen Optimismus in die Machbarkeit des Verhaltens durch externe Einflüsse gekennzeichnet. In „Skinner Boxes" könnten Kleinkinder seiner Auffassung nach außerhalb des Elternhauses erzogen werden.

Das Modell des Lernens am Erfolg wurde erstmals von Thorndike im Jahre 1913 formuliert. Es sagt aus, dass das Lernen durch die belohnenden oder strafenden Konsequenzen, die dem Verhalten folgen, ausgelöst werden kann und basiert auf dem Prinzip von Versuch und Irrtum (Trial and Error). Es lassen sich folgende Wirkungen unterscheiden:

(1) *Positive Bekräftigung (Erfolg):* Ein Verhalten wird belohnt, es erfolgt Beachtung, Zuwendung, eine gute Note wird erteilt usw.

(2) *Negative Bekräftigung (Erfolg):* Erleichterung und damit ein angenehmes Gefühl wird erzeugt durch Abkehr: Das Durchleiden von Angstzuständen wird (erfolgreich) vermieden durch Weglaufen, ein Angriff wird (erfolgreich) abgewehrt.

(3) *Bestrafung (Misserfolg):* Ein Verhalten wird als negativ erlebt. Auslöser sind unmittelbare Bestrafungen wie Prügel oder Beschimpfung.

(4) *Entzug (Misserfolg):* Der Verlust eines angenehmen Objektes/einer angenehmen Situation wird als Misserfolg erlebt. Beispiele sind Taschengeldkürzung, Ausschluss aus einer Spielgemeinschaft.

(5) *Nichtbekräftigung:* Ein Verhalten, das keine Beachtung findet oder durch fehlende Umweltreize nicht ausgelöst wird, entsteht nicht, das heißt, es wird „gelöscht" beziehungsweise stellt einen Mangel in der Verhaltensorganisation dar, der sich erst später bemerkbar machen kann. Ein Kind, das ohne Vater oder mit langer Abwesenheit des Vaters aufwächst, kann zum Beispiel viele Verhaltensmerkmale, die mit väterlicher Autorität zu tun haben, nicht entwickeln.

Das Trial and Error-Lernkonzept hat weitreichende Bedeutung. Es erklärt nicht nur die Wirkung erzieherischer Maßnahmen (Lob, Tadel, Liebesentzug usw.), sondern gibt auch Aufschluss darüber, wie Übungseffekte erzielt werden (Beherrschung eines Musikinstrumentes, einer Sportart, eines Interessengebietes). Jedes Individuum bildet im Laufe seiner Entwicklung besondere Formen der Angstreduktion, der Selbstbekräftigung, der Entdeckungslust und des Selbstwertes aus. Diese Gefühlszustände können ebenfalls als Selbstbekräftigungen beziehungsweise als innere Effekte durch Versuch und Irrtum zustande kommen. Welche Effekte auf dieser Basis in den Lernprozess einfließen, hängt von der Gefühlslage, der Grundmotivation und der Risikobereitschaft eines Menschen ab (Nolting/Paulus 1996, 68).

Konditionierung von Angst

In einem Experiment der Verhaltensforscher Watson und Rayner im Jahre 1920 wurde einem zehnmonatigen Jungen eine Angstreaktion vor einer weißen Ratte, mit welcher er vorher zu spielen pflegte, konditioniert, indem das Auftauchen der Ratte jeweils mit einem erschreckenden Geräusch gekoppelt wurde (Watson & Rayner 1920). Der Junge erschrak bald schon beim Erscheinen der Ratte – sie war für ihn zum Angstauslöser geworden. In einem erweiterten Sinne kann auch die Angst vor Autoritäten auf Konditionierungen beruhen. Die klassische Konditionierung beschränkt sich jedoch nicht auf die Erforschung von Angstreaktionen. Nach diesem Prinzip kann die Entstehung von Emotionen der verschiedensten Art untersucht werden. Auch positive Gefühlsreaktionen gegenüber bestimmten Personen oder einem bestimmten „Typ" von Menschen (Hautfarbe, Haarfarbe, Physiognomie, Art des Auftretens) können auf diese Weise erklärt werden. Heimatgefühle, Sehnsüchte oder Liebesgefühle können durch angenehme Erfahrungen mit dem Ort, mit bestimmten kindlichen Bedürfnis- beziehungsweise Mangelsituationen oder mit der Art, wie die Aufmerksamkeit erregt wurde, gekoppelt sein.

Lernen am Modell:

Als eine sozial-orientierte Lerntheorie des Verhaltens gilt das Konzept des Lernens am Modell (siehe Kap 4.4). Dieses vor allem von dem Amerikaner Bandura entwickelte Konzept bietet Erklärungsansätze für die Tatsache, dass komplexe Verhaltensmuster bis in feinste Reaktionen von einem anderen Menschen kopiert werden, wenn dieser von dem Individuum aus verschiedenen Gründen zum „Modell" gewählt wird. Auf diese Weise werden neue Verhaltensweisen übernommen, die in der Kombination mit den vom Individuum aufgebauten Verhaltenskomponenten eine eigene „Mischung" ergeben können.

Assoziatives Lernen:

Eine spezifische Variante der verhaltenspsychologischen Lerntheorie stellt das Modell des assoziativen Lernens dar. Das Lernen erfolgt nicht immer in linearen Sequenzen, sondern oft in „Sprüngen": Beim Hören eines Musikstücks fällt einem ein Erlebnis ein oder eine Landschaft oder eine Situation tritt als Bild vor Augen. Viele Dinge werden von uns intuitiv erfasst und in Verbindung mit einem Ereignis oder einer Wahrnehmung gebracht. Diese Art des Lernens erfolgt nicht nach logischen Schritten und ist nicht aus der Erkenntnis, der Vernunft oder Einsicht ableitbar. Das Lernen erfolgt graduell. Aus einer Vielzahl von Beobachtungen und gedanklichen Querverbindungen ergibt sich mosaikartig ein Bild des Ganzen.

4.3.2 Kognitive Lerntheorien

Viele Pädagogen und Psychologen, die mit Problemen des menschlichen Lernens konfrontiert sind, lehnen die einfachen Reiz-Reaktions-Modelle, die überwiegend an Tieren experimentell „bewiesen" wurden, ab, weil sie als unzureichend für die Erklärung komplexen menschlichen Verhaltens angesehen werden. Während die Behavioristen die äußeren Bedingungen des Lernens in den Mittelpunkt des Interesses rückten, versuchten kognitive Lerntheorien die innere Repräsentation der Umwelt durch das Individuum zu erforschen.

Kognitionen

Unter Kognitionen versteht man innere Vorgänge, durch welche sich ein Individuum Aufschluss über sein Verhalten beziehungsweise über Vorgänge in der Umwelt verschafft. Es handelt sich um bewusste Prozesse, die das Verhalten organisieren und strukturieren. Das Ergebnis sind Erfahrungen. Kognitives Lernen befasst sich im Wesentlichen mit der Aufnahme und Verarbeitung von Informationen. Zu den Kognitionen zählen insbesondere Wahrnehmung, Vorstellung, Denken und Urteilen (Edelmann 1996, 9).

Bereits 1917 konnte der deutsche Psychologe Köhler an Affenexperimenten auf Teneriffa experimentell nachweisen, dass viele Verhaltensweisen nicht durch zielloses Herumprobieren (Trial und Error) zustande kommen, sondern durch die Umstrukturierung der Wahrnehmung. Es scheint, dass diese durch Einsicht (englisch: cognition) erreicht wird. Bei seinen Experimenten versuchte ein Affe vergeblich, durch die Gitterstäbe eine unerreichbare Banane zu greifen. Ein herumliegender Rohrstock blieb unbeachtet. Es folgte eine Phase des Nichtstuns, die als „Nachdenken" interpretiert werden kann. Danach ergriff der Affe zwei

191

Rohrstöcke, schob sie ineinander und angelte sich auf diese Weise erfolgreich die Banane. Es hatte sich bei ihm offensichtlich ein „Aha-Effekt" eingestellt.

Auch bei Delphinen und Walen sind erstaunliche Lerneffekte beobachtet worden, die den Eindruck vermitteln, die Tiere hätten „nachgedacht". Die Lernforscher vermuten, dass man jeweils den Endpunkt einer Kette von Versuch-Irrtum-Lernschritten sieht. Die vorherige Lerngeschichte der Versuchstiere ist unbekannt. Wie ein Organismus die gemachten Erfahrungen organisiert und wie sich ein Individuum dabei verhält, kann mit dem Lernprinzip von Versuch und Irrtum nicht zufriedenstellend erklärt werden. Das Lernen durch Einsicht ist ein immer noch weitgehend unerforschtes Gebiet. Es ist durch drei Besonderheiten charakterisiert (Legewie/Ehlers 1994, 264):

- Einsicht ist abhängig von der Anordnung der Problemsituation. Ein Affe kommt zum Beispiel im Experiment eher auf die „Idee", Stöcke zusammen zu schieben, wenn diese auf der Seite liegen, wo das Futter ist.

- Wenn ein Einfall für die Lösung gefunden ist, kann diese sofort wiederholt werden. Der Lernerfolg ist sofort da und muss nicht wie beim Konzept des assoziativen Lernens Schritt für Schritt aufgebaut werden. Meistens stellt sich die Idee nach einer Phase des Nichtstuns ein.

- Eine durch Einsicht gewonnene Lösung kann auch auf neue beziehungsweise veränderte Situationen angewandt werden. Gelernt wurde nicht ein bestimmter Handlungsablauf, sondern eine Struktur, in welcher der Zusammenhang von Hilfsmitteln (Stöcke) und Handlungsziel erfolgreich hergestellt wird.

Kognitive Landkarte:
Im Gegensatz zur konditionierten beziehungsweise assoziativen Art des Lernens müssen viele Zusammenhänge von uns als Sinnzusammenhänge erschlossen und Wissenselemente in Hierarchien des Wissens eingeordnet und abgerufen werden. Der amerikanische Psychologe Tolman entwickelte dafür in den 30er Jahren den Begriff der „cognitive map": Jede Lernsituation ist demnach durch verschiedene Zeichen (signs) gegliedert, durch welche der Weg zu bestimmten Handlungszielen angezeigt wird. Alle diese Zeichen werden in eine zeitlich-räumliche Struktur eingeordnet, die vom Gehirn zu einer vorläufigen kognitiven Landkarte der Umwelt ausgearbeitet werden (Tolman 1932).

Das Kognitive Lernen befasst sich mit der Aneignung von Operationen, Begriffen und Regeln, die das menschliche Zusammenleben bestimmen. So entstehen kognitive Strukturen, die als Ordnungsschemata für verschiedene Lebensbereiche angewandt werden. Das Individuum entwickelt dabei zunehmend persönliche Wertungen, Urteile und Ordnungsgesichtspunkte und schöpft neue Begriffe und Sinnzusammenhänge. Der Fortschritt der geistigen Entwicklung der Menschen ist im Wesentlichen dieser Lernart zu verdanken.

Als höchste Stufe des kognitiven Lernens kann sich ein Individuum selbständig in einem bestimmten Wissensgebiet bewegen, Begriffe eigenständig definieren (Konzeptbildung), neue Deutungen und Erkenntnisse hinzufügen und ungelöste Probleme erkennen sowie zu ihrer Lösung beitragen. Die Person gewinnt dabei durch Verallgemeinerung (Generalisierung) und Unterscheidung (Differenzierung) Einsichten in Zusammenhänge. Diese werden nicht mechanisch auswendig gelernt und reproduziert, sondern sinnvoll angewandt und weiterentwickelt. Oft ist zur Lösung eines Problems eine Umstrukturierung im Denken erforderlich. Es handelt sich zunächst um Einfälle, die bei der Betrachtung einer Situation neue Wege aufzeigen. Ein solches Umdenken kann in gewissem Maße gelernt werden. Manager, Erfinder oder Entdecker müssen ständig neue Wege gehen, um zum Ziel zu gelangen.

4.3.3 Handlungstheorien des Lernens

Handlungstheorien befassen sich mit dem Zusammenhang zwischen Kognition (Denken, Fühlen, Wünschen) und Handlung. Theorien des kognitiven Lernens stellen den spezifischen Aspekt der Handlungssteuerung und den Aspekt der Beziehung in den Mittelpunkt des Interesses. Man spricht auch von Handlungskonzepten (Edelmann 1996, 10). Während bei den Verhaltenstheorien des Lernens die auslösenden und prägenden – objektiven – Bedingungen der Umwelt untersucht werden, steht bei diesen Theorien das aktive Subjekt mit seinen Einstellungen, Erfahrungen, Gefühlen und Emotionen im Zentrum.

Das Lernen des Menschen besteht in seinem Kern aus Beobachten und Bewertung. Dinge und Beziehungen enthalten für das Individuum Valenzen, Wertigkeiten, die anregend, Angst auslösend oder nützlich sein können. Die subjektive Beziehung zur Welt stellt den Ausgangspunkt der geistigen Betätigung dar. Die Beobachtung ist gekoppelt an Denkmuster, und das Denken ist auf die Beobachtung angewiesen. Wenn wir einen Gegenstand oder eine Person betrachten, bilden wir uns einen Begriff. Dieser kann zunächst unvollkommen sein und das Wesen des Beobachteten nicht richtig treffen. Durch wiederholtes Beobachten korrigieren wir den Inhalt des Begriffes oder bilden einen neuen, um unsere Erkenntnis zu verbessern. Wir verknüpfen die Begriffe, um Zusammenhänge zu formulieren.

Die Beobachtung eines Baumes

Die Beobachtung eines Baumes ohne Begriff ist nicht möglich. Wenn ich einen Baum sehe, beobachte ich, wie sich seine Äste im Winde biegen, ich sehe einen dicken Stamm oder seine Silhouette. Als Forstmann betrachte ich die Bäume überwiegend nach wirtschaftlichen Gesichtspunkten, als Landwirt mag mich ihre Schutzfunktion gegen die Witterung interessieren, als Wanderer sehe ich mehr die Schönheit. Als Fischer oder Soldat schätze ich einen Baum am Horizont als Orientierungspunkt.

Wenn ich nichts denke, beobachte ich nicht, das heißt, ich beachte den Baum nicht, er existiert für mich nicht. Damit ich den Baum wahrnehme, muss er auf mich eine Anziehungskraft ausüben, erst dann tritt er in meine Aufmerksamkeit. Entsprechend werde ich auf einen Gegenstand oder eine Person erst aufmerksam, wenn ich eine Beziehung zu ihnen herstelle. Der Aspekt „Beziehung" (Kommunikation) ist sehr weit gefasst. Ich kann den Baum unter dem Beziehungsaspekt betrachten, dass er mir Holz für ein Feuer oder für ein Brett liefert. Wenn ich Ruhe suche, kann mir der Baum in seiner pflanzlichen Gestalt als Symbol der Ruhe erscheinen. Der Baum trägt Früchte, deren Reife ich beobachten kann, um sie schließlich zu pflücken und zu genießen. So nehme ich eine Beziehung zu einem Gegenstand auf, indem ich bei ihm etwas wahrnehme, was ich selbst als Teil der Natur als Wunsch beziehungsweise Begehren habe – Appetit, Wärme, Wohlbefinden, Nutzen etc. – oder als Mangel empfinde. Indem ich eine Vorstellung von Gegenständen und Personen entwickle, werden sie zu einem Teil meiner Handlungs- und Erlebniswelt.

Heute erkennt auch die Handlungstheorie des Lernens an, dass Bedürfnisse, Emotionen und Gefühle die Basis des Lernens darstellen. Gefühle bilden die Grundstruktur unseres Denkens und Handelns. Auch unser Ich ist im Grunde ein Ich-Gefühl. Im Alltag ist uns dieser Zusammenhang klar. Wir fragen: „Wie geht es dir?" und nicht: „Was denkst du über dich?" Gefühle sind an Objekte und Inhalte gebunden – das Spektrum unserer Gefühlsgegenstände ist dabei nahezu unbegrenzt (Solomon, 174). Wenn das Kind einen hungernden Menschen sieht, kann bei ihm ein Mitgefühl entstehen. Dieses Gefühl kann zum Antrieb des Handelns werden.

Auf einer weiteren Stufe lernt der Mensch Vorstellungen und Denken. Jetzt kann eine bestimmte Vorstellung zum Motiv einer Handlung werden. Wiederholte Erfahrungen und ähnliche Wahrnehmungen werden als (angenehmes) Gefühl gespeichert und erzeugen die Absicht, Handlungen nochmals zu tun. Absichten sind Muster für spätere Entscheidungen: Sie haben sich bewährt, ich verbinde ein Gefühl mit ihnen. Die praktische Erfahrung, Lebenserfahrung und Gewöhnung werden zur Triebkraft des Handelns. Erwachsene können aus Vernunft handeln. Diese Stufe des Lernens ist nicht mehr an Wahrnehmung gebunden. Sie handeln dann so, dass sie sich selbst Ziele setzen, die dem Wohlbefinden oder einem sinnvollen Zusammenleben mit anderen dienen. Auch in dieser Phase bilden also Gefühle die Triebkraft unseres Handelns.

Gemeinsam ist verschiedenen Phasen des Lernens, dass sie sowohl auf tief verwurzelten Bedürfnissen als auch auf aktuellen Wünschen (Englisch: needs und wants) aufbauen. Jedes Individuum übernimmt bei Lernprozessen, die auf der Beobachtung anderen Verhaltens basieren, fremde Erwartungen. In der soziologischen Fachsprache heißt dieser Vorgang „Sozialisation": Die fremden Forderungen und Erwartungen werden Teil der eigenen individuellen Verhaltensdisposition. Als Resultat ergibt sich, dass wir nicht scheinbar neutrale Verhaltenskomponenten beziehungsweise „Qualifikationen" erworben haben, sondern dass Letztere mit Erwartungen verbunden sind. Wenn wir beabsichtigen, unser Verhalten zu ändern, werden wir mit unseren tiefen, zum Teil unbewussten Bedürfnissen (needs) konfrontiert. Der Test ist einfach: wenn ich ein rundum gutes Gefühl bei einer Entscheidung habe, entspricht die Änderung meinen needs (Bedürfnissen). Ein ungutes Gefühl entsteht, wenn ich mich den Erwartungen anderer anpasse oder mich nach meinen oberflächlichen Wünschen (wants) richte.

4.4 DIE SOZIAL-KOGNITIVE THEORIE BANDURAS

Die sozial-kognitive Theorie Banduras zählt zu den bedeutenden kognitiven Theorien und wird deshalb hier als Modell beschrieben (Bandura 1976 und 1979).

Aus der Einsicht in die Fähigkeit des Menschen zum Beobachtungslernen entwickelte Bandura Mitte der 70er Jahre eine Lerntheorie (Bandura 1976 und 1979). Er nannte sie sozial-kognitive Lerntheorie, um zum Ausdruck zu bringen, dass in einer Persönlichkeit zwischen Reiz und Reaktion kognitive Prozesse ablaufen, die durch die sozialen Bedürfnisse und Motivationen gelenkt werden. Eine Person macht ihre Beobachtungen nicht wertfrei, sondern mit dem ihr eigenen Gefühl. Was den einen zur Beobachtung reizt, berührt den anderen nicht. Wenn man sich mit anderen an einen Urlaub, eine Party oder einen Film erinnert, wird man feststellen, wie unterschiedlich die Wahrnehmung beziehungsweise das Gedächtnis sind. Ob ein Verhalten gelernt wird, hängt von persönlichen Merkmalen, von der aktuellen Situation und von der emotionalen Färbung der Beziehung ab. Vor allem aber spielt die jeweilige Motivation eine große Rolle (Bandura 1976, 24).

Drei Kernannahmen kennzeichnen die sozial-kognitive Theorie:

(1) Lernen erfolgt nicht nur durch unmittelbare Erfahrung, sondern es kann wesentlich durch symbolische Repräsentation – Vorbild oder Sprache – stattfinden.

(2) Lernen ist nicht als einseitig abhängiger Prozess durch die Einwirkung bestimmter äußerer Faktoren zu denken, sondern im Wesentlichen als Selbstregulierungsprozess des Individuums. Menschen wählen aus, verarbeiten, formen um, bewerten. Sie lassen sich von Emotionen leiten und folgen ihren Gefühlen.

(3) Lernen kann völlig unabhängig von äußeren Faktoren durch Vernunft erfolgen. Dabei setzt das Individuum selbst bestimmte Werte oder Ziele, die es zu verwirklichen trachtet (Halisch 1990, 386). Bandura hat allerdings diesen letzten Punkt, dass der Mensch durch Einsicht lernt, in seiner Theorie nicht weiter ausgeführt.

Die Theorie des Beobachtungslernens beruht auf der Zwei-Faktor Theorie: Erwerb und Ausführung von Lerninhalten, das heißt untersucht wird,

(1) wie sich ein Individuum bestimmte Verhaltenssegmente aneignet und

(2) unter welchen Bedingungen Gelerntes in Handeln umgesetzt wird.

Die Erforschung der kognitiven Prozesse der Aneignung und Umsetzung neuer Verhaltensweisen muss nach Auffassung von Bandura vier große Bereiche der menschlichen Persönlichkeit umfassen (Bandura 1976, 24):

- Aufmerksamkeitsprozesse,

- Behaltensprozesse,

- Handlungsprozesse und

- Motivationsprozesse.

4.4.1 Aufmerksamkeitsprozesse

Personen nehmen nicht alles wahr, was auf sie an Reizen einwirkt. Es findet eine Selektion statt. Aus der Werbung wissen wir, wie die Aufmerksamkeit erregt beziehungsweise gelenkt werden kann durch Auffälligkeit, Neuigkeit und Appelle an Sexualität, Status, Macht, Geld oder Geschmack. Von der Wahrnehmungsfähigkeit des Beobachters, seinen spezifischen Persönlichkeitseigenschaften und besonders seiner Motivation hängt es wiederum ab, ob die Wahrnehmung sein Bewusstsein erreicht oder im Vorbewussten bleibt. Schließlich wirken die emotionale Ausstrahlung des Vorbilds, dessen Merkmale und dessen Tüchtigkeit ebenfalls auf den Prozess der Imitation ein. Daher ist es berechtigt, bereits die Aufmerksamkeitsprozesse als einen komplexen Vorgang zu bezeichnen. Er beansprucht vom Beobachter viel Energie.

4.4.2 Behaltensprozesse

Behaltensprozesse stellen eine Kraft dar, die das Lernen entscheidend beeinflusst. Der Mensch ist in der Lage, durch Bilder und Begriffe ein symbolisches System kognitiv zu organisieren, mit dessen Hilfe die Erinnerungsleistung möglich wird. Der Beobachter kann dadurch auch dann Nutzen aus dem Verhalten von Modellen ziehen, wenn diese nicht mehr anwesend sind.

197

Ihre Reaktionsmuster sind symbolisch im Gedächtnis gespeichert und können durch das Denken verglichen, bewertet und passend für das eigene Verhalten imitiert werden.

Die sprachliche Codierung ist der bildlichen Memorierung nach allgemeiner Auffassung überlegen. Einen Weg kann man sich zum Beispiel leichter merken, wenn dieser sprachlich verschlüsselt ist. RLRLL (Rechts, Links, Rechts, Links, Links) ist kürzer und prägnanter als eine bildliche Beschreibung. Es kann sich dabei allerdings auch um eine sprachliche Fixierung von Erinnerungshilfen in unserem Kulturbereich handeln. Die kognitiven Repräsentationen stellen keine isomorphen Abbilder des Beobachteten dar, sondern sie geben jeweils den Inhalt der Beziehung wider, den der Beobachtete zu dem Gegenstand oder der Person hat. „Naturvölker" entwickeln aus der intensiven Verbindung mit ihrer natürlichen Umwelt oftmals treffende bildliche Beobachtungsmerkmale, die unseren schematischen und verbal kodierten Informationssystemen zum Teil überlegen sind.

4.4.3 Reproduktionen beziehungsweise Handlungen

Der dritte Schritt des Modelllernens besteht darin, dass der Lernende die kognitiven Repräsentationen in Handlungen umsetzt. Dies kann nur geschehen, indem der Beobachter Entscheidungen trifft, die sein Selbst verändern. Jede neue Handlung bedeutet, dass ich mein Eigenes mit dem Beobachteten verbinde. Dadurch findet eine Umwandlung der Beobachtung statt. Ich gleiche mich zum Beispiel dem Verhalten des Beobachteten an. Die (motorische) Reproduktion des beobachteten Verhaltens ist jedoch ebenfalls ein komplizierter Prozess, bei dem Rückmeldungen über Fehlabläufe, Korrekturen, Erweiterungen des beobachteten Verhaltens durch eigene Verhaltenskomponenten u.a. ein Handeln erzeugen, welches dem Vorbild schon bald nicht mehr gleicht. Meine Fähigkeit zur Selbstbeobachtung bei Reproduktionen, meine körperlichen Fähigkeiten zur geschickten Reproduktion eines beobachteten Verhaltens, die Verfügbarkeit über Teilreaktionen u.a. persönliche Verhaltenskomponenten sorgen dafür, dass ich nicht einfach beobachtetes Verhalten übernehmen kann, sondern ich mache es mir „zu eigen", das heißt, ich integriere es in meine Verhaltensorganisation. Jede Handlung stellt zugleich eine Neuschöpfung des am Modell gelernten Verhaltens dar.

Die Person ist ihr eigener Verhaltensorganisator. Erlernte Teilabläufe werden durch die kognitive Selbstregulation und das Selbstbewusstsein

zu einem Gesamtablauf verbunden. Beispiele für diesen Zusammenhang bilden Sportarten wie Tennis, das Erlernen eines Musikinstrumentes oder Autofahren. In allen Fällen kommt es erst durch den Aufbau eines Systems der persönlichen Verhaltensorganisation zu Gesamtleis-
tungen, bei denen die ursprünglich durch Beobachtung und symbolische
Repräsentation erlernten Teilabläufe zu einem komplexen Verhaltens-
system zusammengefügt wurden, in welchem die persönlichen Kompetenzen des Handelnden beziehungsweise seine Qualität zum Ausdruck
kommen.

4.4.4 Motivation

Der letzte komplexe Teilprozess des Beobachtungslernens besteht in
der Motivation. Ich führe nur Dinge aus, zu denen ich motiviert bin.
Dies schließt auch Zwänge ein, denn die Vermeidung von Strafe kann
ebenfalls zur Motivation gezählt werden. Bandura war der Auffassung,
dass die Motivation zum Handeln ausschließlich durch Bekräftigungen
stattfindet. Er unterschied direkte, indirekte und Selbst-Bekräftigungen.
Bei Ersteren handelt es sich ausschließlich um externe Verstärkungen,
das heißt, eine Person wird für ihre Nachahmung gelobt oder getadelt.
Bei der stellvertretenden (vicariellen) Bekräftigung beobachtet der Lernende, dass eine Verhaltenssequenz des Modells positiv oder negativ
„ankommt" beziehungsweise Erfolg hat. Dadurch überträgt sich auf den
Beobachter die Erwartung, ebenfalls in den beobachteten Genuss (oder
den Entzug) zu kommen, wenn er das Verhalten nachahmt. Die stellver-
tretende Bestärkung hat für den Beobachter auch einen informativen
Wert, weil er am Modell vorweg erkennen kann, ob es ratsam ist, bestimmte Handlungen zu unterlassen oder auszuführen. Bei der Selbst-
verstärkung entscheidet der Lernende, ob ein Verhalten im Rahmen seiner Ziele, seines Könnens oder seiner Emotionen (zum Beispiel Angst)
Erfüllung – das heißt Freude, Stolz, Zufriedenheit – oder Versagung,
das heißt Enttäuschung, Zorn, Unzufriedenheit, mit sich bringt. Dieser
Aspekt der Handlungsbereitschaft hebt hervor, dass der Mensch nicht
nur von seiner Umwelt abhängig ist, sondern sich durch seine Fähigkeit
zu denken, durch sein Ich und seine Erfahrung eigene Handlungsziele
setzen kann.
Die vier Teilprozesse des Beobachtungslernens konnten hier nur in
Grundrissen beschrieben werden. Es sollte deutlich werden, dass es eine

isolierte Theorie des Beobachtungslernens nicht gibt. Die beschriebenen Teilprozesse sind nur innerhalb eines komplexen Geschehens der Gesamtpersönlichkeit verstehbar. Jeder größere Lernbereich wird mittlerweile durch eine eigenständige psychologische Teildisziplin abgedeckt. Wo es um das Problem der Erzeugung und des Behaltens von kognitiven Repräsentationen des Wahrgenommenen geht, ist der Bereich der Kognitionspsychologie angesprochen. Die Ausführung des erlernten Verhaltensrepertoires ist Gegenstand der Handlungspsychologie. Die Organisation des Lernens im Zeitablauf fällt in den Bereich der Entwicklungspsychologie, und der bis heute nur in Ansätzen geklärte Aspekt der Selbstregulation von Individuen durch die Triebkräfte der Motivation wird von der Motivationspsychologie erforscht (Halisch 1990, 389).

4.5 LERNEN UND ANGST

Während früher das Denken beziehungsweise die Bewusstseinsbildung die Kognitionstheorien bestimmte, stehen heute Gefühlstheorien stärker im Vordergrund (Edelmann 1996, 86). Ein zentraler Begriff in den gegenwärtigen Kognitionsforschungen ist die Angst. Er umfasst eine Vielfalt von Zuständen, zum Beispiel Unsicherheit, Ungewissheit, Nervosität, Stress, Beklemmung, Bangen, Sich-bedroht-fühlen, innere Unruhe, Aufregung, Gespanntheit, Panik, Angst, Schrecken, Grauen, Bestürzung usw. (Fürntratt, zit. n. Edelmann 1996, 86). Der Gegenpol der Angst ist Sicherheit. Auch diese kann durch verschiedene Zustände charakterisiert werden, zum Beispiel als Gelassenheit, Sicherheit, Entspannung oder Erleichterung (ebenda).

Aus dieser Darstellung geht hervor, dass es sich bei Angst und Sicherheit um keine einheitlichen psychischen Erscheinungen handelt. Auch die Effekte der Angst sind unterschiedlich. Manche Angstzustände machen Individuen wacher und lernbereiter, andere wirken als Blockaden des Lernens. Sicherheit aktiviert nicht, sondern beruhigt. Sie ist keine treibende Kraft.

4.5.1 Abwehr von Unsicherheit als Antrieb des Lernens

Es ist viel darüber nachgedacht worden, worin die Energiequellen des Lernens beziehungsweise Verhaltens bestehen. Die Psychoanalyse vertritt die These vom Lustprinzip des Handelns und räumt der Sexualität einen zentralen Platz ein. Die Theorie vom Lernen am Erfolg (Trial and Error) geht vom Neugierverhalten als einem grundlegenden Antrieb des Lernens aus. Rogers vertritt die Theorie der Selbstaktualisierungstendenz, das heißt das Bedürfnis des Menschen, sein Selbst auszuleben, störende Faktoren zu beseitigen oder zu umgehen und Bestätigung zu suchen (Schneewind 1996, 51). Im Folgenden wird die Lebensenergie als das Bemühen ums Überleben verstanden. Jeder Mensch, sei er behindert, bedroht, gedemütigt oder freudlos, hängt am Leben – mit wenigen Ausnahmen. Das Leben erscheint so kostbar und unwiederbringlich, dass niemand freiwillig davon lassen mag. Überleben bedeutet, Sicherheit zu erlangen. Die Abwehr von Angst und Unsicherheit ist daher ein zentrales Motiv bei Lernprozessen.

Der amerikanische Psychologe Kagan vermutete, dass die grundlegende Art der Energie, durch welche Lernmotive gebildet werden, in dem Bestreben zu sehen ist, Unsicherheit und Ungewissheit abzuwehren beziehungsweise die durch Unsicherheit entstehende (innere) Beunruhigung zu mildern oder ganz zu vermeiden. Das Streben nach Sicherheit und Ruhe liegt auch den Emotionen zugrunde. Emotionen signalisieren innere Unruhe. Das zugrundeliegende Motiv bei der Äußerung von Emotionen ist das Bestreben, einen Zustand des Friedens und Wohlbefindens (wieder)herzustellen beziehungsweise Unsicherheit abzuwehren.

4.5.2 Lebensfreude durch Abwehr von Unsicherheit

Die Formen der Bewältigung von Unsicherheit verändern sich mit der altersmäßigen Entwicklung. Während das kleine Kind auf Unsicherheit unmittelbar reagiert und Schutz sucht bei vertrauten Personen, lernt der Erwachsene durch Erfahrung (Anpassung, Gewöhnung, Einsicht) und vor allem durch die Ausbildung solcher kognitiver Strukturen, die ihn davor schützen, auf Unbekanntes mit Angst zu reagieren. Ob auf diese Weise das Motiv der Unsicherheitsabwehr, innere Ruhe zu finden, erreicht wird, ist eher fraglich, denn Denkmuster und aufgeschobene Belohnungen sind geeignet, nur scheinbare Sicherheiten vorzugeben, während die grundlegende Existenzunsicherheit bestehen bleibt.

Das primäre Motiv nach Sicherheit kann noch grundsätzlicher gefasst werden als Erfahrung des „Nicht". Existentiell kommt der Mensch aus dem „Nicht" und geht darin wieder ein. Das Leben und die Lebenserfahrung stellen eine Bereicherung dar, soweit ein Individuum ein Bewusstsein darüber entwickelt, in welchem Bezug die Lebenserfahrungen zu seinem Ichgefühl stehen. Lebensfreude und Lebenssinn können sich an rein äußerlichen Dingen und Erlebnissen entwickeln. Damit ist ein Zusammenhang hergestellt zu älteren Motivationstheorien, die den „Hedonismus", das heißt die „reine" Freude am Leben als Erklärung für Motivquellen annahmen und übergreifende Zusammenhänge des menschlichen Lebens außer Acht ließen. Auf längere Sicht wird sich ein Individuum jedoch leer und „ausgebrannt" fühlen, wenn es seinen Wert nur an äußerlichen Erlebnisqualitäten misst.

Freude als Maß eines erfüllten Lebens lässt vergessen, dass das Leben zwischen Geburt und Tod steht. Auch Gewöhnungen geben uns Sicherheiten, die vor diesen grundlegenden Wahrheiten des Lebens keinen Bestand haben. Unser Selbst scheint uns frei und unabhängig und ist doch geformt durch die Erwartungen und Normen der sozialen Organisation, der wir angehören. Unser Handeln ist in Wirklichkeit die ständige Wiederholung des Gleichen – lediglich durch unser Gefühl und unser Bewusstsein persönlich eingefärbt. Unsere innere Unabhängigkeit erweist sich als Abhängigkeit von Normen und Erwartungen, solange wir kein Bewusstsein für das Leben übergreifende kosmischen Zusammenhänge entwickeln beziehungsweise eine geistige Haltung dazu einnehmen, die dem Leben Sinn verleiht. Unser Selbst ist durch eine Vielzahl zum Teil nicht zusammenhängender Erfahrungen wie ein Flickenteppich „programmiert". Menschen, die ihre persönlichen Erfahrungen verabsolutieren und anderen aufzwingen wollen, erscheinen uns oft als lächerlich und unglaubwürdig. Sie sind jedoch nur der Spiegel für die eigene Konfusion unseres Selbst, das wir vielleicht ganz gut organisiert haben, um uns mit Überzeugungskraft oder Autorität nach außen zu präsentieren. Mit Freude und Lust kann die Erfahrung des Mangels verbunden sein. Die Freude, die ich im Umgang mit einem Ding oder einer Person empfinde, macht mich von diesen abhängig (Steiner 1987a, 164). Meine Erkenntnis bleibt auf einer bestimmten Stufe stehen, wenn ich stets lustvolle Erlebnisse suche. Die Sinne stumpfen ab. Der Lustgewinn nimmt mit der Gewöhnung ab. Ich erleide Mangel an mir selbst. Das Handeln nach dem Lustprinzip stellt eine Verführung dar, weil ich auf einer bestimmten Stufe der Verhaltensorganisation und des Bewusstseins stehen bleibe. Die menschliche Natur besitzt jedoch in hohem Maße Kreativität sowie Bestrebungen, das Menschsein mit dem Anderen zu teilen. Diese wesenhaften Potenzen verlangen nach Lernen und Entwicklung. Die Ausschöpfung des lustvollen Erlebens gerät auf lange Sicht in Widerspruch zu den kreativen und kommunikativen Fähigkeiten des Menschen – sie wird zu Sucht.

4.5.3 Erhöhung der Lernmotivation durch Unsicherheit

Die Vielfalt der beobachteten Situationen und Modelle ist groß. Auch wenn das Individuum nur auf einen kleinen Ausschnitt der Wirklichkeit aufmerksam wird und nach eigener Bedürfnis- oder Interessenlage eine Selektion vornimmt, bleibt die Zahl der Beobachtungssituationen nahezu unübersehbar. Jede Beobachtung, jeder Gedankenblitz, jedes Erlebnis, alle Verarbeitungen und Erkenntnisse werden im Körper von Geburt an gespeichert. Nur der geringste Teil dieser Ablagerungen ist dem Bewusstsein zugänglich. Träume können daher auf ein nahezu unendliches Reservoir von Erlebnissen und Beobachtungen in unserem Unbewussten zurückgreifen und symbolisch verschlüsseln. Das Bewusstsein schützt uns vor einer Überflutung von Erlebnissen, die uns verunsichern würden. Die Gedanken fließen in einer kaum überschaubaren Vielfalt durch das Hirn des Menschen, suchen Querverbindungen, brechen ab und setzen mit Assoziationen an völlig neuer Stelle ein. Die Handlungsrealität setzt dieser Gedankenflut Grenzen und korrigiert sie. So ist jeder Mensch ständig damit beschäftigt, die unendliche Vielfalt der Wahrnehmungen zu filtern und nur solchen Informationen Bedeutung zu geben, die ihn irgendwie berühren. Das Individuum lernt, sich mit neuen Situationen auseinander zu setzen, bildet Gewohnheiten heraus, die es entlasten und sammelt praktische Lebenserfahrungen. Die Grundsituation ist dabei stets dieselbe: Ein Mensch muss lernen, neuen Situationen zu begegnen – damit ist er mit der Unsicherheit konfrontiert, ob die von ihm entwickelten Verhaltensmuster und Handlungskompetenzen geeignet sind, auch Unbekanntes zu bewältigen.

Die Bereitschaft zur Nachahmung sinkt, wenn der Beobachter das Gefühl hat, dass eine Situation für ihn strukturiert ist und wenn die Vorkenntnis der Aufgabe zunimmt (Schneewind 1996, 38). Es tritt eine Bedürfnissättigung ein. Jeder kennt die Erfahrung, dass das Interesse an Neuem sinkt, wenn es in Routine und Alltag übergeht. Auch die Beziehungen von Menschen sind durch diesen Prozess der Standardisierung gefährdet. Die Aufmerksamkeit wächst dagegen bei vorheriger Misserfolgserfahrung. Anders ausgedrückt: Handlungssituationen mit größerer Sicherheit für das beobachtende Individuum reduzieren die Lernbereitschaft, Situationen, in denen Unsicherheit besteht, erhöhen sie. Eine Erklärung hierfür besteht darin, dass der Beobachter in unsicheren Situationen das Verhalten des Modells bereitwillig als Orientierungshilfe annimmt, um durch die Kopie des Verhaltens die eigene Unsicherheit zu reduzieren (Halisch 1990, 391).

4.5.4 Die Unsicherheitsfaktoren Leid und Schmerz als „Katalysatoren" des Lernens

Unsicherheit ist oft mit Leid verbunden. Wenn ein Individuum in Situationen gerät, die ihm Schmerzen bereiten, erfährt der Energiefluss Blockaden. Ein hoher Energieaufwand ist nötig, um sie zu bewältigen. Konfliktmanagement ist daher ein wesentlicher Bestandteil von Lernprozessen. Dabei können neue Wege gefunden werden. Gewöhnung dagegen schafft Sicherheit – die Energie fließt ruhig. Einer Person, die immer wieder in meinem Umfeld anwesend ist, wie Vater, Mutter oder Lebenspartner, kann ich vertrauensvoll begegnen. Gewohnheitsmäßiges Verhalten führt zu Entlastungen und reduziert den Energieaufwand.

Lernen durch Beobachtung enthält die Möglichkeit, fremdes Verhalten in eigenes zu verwandeln. Ich begegne der Umwelt zwar mit einem durch Imitation erworbenen, aber durch den Aneignungsprozess auch wieder eigenen Verhalten. Das Beobachtungslernen verbinde ich mit dem Ziel, ein für mich passendes Verhaltensmuster zu entwickeln, das mir Anerkennung verschafft, Freude bereitet und meinen Zielen entspricht. Wenn das Verhalten jedoch in Konflikt mit den Erwartungen oder den Ansprüchen anderer gerät, mache ich die leidvolle Erfahrung, dass das Erlernte nicht den Anforderungen entspricht.

Aus der Erfahrung des Mangels oder Nichtgenügens können sich unterschiedliche Einstellungen ergeben. Ich kann zu dem Ergebnis kommen, dass mein erlerntes Verhalten in Ordnung ist und die Ursachen für den Mangel in der Umwelt zu suchen sind. Wenn ich dagegen erkenne, dass die Ursachen für das Fehlverhalten bei mir liegen, kann ich versuchen, mein Verhalten so zu ändern, dass ich kompetenter reagiere.

Diese Handlungsalternativen führen oft zu keinem befriedigenden Ergebnis. Individuen machen die Erfahrung, dass sie denselben „Fehler" immer wieder im Leben machen. Sie fallen immer wieder in dasselbe

Loch. Was soll dann geändert werden, wenn weder die Umwelt, noch mein erlerntes Verhalten verantwortlich gemacht werden können für den erneuten Schmerz und neue leidvolle Erfahrungen?

Durch Nachdenken kann ich zu dem Schluss gelangen, dass ein durch Beobachtungslernen erworbenes Verhalten mir nicht entspricht. Ich habe in diesem Falle willkürlich ein Verhalten angenommen und imitiert, von dem ich unbewusst oder bewusst angenommen hatte, dass es vorteilhaft oder erfolgreich sein könnte. Aber als ein mir entsprechendes Verhalten und wirklich gewollt habe ich es nicht. Das imitierte Verhalten wird mir fremd. Ich stehe vor einer Krise zwischen meinem Ich als dem unveränderbaren kreativen und intuitiven Kern meiner Person und dem „Selbst", das heißt der Verhaltensorganisation, die ich für meine soziale Identität gehalten habe, die mir aber beständig aufs neue Probleme und Leid bereitet.

Welche Rolle spielen Lust und Schmerz in der Organisation der kognitiven Prozesse? Nach den bisherigen Aussagen kann man feststellen, dass die leidvolle Erfahrung den Beobachter in Entscheidungssituationen zwingt, die er ohne diese Erfahrung vielleicht vermieden oder ignoriert hätte. Er muss sein Verhalten neu organisieren, um einer Wiederholung des Leids zu entgehen. Der Schmerz macht wach. Der Beobachtende ist in eine leidvolle Situation geraten, weil er seine Bedürfnisse von den Erwartungen anderer abhängig gemacht hat. Leid ist eine Mangelerfahrung. Diese Erfahrung wird sich wiederholen, wenn das Verhalten stets nach derselben Maxime an den Erwartungen anderer ausgerichtet wird. Wenn ein Mensch aus dem Schmerz lernt und seine Lernprozesse an seinem Ichgefühl orientiert, kann Leid seine niederdrückende Funktion verlieren. Er erfährt Leid dann als sein Sein, in welchem er seinen Ausdruck findet.

Diese Erkenntnis kann für behinderte und in Not geratene, alte und pflegebedürftige Menschen hilfreich sein. Sie erleben ihre Not nur dann als deprimierendes Leid, wenn sie diese als „Sonderfall", „Ausnahme" oder „Unfall", das heißt nicht als einen Teil von sich betrachten. Gelingt es ihnen jedoch, ihre Hilfsbedürftigkeit als einen Aspekt des Menschseins, des Wesens des Menschen zu begreifen, kann das darin enthaltene Leid von ihnen angenommen werden. Viel hängt jedoch davon ab, ob die Pflegekräfte die Not der Pflegebedürftigen als einen normalen Aspekt des Menschseins verstehen und nicht ihrerseits das Bewusstsein erzeugen, diese seien „wie kleine Kinder", das heißt als nicht normal zu behandeln.

Weder Lust noch erfahrenes Leid können die Entwicklung eines Menschen voranbringen. Seine Kraft schöpft das Individuum vielmehr aus der Hingabe an Menschen oder Dinge der Umwelt, denn Engagement macht empfänglich für Neues, motiviert die Schöpferkraft und lässt ursprüngliche Beziehungen entstehen. Wenn das beobachtende und denkende Individuum jedoch beständig sein Selbst in den Mittelpunkt stellt, wird es seine Energie zunehmend in leidvollen Erfahrungen erschöpfen, die aus der ständigen Wiederholung des Aufeinanderprallens der Ichbezogenheit mit der Eigenart anderer resultiert.

4.5.5 Überwindung von Unsicherheit: Lernen, Gewohnheit und Vertrauen

Sicherheit – die zur Gewohnheit gewordenen nützlichen und anerkannten Verhaltensweisen – reproduziert zugleich Unsicherheit, weil ich, sobald ich in der schützenden Hülle der Routine eines Gewohnheitsverhaltens gestört werde, die Unsicherheit meiner Existenz mit um so größerer Wucht spüre, da ich nicht auf sie vorbereitet war. Für das Individuum, das sich durch Beobachtungslernen zahlreiche Verhaltenseigenheiten erworben hat, bedeutet diese Einsicht u.a., in gewisser Hinsicht wieder fähig zu werden, das Gelernte abzulegen, sich zu „entwöhnen". Personen, die als Aussiedler zu uns kommen, haben in ihrer Heimat oft in guter Position im Beruf gestanden. In Deutschland bilden sie zunächst schon allein wegen der sprachlichen Barriere oft das „Schlusslicht". Diese Menschen kommen unterschiedlich mit dem Problem zurecht – je nachdem, ob sie auch früher schon flexibel auf neue Situationen reagiert haben, Leistungsmotivation entwickeln konnten oder ängstlich waren. Die Erfahrung der Unsicherheit kann produktiv sein, wenn sie bewusst erlebt wird. Das Individuum wird sich darüber klar, dass Lernen letztlich nur Bestand hat, wenn es mit seinem Ichgefühl übereinstimmt. Menschen haben ein Gefühl, was ihnen aufgezwungen wird und was sie aus eigenem Antrieb machen. Ganz besonders ausgeprägt ist das Ichgefühl bei Kindern. Eltern sind gut beraten, wenn sie ihren Kindern öfter gewähren, ihren Eingebungen zu folgen, auch wenn ein Verhalten in den Augen der Erwachsenen unvernünftig erscheinen mag. In gleicher Weise dürfen auch Klienten gelegentlich ihren spontanen Eingebungen folgen, wenn dadurch ihr Gefühl gestärkt wird, dass ihnen nichts aufgezwungen wird und sie ihrem Ichgefühl folgen dürfen. In dem insgesamt durch Unsicherheit geprägten Feld der Sozialen Arbeit haben sie so wenigstens das gute Gefühl, dass ihre Handlungsabsichten Bestand haben.

4.6 LERNEN ALS SUBJEKTIVE ERFAHRUNG

Es werden grundsätzlich zwei Auffassungen des Lernens unterschieden:

(1) Eine verbreitete Vorstellung behauptet, dass in der Wahrnehmung objektive Merkmale eines Dinges oder einer Person beobachtet werden, die als Faktoren im Lernprozess von einem Individuum angeeignet und verarbeitet werden können. Bei dieser Auffassung konzentriert sich die Aufmerksamkeit des Betrachters auf die Entstehung äußerer Verhaltensmerkmale. Wenn Kinder in einem sozialen Experiment unter bestimmten Bedingungen das Verhalten eines aggressiven oder eines hilfsbereiten Modells kopieren, gilt dies im psychologischen Experiment als Bestätigung einer bestimmten Annahme. Die Selbstregulierung des Individuums, seine innere Organisation des Verhaltens, seine Persönlichkeit, seine Selbsterfahrung, Sympathie oder Antipathie sowie die praktische Lebenserfahrung bleiben bei dieser Betrachtung weitgehend unberücksichtigt. Im Mittelpunkt der Wahrnehmung steht das Objekt der Beobachtung, einmal im Zustand des „Input", dann wieder als „Output".

(2) Die zweite Auffassung von Beobachtung stellt die Bewusstseinsveränderungen, die das Ich während des In-Beziehung-Seins mit einem Ding oder einer Person erfährt, in den Mittelpunkt der Betrachtung. Es kommt hierbei nicht mehr so sehr darauf an, das Verhalten des anderen zu imitieren, sondern die Wahrnehmung als Beziehung zu verstehen, die eine Bereicherung für das Ich darstellt. Die subjektiv erfahrene Realität spielt eine entscheidende Rolle in der Beobachtung. Real ist für das Individuum, was es als real erlebt. Ein Patient mag von einer liebevollen, freundlichen Person betreut werden: Wenn seine Wahrnehmung der Situation so ist, dass diese Person ihm Furcht einflößt, dann ist es diese Wahrnehmung, die als Realität sein Verhalten bestimmt – mag die Person für andere Beobachter auch „objektiv" freundlich erscheinen. Diese Feststellung ist von dem Psychologen Thomas aufgestellt und als „Thomas-Theorem" bekannt geworden (Thomas 1928, 572).

In dem Prozess der Selbstreflexion kann ich mir bewusst machen, dass ich dem anderen mit etwas „Eigenem" begegne. Mein individueller Verhaltensausdruck ist im Beobachtungslernen entstanden und stellt in Wirklichkeit eine Mischung zwischen übernommenen Verhaltenssegmenten anderer und meiner eigenen Gefühle, Absichten und meiner Ausgestaltung des beobachteten Verhaltens dar. Der andere begegnet mir ebenfalls mit einem Verhalten, das er als sein eigenes betrachtet, welches aber in Wirklichkeit auch eine subjektive Auswahl von Verhaltenssequenzen darstellt, die er in der Vergangenheit kopiert hat beziehungsweise die er in der sozialen Umwelt vorgefunden hatte. Wenn die Subjekte Beziehungen eingehen, schützen sie zunächst ihr Ichgefühl, das mit den angeeigneten Einstellungen, Absichten und Gefühlen verbunden ist, indem sie andere Einstellungen und Werte abwehren. Die Reflektion des eigenen Verhaltens kann bewusst machen, dass das In-Beziehung-Sein mit dem anderen die eigentliche Kraftquelle des Lebens ist. Das Subjekt versteht dann die Beobachtung nicht mehr ausschließlich als einen Aneignungsprozess scheinbar objektiver Verhaltensweisen, sondern als eine Empfindung, die mit ihm „etwas macht". Reflektierte Beziehungserlebnisse bereichern das Selbst und stärken das Ichgefühl.

Diese Hinweise sind nicht so abstrakt, wie sie klingen. Man kann sich darin üben, nicht sofort in soziale Rollen und Bewertungsmuster zu verfallen, sondern die Dinge und Personen der Umwelt vorurteilsfrei aufzunehmen. Statt sich nach außen und nach innen abzuschirmen, können Beziehungen durch Offenheit gekennzeichnet sein. Wir brauchen uns nicht wieder in den Zustand des kleinen Kindes zu versetzen, um ohne Voreingenommenheit wahrnehmen zu können. Erwachsene können das Gefühl für Unvoreingenommenheit, welche das Kind unter bestimmten Voraussetzungen mühelos beherrscht, durch Übung wieder erlernen.

Die subjektive Realitätserfahrung

„Es ist die Wahrnehmung der Umwelt, die diese als Umwelt konstituiert" (Rogers 1959, 222).

Bei der subjektiven Realitätserfahrung ist der Prozess der Veränderung in mir der entscheidende Vorgang. Wenn ich in mir zentriert bin, spüre ich die Veränderungen, die durch die Wahrnehmung hervorgerufen werden als Veränderungen meines Selbst. In dieser Vorstellung gibt es kein „Objekt" mehr, sondern nur die subjektive Erlebnisqualität. Der Vorteil dieser Betrachtung besteht darin, dass die Aufmerksamkeit auf die Veränderungen des Beobachters gelenkt wird.

Eine Auffassung von Wahrnehmung, die sich die Beziehung zu Dingen und Personen bewusst macht und dabei die Verwandlung des Selbst spürt, führt zu völlig anderen Lernsequenzen als eine Auffassung, die von den äußerlichen Merkmalen der Dinge oder Personen ausgeht. Das Ding oder die Person wird in diesem Fall nicht zum bewunderten oder begehrenswerten Modell, deren Kopie mir Vorteile bringt, sondern ich erlebe mich selbst neu in der Beziehung zu diesem Ding oder jener Person.

Das kleine Kind richtet seine Aufmerksamkeit auf eine Vielzahl von Dingen und Personen seiner Umwelt, weil sein Ich begierig darauf ist, Neues zu erfahren und es sich in der Umwelt als eigenständiges Individuum organisieren will. Wahrnehmen heißt für das Kind, in Beziehung sein. Oft ist es so vertieft, dass es erschrickt, wenn es gestört wird. Die Wahrnehmung der Eltern ist so intensiv, dass es „fremdelt", wenn andere Personen erscheinen. Wenn es uns gelingt, Wahrnehmung als In-Beziehung-Sein wiederzuentdecken, werden wir einen Zustand innerer Ruhe und des Friedens erreichen, der uns befähigt, stets neu mit Dingen und Personen in Beziehung zu sein. Es gibt dann keine „sicheren" und „unsicheren" Situationen mehr. Das Individuum reflektiert sich dann in den Dingen und Personen und lässt sich nicht durch scheinbar „objektive" das heißt von anderen als „normal" bezeichneten Wahrnehmungen in seiner Beziehung zur sozialen Umwelt und zur Natur stören.

4.7 LERNEN UND LEISTUNG IM ERWACHSENENALTER

4.7.1 Gewinne und Verluste im Alter

Nach einer weitverbreiteten Überzeugung zeigen ältere Menschen zunehmend demente Züge, das heißt, sie leiden an Vergesslichkeit und können neue Informationen oft nicht aufnehmen oder verarbeiten. Weitere Altersstereotype behaupten, dass alte Menschen eingefahrene Gewohnheiten haben, nicht oder nur begrenzt lernfähig sind und retardieren beziehungsweise gelegentlich „kindliche" Gewohnheiten annehmen. Bei diesen Einschätzungen des Alters handelt es sich um Voreingenommenheiten, die nicht zwischen verschiedenen Entwicklungsdimensionen unterscheiden. Dass die Entwicklungspsychologie lange Zeit von dem Stereotyp: „Altern ist gleichbedeutend mit Lernverlust" beherrscht wurde, beweist nur, dass wissenschaftliche Theorien den Alltagsvorstellungen des Psychologen entstammen. In vielen Studien über die berufliche Leistungsfähigkeit älterer Menschen wurden zum Beispiel Verluste beschrieben – nach Gewinnen wurde nicht gefragt (Kruse/Rudinger 1998, 3). In jenen empirischen Studien, die sich sowohl auf Verluste wie auf Gewinne konzentrieren, ergibt sich ein wesentlich differenzierteres Bild der beruflichen Leistungsfähigkeit (ebenda, 2).

- Es zeigte sich, dass die Leistungs- und Lernfähigkeit im Erwachsenenalter von den spezifischen Anforderungen abhängig ist, die in einer beruflichen Tätigkeit verlangt werden. So ließ sich bei Berufen mit komplexer Informationsverarbeitung unter Zeitdruck ein – allerdings relativ geringer – Rückgang der Leistungsfähigkeit beobachten. Als Beispiel wurden Maschinenbediener genannt, die ab dem 45. Lebensjahr einen Leistungsabfall erkennen ließen.

- In Berufen, die erfahrungsgebundenes Wissen und routinisierte Abläufe erfordern, bringen ältere Mitarbeiter genau so gute oder bessere Leistungen (Beispiele sind Büroangestellte und Sekretärinnen).

- Einbußen in bestimmten Fertigkeiten (vor allem solche, die unter Zeitdruck erbracht werden müssen) können durch andere Fähigkeiten kompensiert werden (Überblick über Arbeitsabläufe, Erfahrungen).

- In den meisten Berufen waren die Unterschiede innerhalb der verschiedenen Altersgruppen größer als die Unterschiede zwischen den Altersgruppen.

Die wissenschaftliche Diskussion über Lernen im Alter hat sich geändert – weil „die Alten" sich geändert haben. Immer mehr Senioren finden den Mut, ein Studium zu beginnen (Hoffmeyer 1994, 20). Im WS 1993/94 studierten an bundesdeutschen Hochschulen und Universitäten 25.300 ältere Menschen (Kruse/Rudinger 1998, 3). „Senioren im Internet" ist keine Einzelerscheinung mehr und findet zunehmend das Interesse der Öffentlichkeit (www.seniorennet.de/index.htm und Hamburger

Abendblatt vom 15.1.1998). Längsschnittuntersuchungen haben ergeben, dass eine generelle Verschlechterung des Lernens mit dem Alter nicht eintritt (Wirsing 1993, 120). Auch die mit dem Stereotyp Alter verbundene Vermutung einer biologischen Ursache der Vergesslichkeit im Alter (Demenz) trifft keineswegs immer zu.

Loslassen

Erwachsene müssen meistens ein Konzept haben, wenn sie wahrnehmen oder handeln. Man sieht nur das, was man zu sehen „gewohnt" ist. Ein wichtiger Lernprozess im Erwachsenenalter ist daher die Empathie: Sich ohne Vorurteil vorstellen zu können, wie ein Gefühl der Lust oder des Leids in einem anderen Menschen wirkt. Von den Hauptreligionen der Welt wird entsprechend eine „Armut im Geiste" gefordert (Meister Eckhart, [Predigt 52] 1993, 551-563). Keineswegs ist hiermit angesprochen, dass die Menschen einfältig und bewusstlos sein sollten. „Armut" bedeutet vielmehr, ablassen von gewohnten Vorstellungen und Konzepten, die sich wie Bilder vor die Wahrnehmung schieben und den wirklichen Geist, der in der Beobachtung fließt, verschleiern, verstellen und dadurch abtöten (Meister Eckhart 1993, 555). Der wesentliche Lernprozess im Alter besteht darin, solche „Altlasten" vergangener Lernvorgänge zu erkennen und abzustreifen. Wer „arm im Geiste" ist, wird empfänglich für schöpferische Veränderungen im Innern.

4.7.2 Lernen im Erwachsenenalter und im Alter in verschiedenen Entwicklungsdimensionen

Aussagen über das Lernen im Erwachsenenalter erfordern eine Unterscheidung von verschiedenen Entwicklungsdimensionen. Während ältere Menschen in physiologischer Hinsicht Veränderungen erfahren, die überwiegend als Verluste gekennzeichnet werden können, erleben sie in der psychologischen Dimension oft ein Wachstum. Ihre Fähigkeiten in der Synthese von Erfahrungen nehmen zu, sie können reife Urteile fällen und weise werden. In der sozialen Dimension ist das Leben älterer Menschen beruflich oft durch die Abnahme von Chancen betroffen (Kruse/Rudinger 1998, 3).

- Biologisch lässt sich im höheren Erwachsenenalter und im Alter eine Abnahme der Anpassungsfähigkeit des Organismus und eine Zunahme der Vulnerabilität (Verletzlichkeit) erkennen. Es gibt jedoch große interindividuelle Unterschiede hinsichtlich des Zeitpunkts, an welchem das „biologische Altern" beginnt. Ältere Menschen weisen aber auch hohe Kapazitätsreserven auf. Durch zahlreiche Studien wurde eine Zunahme der körperlichen Leistungsfähigkeit im Alter nachgewiesen. Positive Effekte im Training koordinativer Fertigkeiten konnten selbst im hohen Alter festgestellt werden (Kruse/Rudinger 1998, 1).

- In der psychologischen Dimension lässt sich bei älteren Menschen vor allem eine Abnahme der fluiden Intelligenz feststellen, das heißt der Fähigkeit, neue kognitive Probleme schnell zu lösen. Insgesamt werden Erwachsene langsamer in der Informationsverarbeitung, zeigen zunehmende Störungen in der Aufmerksamkeit (Vigilanzschwäche) und haben eine verringerte Kapazität des Kurzzeitgedächtnisses. Diesen Verlusten stehen mögliche Gewinne an Erfahrung und Wissen gegenüber. In bereichsspezifischen Wissenssystemen wie zum Beispiel in beruflichen Fragen oder in der Organisation des Alltags haben Erwachsene und ältere Menschen Kenntnisse und Erfahrungen akkumuliert, in welche jüngere Menschen erst allmählich hineinwachsen können. Kapazitätsreserven gibt es auch im kognitiven Bereich. Durch kognitives Training lassen sich auch im fortgeschrittenen Erwachsenenalter Intelligenz- und Gedächtnisfunktionen positiv beeinflussen.

- Die soziale Dimension Erwachsener und älterer Menschen ist im beruflichen Bereich häufig durch Benachteiligung und Defizite gekennzeichnet. Ältere Arbeitnehmer ab 45 Jahren werden oft von der beruflichen Weiterbildung ausgeschlossen. Dadurch erhöhen sich ihre Schwierigkeiten bei der Bewältigung neuer beruflicher Anforderungen (zum Beispiel im Bereich der technologischen Innovationen). Schlechtere Leistungen im Alter sind oft das Ergebnis fehlender Chancen zur Weiterbildung beziehungsweise von beruflicher Unterforderung im Alter.

Weiterführende Literatur zu den Umweltbedingungen und den sozialen Beziehungen alter Menschen: Baltes 1995; Finck 1993; Lang/Tesch-Römer 1993; v. Sydow 1993; Wahl/Baltes 1990

4.7.3 Intelligenz im Alter

Gedächtnisschwächen und Lernhemmungen können verschiedene Ursachen haben. Oft hört man schon von Dreißigjährigen den Ausspruch: „Ich werde immer vergesslicher, ich glaube, ich werde alt!" Bei genauerem Hinsehen kann man feststellen, dass die Person oft überlastet ist. Die Fülle bereits gespeicherter Informationen in diesem Alter macht die Aufnahme aktueller, unmittelbar abrufbarer Daten immer schwerer. Im Gehirn werden neue Formen der Gedächtnisorganisation erprobt. Es muss „umgeräumt", neu bewertet und „gelöscht" werden. Menschen in diesem Alter verfügen oft nicht mehr über unmittelbares Wissen, sondern erwerben Erfahrungen darin, wo sie nachschlagen können, wen sie fragen können beziehungsweise welche Stelle über welche Informationen verfügt.

• Strategisches Denken lernen

Diese Art der Gedächtnisorganisation kann mehr und mehr dazu führen, dass der Bestand unmittelbar verfügbarer Daten im Kurzzeitgedächtnis abgebaut wird und die Fähigkeit, sich das notwendige Wissen in kürzester Zeit zu beschaffen, zunimmt (Wirsing 1993, 118). Es handelt sich also keineswegs um eine „Alterserscheinung" im biologischen Sinne, sondern im Gegenteil, um eine effektive Nutzung des Gehirns. Die scheinbare „Vergesslichkeit" verleitet zu falschen Rückschlüssen, denen sogar das Individuum, das diese Gedächtnis-Reorganisation vorgenommen hat, erliegen kann. Allerdings kann es bei Menschen, die keine derartige Rationalisierung in ihrem Gedächtnis vorgenommen haben, vorkommen, dass sie aufgrund der Informationsflut immer häufiger Informationsverlust erleiden. Aber auch in diesem Falle handelt es sich nicht um eine biologische Erscheinung, sondern um den Umgang mit der Organisation des Lernens. „Lernen, zu lernen" wird daher eine immer häufigere Anforderung, vor allem an Menschen in fortgeschrittenem Alter, die von sich aus nicht über die Fähigkeit zur Neubewertung von Informationen und Reorganisation ihres Gedächtnisses verfügen.

• Intelligenztests sind oft nicht intelligent

Bei Intelligenztests lässt sich ein deutliches Abfallen mit dem Lebensalter feststellen. Mit 20 Jahren befinden sich Personen in unse-

213

rem Kulturkreis im Zenit ihrer „intelligenten" Leistungsfähigkeit. Bereits im Alter von 30 und 40 Jahren ist ein deutlicher Abfall festzustellen, der in den Jahren ab 50 rapide zunimmt.

Bedeutet dieses Ergebnis, dass die geistige Entwicklung älterer Menschen abnimmt? Schon unsere Lebenserfahrung zeigt, dass dies nicht generell zutrifft. Personen im Alter von 40 Jahren sind nicht „dümmer" als jüngere. Gemessen wird die „Testintelligenz", die häufig den Schulfähigkeiten und -kenntnissen entspricht. Natürlich sind jüngere Menschen, die ihre Ausbildungszeit gerade beendet haben, besser in „Intelligenz"-Aufgaben trainiert als ältere. Genau dieser Unterschied wird gemessen. Dass ältere Menschen mehr Lebenserfahrung haben, klüger handeln können, abwägen und abschätzen, mehr gründlich als schnell arbeiten und bestimmte Bildungsinhalte bewusst ablehnen, kommt im Intelligenztest nicht zum Ausdruck. Alten Menschen fehlt häufig das Training für bestimmte neue geistige Aufgaben, da sie sich stark festgelegt haben und ihren in ihren Augen gesicherten Standpunkt nicht gern ändern. Der mangelnde Trainingseffekt ist daher eine der häufigsten Ursachen für den Gedächtnisschwund bei alten Menschen.

Schließlich gibt es die Weisheit des Alters. Sie besteht im Wesentlichen darin, sich nicht ständig behaupten und beweisen zu müssen. Alte Menschen schneiden besonders in solchen Tests schlecht ab, in welchen die Gedächtnisleistung durch das Auswendiglernen „sinnloser Silben" geprüft wird. Daraus wird auf die Altersabhängigkeit des Gedächtnisses geschlossen. Tatsächlich stellt dieses Ergebnis wohl eher ein Indiz dafür dar, dass ältere Menschen gelernt haben, nur für sie wichtige Informationen zu speichern und sich sinnlose gar nicht erst zu merken. Ein negatives Ergebnis im Gedächtnisleistungstest könnte also auch als Zeichen der Klugheit und Lebenserfahrung gewertet werden.

• Abschied von der Leistungsgesellschaft

Alte Menschen sind mehr in sich selbst zentriert und lassen sich nicht mehr, wie in jungen Jahren, durch äußere Erwartungen und Normen steuern. Damit werden sie ein Problemfall für die Leistungsgesellschaft. Sie sind zum Beispiel nicht (mehr) bereit, alle Aufgaben mit der geforderten Schnelligkeit zu erledigen. Alte Menschen lernen, loszulassen. Sie strengen sich nicht mehr so sehr an, neue Aufgaben zu erledigen. Das wird ihnen oft als Sturheit und Festhalten an alten Gewohnheiten angelastet. Positiv bedeutet das Loslassen jedoch, dass mehr Raum für den unmittelbaren Ausdruck des eigenen Empfindens geschaffen wird.

Im Alter wirken sich Faktoren der Lebensführung und Lebenserfahrung zum Teil kumulativ aus. Wer ungesund gelebt hat, wird die Folgen im Alter besonders spüren. Wer im Leben schlechte Erfahrung mit Lernsituationen gemacht hat, wird auch im Alter vermutlich keine Änderung erfahren. Wer stets Angst vor Neuem hatte, wird auch im Alter selten den Reiz des Neuen erfahren wollen. Spezifische Alterserscheinungen wirken sich ebenfalls auf die Lernfähigkeit aus. Ältere Menschen, die unter der Beeinträchtigung von Sinnesorganen leiden – schlechte Augen und Ohren – sind in der Aufnahme neuer Informationen behindert. Die häufige soziale Isolation und Einsamkeit und der Lebensraum Altersheim bilden keine guten Voraussetzungen für die aktive Auseinandersetzung mit der Umwelt. Angst, Selbstzweifel und fehlende Motivation wirken sich ebenfalls negativ auf die Lernfähigkeit aus. Insofern sind im Alter eine Vielzahl von Risikofaktoren vorhanden, die die Lernfähigkeit mindern können. Es handelt sich jedoch insgesamt um Bedingungen des Alters, die positiv verändert werden können.

Zusammenfassend kann man feststellen, dass ein Rückgang der Lernfähigkeit im Alter nur selten aus biologischen Faktoren abgeleitet werden kann. Der häufig zu beobachtende Leistungsabfall sowie Formen der „Vergesslichkeit" und mangelnder „abstrakter" Gedächtnisleistungen rühren eher von einer mangelnden Bereitschaft her, die Erwartungen der Leistungsgesellschaft bedingungslos zu erfüllen. Die spezifischen Fähigkeiten des Alters, Lebenserfahrung, Weisheit, Loslassen-Können, Zentriertheit im eigenen Empfinden u.a. werden in der Leistungsgesellschaft gering bewertet. Im Alter können leistungshemmende Faktoren wirksam werden, die aus der sozialen und biografischen Situation herrühren. Isolation, Einsamkeit, Angst und Selbstzweifel oder gar organische Beeinträchtigungen der Sinnesorgane sind schlechte Lernvoraussetzungen im Alter. Grundsätzlich lernen alte Menschen jedoch so gut wie junge – sofern die Aktivitäten ihren veränderten Interessen und Bedürfnissen dienen (Wirsing 1993, 122).

Weiterführende Literatur zum Thema Weisheit: Baltes/Smith 1990; Kaiser 1994; Reinmann-Rothmeier/Mandl 1995; Sowarka 1989; Staudinger/ Smith/Baltes 1992.

Weiterführende Literatur zum Thema der kognitiven Leistungsfähigkeit im Alter: Kliegl/Baltes 1991; Lehr 1987; Levy 1996; Martin/ Ewert 1996.

Übungsfragen:

1. Grenzen Sie die Begriffe Lernen, Reifung und Anlage ab!

2. Was hat Lernen mit Normen zu tun?

3. Beschreiben Sie den Prozess des Lernens!

4. Was bedeutet Psychosomatik?

5. Nehmen Sie kritisch Stellung zu der Volksweisheit: „Was Hänschen nicht lernt, lernt Hans nimmer mehr"!

6. Was verstehen Sie unter *Trial and Error*? Nennen Sie ein Beispiel!

7. Welche Zustände werden durch die klassische Konditionierung bewirkt?

8. Wodurch unterscheiden sich klassische und operante Konditionierung?

9. Nennen Sie drei Besonderheiten der kognitiven Lerntheorie!

10. Erklären Sie den Unterschied von *needs und wants* bei Lernprozessen!

11. Welcher Lernfortschritt wird durch Vernunft erzielt? Nennen Sie ein Beispiel aus eigener Erfahrung!

12. Nennen Sie die drei Kernannahmen der sozial-kognitiven Lerntheorie! Was verstehen sie unter einer Zwei-Faktor-Theorie?

13. Welche Rolle spielt die Aufmerksamkeit im Modell des sozialen Lernens?

14. Wie kann die Memorierung erleichtert werden?

15. Kann man ein Vorbild durch Handeln nachahmen?

16. Welche unterschiedlichen Auffassungen gibt es über die (Energie-)Quellen des Lernens?

17. Kann Unsicherheit durch Lebensfreude abgewehrt werden?

18. Wieso können Leid und Schmerz als Katalysatoren des Lernens bezeichnet werden?

19. Wie kann Angst in Sicherheit umgewandelt werden und welche Rolle spielt dabei das Lernen?

20. Nimmt die Intelligenz im Alter ab?

21. In welchen Dimensionen lassen sich Entwicklungen im Alter feststellen?

22. Was ist Weisheit?

23. Nehmen Sie Stellung zu dem Ausspruch: „Oft kommt es mir vor, als bestünde das Erwachsenensein in nichts anderem, als all das wieder zu verlernen, was ich in der Kindheit gelernt habe."

Teil 3
Anwendungen der Psychologie in Bereichen der Sozialen Arbeit

1. Psychologische Stressforschung

1.1 STRESS ALS BELASTUNG UND ALS HERAUSFORDERUNG

Der Begriff „Stress" wurde eingeführt, um den Zustand von Personen zu beschreiben, die sich überfordert und in auswegloser Lage fühlen. Wer den Anforderungen nicht gewachsen ist, reagiert mit typischen körperlichen Stresssymptomen, das heißt, er gerät in negativen Stress, „Distress" (nach der altgriechischen Wortsilbe „di" = „auseinander") . Wer dagegen zur Auffassung gelangt, dass er die Situation meistern kann, bewertet dieselbe Situation eher positiv und erfährt Stress als Anregung, als „Eu-stress" (nach dem altgriechischen Wort „eu" = „gut"). Nach Angaben Tauschs wird dieser Begriff jedoch in der wissenschaftlichen Psychologie nicht mehr verwendet, weil Stress immer eine Beeinträchtigung des Wohlbefindens bedeutet (Tausch 1996,18).

Viele Menschen beklagen den Stress in ihrem Leben und wünschen sich weniger Aufregung und mehr Ruhe. Für manche Berufe gehört Stress aber einfach zum normalen Berufsalltag. Als Politiker, als Mitarbeiter in der Werbung, in der Medien- und Fernsehbranche und im Marketing gehört es zum Berufsbild, „busy" zu sein (DAKmagazin 1/99, 12). Stress gilt dort als Erkennungszeichen von Erfolg. Vertreter der Tarifparteien oder Minister, die übernächtigt nach lang andauernden Verhandlungen vor die Fernsehkamera treten, demonstrieren der Öffentlichkeit, dass sie Stress auf sich genommen haben, um der Allgemeinheit zu dienen.

Der Biochemiker Selye prägte den Begriff „Stress" bereits 1936. Bei endokrinologischen Untersuchungen hatte er festgestellt, dass starke Umweltbelastungen wie Hitze oder Kälte den Organismus in eine unspezifische Alarmsituation versetzten. Weitere Untersuchungen zeigten, dass die diffuse Alarmsituation des Körpers durch unterschiedliche Ereignisse ausgelöst werden konnte. Die belastenden Reize (Stressoren) waren entweder physikalischer Art (Lärm), beruhten auf chemischen Ursachen (Medikamente, Drogen), waren krankheitsbedingt (Fieber) oder stellten Reaktionen auf psychische Belastungen dar (Hektik) (Selye 1991). Heute wird der Begriff überwiegend für Reaktionen auf unangenehme Gefühle und Empfindungen sowie als Aktivierung körperlicher Vorgänge, zum Beispiel als Zunahme von Puls und Blutdruck, Hormonveränderungen, Schweissausbruch, Zittern oder Verspannungen bei extremen Belastungen benutzt – zum Beispiel bei Überforderungen am Arbeitsplatz, in Prüfungen, in der Schule oder in der Familie (Tausch 1996, 17).

Als Stressoren können körperliche, seelische und soziale Reize wirken. Als körperliche Stressoren werden extreme Erfahrungen wie Hitze, Kälte, Hunger, Infektionen oder Verwundungen (Verletzungen) erfahren. Seelische Stressoren treten als Versagensängste, Leistungsdruck in Prüfungssituationen und auch als Unterforderungen auf. Von sozialen Stressoren spricht man bei extremen sozialen Ereignissen, zum Beispiel dem Todesfall eines nahen Verwandten oder eines Freundes, bei sozialer Ablehnung in Form von Mobbing, bei scheinbar unlösbaren Konflikten wie Arbeitslosigkeit oder finanzieller Ausweglosigkeit, bei traumatischen Erlebnissen oder als Folge von Naturkatastrophen.

Bei Stress handelt es sich nicht um eine objektiv messbare, sondern um die subjektive Antwort eines Individuums auf eine entmutigende Situation. Unerwartete und übermäßige Stressfaktoren können zur Folge haben, dass in einer Person das Gefühl aufkommt, die Kontrolle zu verlieren. Die subjektive Belastung ist gekennzeichnet durch ein Ungleichgewicht zwischen Anforderungen und den persönlichen Möglichkeiten, diese zu erfüllen. Die Handlungsmöglichkeiten einer gestressten Person können durch zahlreiche Faktoren beschränkt sein: fehlende Leistungsfähigkeit, Zeit, Erwartungen, persönliche Einstellungen oder ein zu geringes Selbstbewusstsein. Stressoren gehören zum Leben. Wenn dem Individuum der natürliche Anpassungsprozess jedoch nicht mehr gelingt, gerät es aus dem Gleichgewicht, es kommt in eine Art Alarmzustand, der sich in körperlichen Symptomen ausdrückt.

Jeder Mensch nimmt Stress anders wahr. Was für den einen belastend wirkt, empfindet der andere als besondere Herausforderung oder anregenden „Kick". Der Stress, den ich erlebe, unterliegt vollkommen meiner eigenen Steuerung. Was ein Mensch allerdings an Stress bewältigen kann, hängt auch von der Dauer, Intensität und der Anzahl gleichzeitig auftretender Stressoren ab. Wenn negativer Stress zum Dauerzustand wird und keine Erholungsmöglichkeiten vorhanden sind, stellt sich Ermüdung ein und die Motivation sowie die Leistungsfähigkeit lassen nach. Als potentielle psychisch-mentale Stressoren am Arbeitsplatz gelten zum Beispiel (Sozialnetz-Hessen, Grundwissen: Stress am Arbeitsplatz und seine Folgen 1999, 2):

- Überforderungen durch Leistungsmenge und Arbeitstempo; Leistungs- und Zeitdruck,

- Informationsflut sowie Kompliziertheit, Unübersichtlichkeit und Unvollständigkeit von Informationen,

- Unterforderung, weil der Arbeitsinhalt nicht der Qualifikation entspricht,

- Überforderung,

- widersprüchliche Arbeitsanweisungen,

- ständige Unterbrechungen,

- mangelhafte oder fehlende Rückmeldungen,

- unklare Zielvorgaben,

- Angst vor Misserfolg oder Kontrolle,

- hohe Verantwortung,

- ungenügende Einarbeitung,

- unklare Zuständigkeiten,

- fehlende Anerkennung,

- Konkurrenzdruck,

- Isolation am Arbeitsplatz,

- Diskriminierung oder Benachteiligung,

- Angst vor dem Verlust des Arbeitsplatzes.

Ob ich mich über die Geringschätzung durch meinen Chef ärgere, das Zusammentreffen unglücklicher Zufälle beklage oder in Liebeskummer falle – immer bin ich selbst verantwortlich für meine Reaktionen. So lange allerdings, wie ich benötigte, um (zum Teil unbewusst) meine typischen Reaktionen bei „Gefahr" zu entwickeln, so lange werde ich an einer „Stresshygiene" arbeiten müssen, um an die Stelle von Stresssymptomen ein kreatives, von Gelassenheit getragenes Verhalten setzen zu können.

Stress hat zwei Seiten. Das chinesische Zeichen für „Gefahr" bedeutet zugleich „Gelegenheit" (Datané 1994, Vorwort). Ein Konflikt, der Spannung erzeugt, trägt auch die Möglichkeit der Entspannung in sich. Hohe Energiekonzentrationen helfen uns, das Leben zu bewältigen.

Stress als genetisch angelegte Abwehrreaktion bei Gefahren?
(aus: Rowshan 1999, 24/25)

Stellen Sie sich einmal vor, Sie wäre ein paar Millionen Jahre in der Zeit zurückgereist: Sie sitzen in einer Höhle neben dem Feuer. Während Sie es sich schmecken lassen, bemerken sie ein Tier in der Nähe. Sie wenden den Kopf, und plötzlich stürzt ein riesiger, wild blickender Säbelzahntiger auf Sie zu! Augenblicklich laufen in Ihrem Körper eine Reihe drastischer Veränderungen ab. Mit der entscheidenden „Kampf-oder-Flucht"-Reaktion schützt Mutter Natur Sie vor Gefahr. Diese angeborene automatische Reaktion ist durch folgende Veränderungen in Ihrem Körper gekennzeichnet:

(1) Sowie Ihr Gehirn das Nahen des Tigers registriert, wird Adrenalin in Ihrem Körper freigesetzt, was verschiedene körperliche Veränderungen zur Folge hat.

(2) Ihre Pupillen weiten sich, so dass mehr Licht in die Augen fällt und sie schärfer sehen können. Wenn Gefahr droht, müssen sie so gut sehen wie möglich.

(3) Ihr Mund wird trocken, damit kein Speichel in Ihren Magen gelangt.

(4) Infolgedessen setzt die Verdauung vorübergehend aus, so dass mehr Blut zu den Muskeln und ins Gehirn geschickt werden kann. Darum fühlen sie bei Stress die berühmten „Schmetterlinge im Bauch".

(5) Hals- und Schultermuskeln spannen sich in Vorbereitung auf die Reaktion. Gespannte Muskeln reagieren elastischer auf Stöße als entspannte.

(6) Ihr Atem beschleunigt sich, damit mehr Sauerstoff zu Ihren Muskeln gelangen kann.

(7) Ihr Herz schlägt schneller, und Ihr Blutdruck steigt. So gelangen mehr Energie und Sauerstoff in die verschiedenen Teile Ihres Körpers.

(8) Ihre Schweissproduktion erhöht sich, um den Körper abzukühlen. Je mehr Energie der Körper verbrennt, um so mehr schwitzen Sie.

(9) Ihre Leber setzt Glykogen frei, um so einen schnellen Energiestoß für Ihre Muskeln bereitzustellen.

(10) Ihre Milz gibt gespeicherte Blutkörperchen und bestimmte chemische Stoffe in den Blutkreislauf, so dass sich das Blut verdickt. Auf diese Weise kann das Blut schneller gerinnen als sonst, so dass etwaige Blutungen im Falle einer Verletzung schneller zum Stillstand kommen. Außerdem wird der Körper widerstandsfähiger gegen Infektionen.

Bei Stress handelt es sich um eine allgemeine körperliche Anspannung, die konstruktiv eingesetzt werden kann, um kritische Situationen zu meistern: Eine Person, die unter Stress steht, kann ihre Leistungsfähigkeit steigern. In Prüfungen erbringen manche Personen durch hohe Konzentration gute Ergebnisse – andere geraten in Prüfungsstress und versagen. Mancher Schauspieler steigert sich bei der Aufführung zu bewundernswerter Einmaligkeit. Skispringer, Rennfahrer und andere Sportler zeigen im Stress der Konkurrenz Weltbestleistungen.

Stress ist ein ständiger Begleiter unseres Lebens. Diese Zeilen zu schreiben, bedeutet Stress: Der Autor möchte eine sehr große Zahl von Informationen über Stress zu einem anschaulichen Artikel über die Bedeutung der psychologischen Stressforschung für die Soziale Arbeit verarbeiten. Das ist anstrengend – gleichzeitig stellt es für den Verfasser eine Herausforderung dar. Damit ist eine grundlegende Definition von Stress gegeben: „Es handelt sich grundsätzlich um ‚eine Anpassung' des Organismus an Anforderungen" (Roswhan 1999, 34). Diese kann gelingen oder misslingen.

Stress ist Bewegung; es gibt kein Leben ohne Stress. Beim Verliebtsein, bei der Vorfreude auf eine interessante Reise oder bei der Geburt eines Kindes handelt es sich allgemein um Stresssituationen; denn etwas Neues versetzt uns in Spannung. Der Reiz des Neuen erzeugt in der Regel zunächst „Eu-Stress", das heißt eine angenehme körperliche Erregung. Wenn jedoch die Angst vor dem Risiko, dass etwas schiefgehen könnte, zunimmt, wenn der Verlust der geliebten Person befürchtet wird, eine Reise ins Wasser fällt oder die Sorge um die Gesundheit von Mutter und Kind wächst, kann „Di-stress" aufkommen.

Stress entsteht, wenn wir in eine Situation geraten, die wir nicht oder völlig anders erwartet hatten oder die sich völlig entgegengesetzt entwickelt, so dass das Gefühl aufkommt, den Anforderungen hilflos ausgeliefert zu sein. Der Energiekreislauf blockiert, und es entwickelt sich eine diffuse Angst: Das Herz fängt an zu rasen, die Hände werden feucht, wir zittern, die Brust wird eng oder wir empfinden Brustschmerzen, Atmungsschwierigkeiten stellen sich ein (Kurzatmigkeit), und wir haben das Gefühl, dass wir die Kontrolle verlieren oder verrückt werden könnten (Internet Mental Health der Weltgesundheitsorganisation 1992, 1).

Alltägliche Situationen können den Hypothalamus, das „Stresszentrum" im Gehirn, wie in grauer Vorzeit bei unseren Urahnen, aktivieren, so dass er Botenstoffe aussendet, deren Wirkung die Hirnanhangdrüse zur Ausschüttung von Hormonen stimuliert. Diese wiederum wirken auf die Nebennieren, die das Adrenalin freisetzen, welches die körperlichen Stresssymptome auslöst.

Die physiologischen Veränderungen bereiten den Organismus auf Flucht oder Angriff vor. Ein rücksichtsloser Autofahrer, ein wütender Chef oder das aufkommende Gefühl der Missachtung in einer sozialen Beziehung lösen bei uns die gleichen Reaktionen aus wie bei den Vorfahren die Begegnung mit einer Gefahr. Dennoch besteht ein entscheidender Unterschied: Anders als die Höhlenmenschen können wir nicht direkt reagieren, sondern befinden uns in einer andauernden stressbeladenen Zwangslage. Wir gehen nicht auf den Vorgesetzten (den Säbelzahntiger!) los und flüchten nicht gleich vor mangelndem Respekt in sozialen Beziehungen, auch wenn wir es gerne möchten.

Die vielfältigen Stresserlebnisse lassen sich nach dem Grad ihrer Dauer ordnen (Tausch 1999 19). Kurzzeitiger Alltagsstress dauert einige Minuten bis zu einer Stunde. Oft sind Zeitdruck, Eile und Hetze sowie Überforderungen und Nichterreichen des Ziels die Auslöser. In ihrer Intensität können sie ähnliche Auswirkungen wie lang anhaltende Belastungen haben. Unerfreuliche Begegnungen oder Auseinandersetzungen im Beruf, in der Familie oder im Bekanntenkreis oder mit vielen Menschen auf engem Raum zusammen sein zu müssen, sind Formen des Alltagsstress, die sich über mehrere Stunden hinziehen. Längerdauernde Stress-Belastungen treten ein, wenn das Wohlbefinden durch belastende Anforderungen im Beruf, Schwierigkeiten, Streit oder Auseinandersetzungen mit Vorgesetzten oder überzogene Anforderungen an sich selbst, alles perfekt machen zu wollen, gestört ist. Auch Konflikte in der Partnerschaft, Prüfungen sowie ungewöhnliche Ereignisse mit ungewissem Ausgang, ein längerer Krankenhausaufenthalt oder ein Wohnungs- oder Arbeitsplatzwechsel können zu innerem Druck führen, der sich in Müdigkeit, starken Verspannungen im Nacken- und Schulterbereich oder seelischen Blockierungen äußert. Wenn der Anlass für den länger dauernden Stress wegfällt – der Ehestreit wird beigelegt, die Prüfung ist bestanden, die Entlassung aus dem Krankenhaus steht bevor –, ist auch der Stress in der Regel beseitigt.

Stressreaktionsschema

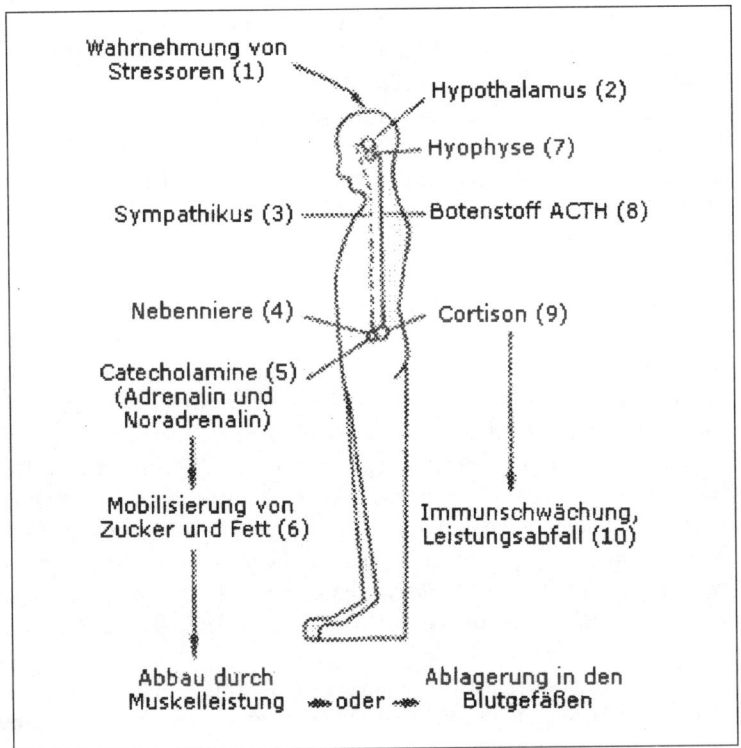

Bildquelle: nach Müller-Limmroth 1981;
aus: Margit Freigang, Gesundheitsschutz im Betrieb, Bund-Verlag

Während Alltagsstress und länger dauernde Belastungen sich auflösen können, da die auslösenden Faktoren vorübergehender Natur sind, kann das Ergebnis von Dauerstress allerdings fatale Folgen haben: Die körperliche Anspannung löst sich nicht. Der Körper mobilisiert immer wieder sämtliche Reserven – bleibt aber durch die fehlende Möglichkeit, körperlich abzureagieren, blockiert. Gesundheitliche Schäden können die Folge sein. Es kommt zu chronischen körperlichen Veränderungen wie Seh- und Schluckproblemen, Verdauungsschwierigkeiten und Magengeschwüren, schmerzhafter Muskelverspannung, vor allem im Nacken und in der Schultermuskulatur, chronischem flachem Atmen bis hin zu Asthma, Herz- und Kreislaufstörungen, besonders bei „Managerstress" und ständigen Blutdrucksteigerungen bis hin zum dauerhaft erhöhten Blutdruck (Rowshan 1999, 27).

Die psychologische Reaktion auf die physiologischen Veränderungen durch Stress kann allerdings sehr unterschiedlich sein. Viele Menschen scheuen sich zum Beispiel, öffentlich zu sprechen. Sie wittern darin eine Gefahr für ihre Persönlichkeit und würden mit Stresssymptomen reagieren – andere Personen verdienen sich ihr Geld mit öffentlichen Auftritten und stecken das „Lampenfieber" leicht weg. Stressbewältigung ist daher u.a. eine Frage des Selbstbewusstseins und der Bewertung von Situationen. Stress kann psychologisch auch durch vorgestellte Situationen ausgelöst werden. Ein Jugendlicher mit Epilepsie berichtete, er habe das Wochenende ohne Beschwerden in einer Disco verbracht und am Montagmorgen – vermutlich bei der Vorstellung, einen Anfall bei der Arbeit zu bekommen – mehrere epileptische Anfälle überstehen müssen, bevor er zur Arbeit habe gehen können. Wenn Sie entspannt im Bett liegen und Ihnen plötzlich durch den Kopf geht, dass Sie schlecht vorbereitet sind für die Arbeit, stellen sich vielleicht typische Stresssymptome ein. Sie können nicht einschlafen – und am Ende wird Ihre Angst zur Realität, das heißt, sie machen Ihre Arbeit aufgrund Ihrer Anspannung wirklich schlecht.

Wer unter Stress steht, hat Angst. Im Kopf läuten die Alarmglocken. Die Situation scheint unkontrollierbar. Man sucht fieberhaft nach einem Ausweg oder einer Lösung. Man greift auf eingeschliffene Handlungsmuster zurück, statt Einsicht in die Komplexität der Situation zu entwickeln. Die alten Lösungsmuster versagen. Es kommt zur Krise. Diese kann lange dauern: Wochen, Monate, vielleicht ein Jahr. Der andauernde Stress verändert uns. Wir können zu der Einsicht gelangen, dass es

„so nicht weitergeht". Typische impulsive Reaktionen und Gefühle blockieren uns, und gegenüber unserer Denkmaschine, die uns mit Rechtfertigungen und Schuldzuweisungen reichlich versorgt, werden wir allmählich skeptisch.

Der Volksmund weiß, wie Organe sprechen

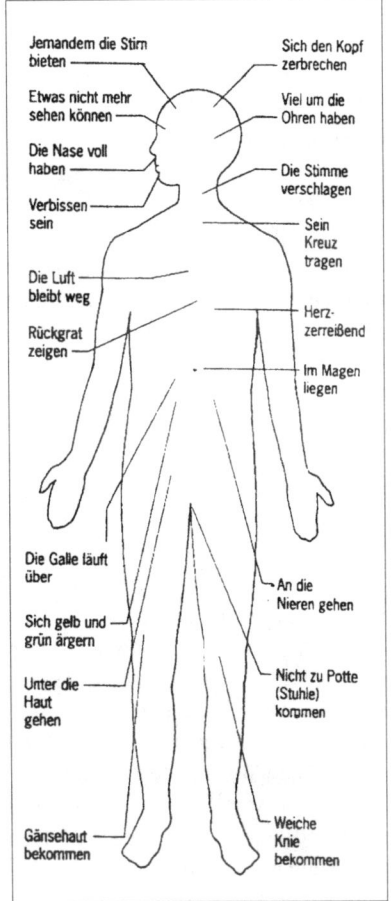

Bildquelle: Corazza, Daimler, Ernst u.a.; Kursbuch Gesundheit, Köln, 1990

Die Krise kann auch die Voraussetzung dafür sein, dass wir einen neuen Weg finden, schwierigen Situationen zu begegnen (DAKmagazin 1/99, 13). Stress kann uns von Ballast befreien. Die scheinbar ausweglose Lage, in die wir geraten sind, zwingt uns, einen Weg zur systematischen Lösung des Problems zu suchen. So lange wir die Wahl haben, nicht zum Workaholic zu werden oder in Depressionen zu verfallen, können wir einen Weg einschlagen, der unserer Gesundheit dient (Böning 1992, 297). Wir stehen gewissermaßen in der gleichen Situation wie ein starker Raucher, der gesundheitliche Beeinträchtigungen bereits spürt: Gelingt es ihm, sich von der Zigarettenabhängigkeit zu befreien oder wird er Opfer seiner unkontrollierten Sucht? Sucht stellt eine Form der Bedürfnisbefriedigung dar. Der Workaholic genießt die Anerkennung, die sein übersteigerter Arbeitseinsatz ihm verschafft. Der Raucher baut Stress ab in den (kurzen) Phasen des Rauchens. Der Manager schöpft sein Organisationstalent aus und verwirklicht sich selbst. Diesen positiven Seiten entspricht beim Entzug der Suchtmittel aber stets ein Stressaufbau: Der Manager erlebt das „Burnout"-Gefühl, plötzlich funktioniert sein Talent nicht mehr. Der Workaholic, dem seine Arbeit entzogen wird, fällt ins Nichts, und den auf Entzug gesetzten Zigarettenraucher überkommt Nervosität. Frei von Stress wird nur, wer die Extreme (Übertreibungen) vermeidet und sich in der Lage fühlt, konkrete Alternativen zu entwickeln.

1.2 STRESSBEWÄLTIGUNG

Die Stressreaktion gehört zum genetischen Potential des Menschen und hilft, Gefahren abzuwenden. Nach dem Abklingen der Gefahr baut der Körper die Stresssymptome automatisch ab. In verschiedenen Bereichen der Gesellschaft lässt sich eine Zunahme von Gewalt beobachten. Es handelt sich um eine direkte Form der Stressbewältigung, sich körperlich abzureagieren. Gewalt ist jedoch keine Lösung für soziale Konflikte. Das Angriffsverhalten bei Konflikten kann den Angreifer zwar kurzfristig entlasten, verstärkt aber meistens den Konflikt und bindet neue Energien. In gleicher Weise kann man zwar versuchen, Zeitdruck durch erhöhte Anstrengungen auszugleichen, vermindert dadurch aber die Leistungsfähigkeit und verschärft die Probleme. Dennoch: Bei Angriff oder Flucht handelt es sich im Grunde um bewährte aktive Formen des Überlebens in Stresssituationen. Am schädlichsten wirken Verhaltensformen hilfloser Passivität wie Nichtstun und Grübeln (Sozialnetz Hessen 1999, Stressbewältigung im Alltag, 2). Bei dieser Art der Stressreaktion bleibt der Körper in permanenter Alarmbereitschaft und verbraucht seine Energien. Von Stress erholt man sich dagegen am schnellsten durch körperliche Aktivität.

Bei der Stressbewältigung lassen sich grundsätzlich drei Möglichkeiten unterscheiden:

(1) Die Situation wird den eigenen Bedürfnissen und Möglichkeiten angepasst (Angriff).

(2) Wenn eine Änderung nicht möglich oder sogar unpassend wäre, gilt es, die Situation beziehungsweise die Verhältnisse oder Personen so zu akzeptieren, wie sie sind (Anpassung).

(3) Wenn Schritt 1 oder 2 nicht zu verwirklichen sind, sollte man versuchen, sich von der Stresssituation zu befreien (Flucht).

Da hoher Stress jedoch eine schnelle Lösung erfordert, sind diese drei prinzipiellen Lösungen nicht immer realisierbar. Hilfreich ist es, wenn die Person, die sich unter Stress befindet, Selbsthilfemaßnahmen entwickelt, um den Stress abzubauen. Ein Zehn-Punkte-Plan, den der Verfasser durch Anregungen der Abteilung für studentische Angelegenheiten der staatlichen Universität des Staates Virginia, USA, entwickelte, bietet gute Möglichkeiten der Stresshygiene für geplagte Studenten (Stress Management: Ten Self-Care-Techniques 1999, 2; ähnlich: Sozialnetz-Hessen, Stressbewältigung im Alltag 1999, 4; Böning 1992, 77):

(1) Entspannungsübungen. Man sollte im Tagesablauf einige „Mini-Pausen" einlegen, in denen man sich bequem hinsetzt, tief durchatmet, die Luft hält und langsam ausatmet. Man sollte die Schultermuskeln entspannen und etwas Positives sagen, wie zum Beispiel „ich bin entspannt". Bekräftigung: Ich will darauf achten, dass ich nachts genügend Schlaf bekomme (Böning1992, 122).

(2) Lernen, zu akzeptieren. Oft regen wir uns über Dinge auf, die wir nicht ändern können, wie zum Beispiel die Gefühle oder Einstellungen eines anderen Menschen. Die häufigste Stressursache ist das Gefühl, ungerecht behandelt zu werden beziehungsweise anders gesehen zu werden, als man sich selber sieht. Das Gerechtigkeitsempfinden lässt sich natürlich nicht abstellen und ist eine wichtige persönliche Orientie-

rung. Bekräftigung: Ich will impulsives Handeln durch verantwortliches Handeln ablösen. So werden sich meine Chancen, Stress wirkungsvoll zu mindern, erhöhen.

(3) Selbstüberprüfung. Durch inneres Sprechen sollte man klären, wie groß die tatsächlichen Belastungen sind und ob man von negativen Gedanken ablassen kann. Man sollte überlegen, ob es sich wirklich um das eigene Problem handelt oder um das Problem anderer. Wenn es sich um mein Problem handelt, kann ich es nur ruhig und ernsthaft lösen; handelt es sich um das Problem eines anderen, kann ich nicht viel tun. Statt mich selbst zu verurteilen, sollte ich versuchen, aus dem Fehler zu lernen und Pläne beziehungsweise Vereinbarungen für die Zukunft zu entwickeln. Eine häufige Stressursache ist der Wunsch nach Vollkommenheit. Stressmindernd wirkt es, wenn man sich realistische und erreichbare Ziele setzt. Bekräftigung: Ich mache mir bewusst, dass Fehler unvermeidlich sind. Ich will meine Ziele in kleinere Einheiten zerlegen, die ich Schritt für Schritt erfüllen kann.

(4) Zeitmanagement. Ein gut geplanter Tagesablauf wirkt stressmindernd – dazu gehören Arbeitszeit, Schlafen, Zeit für Erholung und Zeit für Beziehungen. Man sollte eine Liste der Dinge anfertigen, die man erledigen will. Ein geputztes Haus sowie ein aufgeräumtes Büro fördern die psychische Gesundheit. Bekräftigung: Ich betrachte meine Zeit und meine Energie als Geschenk und will sinnvoll damit umgehen.

(5) Körperliche Übungen. Stress ist eine körperliche Veränderung und wird durch körperliche Aktivitäten abgebaut. In der Vergangenheit war die Arbeit wesentlich durch körperliche Anstrengungen charakterisiert, wodurch der Stressabbau gefördert wurde. Heute baut sich Stress während der Arbeit schneller auf, und wir können ihn oft nur durch Freizeitaktivitäten kompensieren. Bekräftigung: Ich will durch sportliche Aktivitäten wie Schwimmen, Wandern, Radfahren, Jogging oder durch Tanzen Stress mindern (Böning 1992, 149).

(6) Reduktion des Zeitdrucks. Wer häufig auf die Uhr schaut oder sich über die verschwendete Zeit ärgert, sollte versuchen, die Dinge langsamer angehen zu lassen. Zeit ist eine Erfindung von Menschen. Die Natur kennt keine „Zeit", sondern nur Prozesse. Man sollte sich wieder reichlich Zeit gönnen für die Dinge, die erledigt werden müssen. Für den Tagesablauf sollte man reichlich Zeit einplanen. Bekräftigung: Ich lebe nach dem Wahlspruch: „Eile mit Weile".

(7) Die Waffen ablegen. Wir müssen nicht permanent unter Leistungsdruck stehen. Man sollte in Ruhe schauen, welche Anforderungen bei bestimmten Situationen wirklich bestehen. Wir müssen nicht in jeder Diskussion unsere Stimme erheben. Bei einem·Tennisspiel müssen wir keine olympiareifen Leistungen hinlegen. Wir müssen nicht zehn Saunagänge machen, um zu beweisen, wie fit wir sind. Bekräftigung: Ich lege meine Waffen ab. Ich will niemanden mehr besiegen oder meine Vorzüge unter Beweis stellen.

(8) Persönlicher Freiraum. Man sollte ein Gleichgewicht zwischen den Anforderungen der Familie, den sozialen Beziehungen, der Arbeit und der persönlichen Zeit herstellen. Hobbies sind ein hervorragendes Mittel gegen den täglichen Druck. Bekräftigung: Ich will mich aus dem täglichen Stress befreien, indem ich ein heißes Bad nehme, einen Sonnenuntergang beobachte oder Musik höre.

(9) Selbstdisziplinierung. Bewusstes Essen, Verringerung des Alkoholkonsums, Einschränkung selbstverordneter Medikamente u.a. erhöhen die geistige Regsamkeit und die Fähigkeit, mit Stress umzugehen. Man sollte sich klarmachen, dass Kaffee und Zucker Nervosität fördern. Bekräftigung: Ich will das Zigarettenrauchen einschränken, weil es die Blutzirkulation beeinträchtigt und meine Stressreaktion schwächt (Böning 1992, 311).

(10) Gespräche mit Freunden. Freunde können eine gute Medizin sein. Ein tägliches Quantum an Konversation, regelmäßige Kontakte und der gelegentliche Austausch tiefer Gefühle und Gedanken können auf eine sehr angenehme Art helfen, Stress abzubauen. Bekräftigung: Ich will mir klar machen, welche Freunde ich habe, und die Beziehung zu ihnen pflegen.

Amerikanische und deutsche Untersuchungen haben zahlreiche Möglichkeiten zur Verminderung von Stress aufgedeckt, die sich in folgende Bereiche aufgliedern lassen (Tausch 1996, 73; Rowshan 1999, 69):

- Die spirituelle Dimension – Meditation, Glauben, Vergebung, Kontemplation.

  Viele Menschen finden im Gebet eine wirksame Hilfe, mit Stress und Leid umzugehen. Der Glaube an die göttliche Liebe und Gerechtigkeit leitet dazu an, Geduld zu üben und Schwierigkeiten durchzustehen. Sorge wird in Gelassenheit umgewandelt, um die innere Ruhe zu finden. Der Glaube kann zu einer wichtigen Tugend führen, der Vergebung. Wer in der Lage ist, alten Groll abzulegen, kann wesentlich zu seiner Gesundheit und innerem Wachstum beitragen (Tausch 1996, 254). Wenn das Bewusstsein durch Meditation zur Ruhe gebracht wird, wirkt sich dies insgesamt wohltuend auf den Körper aus. Meditation ist eine passive Haltung. Die Gedanken wandern dabei, wohin sie wollen, ohne Spannungszustände zu erzeugen.

• Die mentale Dimension – Stressverminderung durch förderliche Gedanken und Einstellungen – zum Beispiel durch autogenes Training, positive Selbstgespräche, Visualisierungen und Reframing.

Hier handelt es sich darum, dass man lernt, die negative Bewertung von Situationen und Personen von einer anderen Seite zu betrachten beziehungsweise zu bewerten, um eine andere Einstellung zu ihnen zu bekommen. Das Bewusstsein ist meistens voll von einem Strom von Gedanken, Be- und Verurteilungen, Vorstellungen, Schuldgefühlen und Rechtfertigungen. Oft kreisen die Gedanken um Vorgänge der Vergangenheit, die nicht mehr ungeschehen gemacht werden können und „peinlich", das heißt schmerzlich bewusst sind. Der Gedankenstrom zieht das Bewusstsein auf unveränderliche Dinge – andere Personen und Vergangenes – und blockiert die Energie. Veränderlich ist aber unser Bewusstsein über uns selbst, die Sichtweise und die Bewertung des Geschehenen sowie der Dinge und Personen. Wir stärken unser Selbstbewusstsein, indem wir sorgenvolles Grübeln und negative Selbstgespräche vermindern und uns der ständigen Rechtfertigungen bewusst werden.

• Die emotionale Dimension – Liebe, Berührung, Humor und Lachen, Stimmungen.

Um unser Potential voll zu entwickeln, brauchen wir menschlichen Kontakt. Dabei ist körperlicher Kontakt genauso wichtig wie die emotionale Zuwendung. Zärtlichkeit trägt viel zu unserer Gesundheit bei (Birkenbihl 1998, 42). „Lachen ist gesund", weiß der Volksmund. Übertriebene innere Strenge und zwanghaftes Verhalten führen zu Spannungen. Die Fähigkeit, die lustige Seite in einer Situation zu erkennen, macht das Leben leichter. „Humor ermöglicht uns, die Einschränkungen der negativen Gefühle zu sprengen. Er hilft uns, unseren emotionalen Blickwinkel zu ändern: Humor erweitert die Perspektive und eröffnet neue Einsichten und vermittelt Weisheit. Humor hilft, Alternativlösungen zu erkennen, indem er die Wahrnehmung der Ereignisse ändert" (Rowshan 1999, 108).

• Die physische Dimension – Ernährung, Tiefenatmung, Ankertechnik, Massage, körperliches Bewegungstraining (Radfahren, Schwimmen, Gymnastik, Wandern, Bergsteigen, Dauerlauf, Muskel- und Fitness-Training), Gesundheit und Schlaf.

Durch körperliche Entspannungsübungen und Bewegungstraining können Ängste, Erregungen, Unruhe, Kopfschmerzen und andere Beschwerden gemindert werden.

• Die Planungsdimension – Zeitmanagement, Tagesplan, Zeit für persönliche Bedürfnisse, Aufgabe in kleinere Teilabschnitte einteilen.

Zeitnot ist oft die Ursache von Stress, vorausschauendes Planen führt zu Klarheit und Beruhigung. Es gibt zahlreiche Planungstechniken, die einen ausgewogenen Tagesablauf gewährleisten, bei dem auch Entspannungsübungen und störungsfreie Zeiten einkalkuliert werden (Tausch 1999,89; AOK 1999, 2).

Aus der Vielzahl der Techniken zum Stressabbau werden im Folgenden das mentale Training des „Reframing" (Rowshan 1999, 99; Tausch 1996, 120) und die physische, auf dem Prinzip der Konditionierung basierende „Ankertechnik" (Rowshan 1999, 146) dargestellt.

Reframing:
Reframing bedeutet, eine andere Sichtweise beziehungsweise eine andere Einstellung zu entwickeln und dem Denken einen neuen Rahmen, eine andere Richtung zu geben. Jedes Angst erzeugende Erlebnis, jedes Trauma und jeder Alptraum können durch eine Umdeutung die Mittel zu ihrer Lösung enthalten.
Rowshan veranschaulicht die Wirkung des Reframing durch das Beispiel eines Jugendlichen, Tom, dessen Freund bei einer gemeinsamen übermütigen nächtlichen Rallye auf einer Schnellstraße tödlich verun-

glückt war (Rowshan 1999, 101). Seit dieser Zeit litt Tom nachts, ungefähr um die Zeit des Unfalls, unter Angstanfällen. Er zitterte bereits vorher und wurde aschfahl im Gesicht, wenn er an den Geist des Toten dachte, der ihm jede Nacht erschien. Rowshan beruhigte den jungen Mann, indem er zugab, die Anwesenheit des Geistes ebenfalls zu spüren. Der Geist wolle ihm jedoch kein Leid zufügen oder ihn mitnehmen ins Reich der Toten, er brauche seine Hilfe und seine Gebete. Wörtlich fuhr er fort: „Tom, dein Freund war noch sehr jung. Sein Tod kam zu plötzlich und gewaltsam. Vielleicht war er noch gar nicht bereit, zu sterben. Er sucht deine Hilfe. Du kannst seine Qual lindern" (ebd.). Rowshan fragte Tom, ob er bereit sei, seinem Freund zu helfen und gab ihm sein Reisegebetbuch, aus dem er Tom, der die Frage, ob er an Gebete glaube, verneinte, ein Gebet vorlas. Am nächsten Tag berichtete Tom sehr erstaunt, dass er die Anwesenheit des Geistes nicht mehr gespürt habe und erstmals seit dem Unfall eine ganze Nacht durchgeschlafen habe. In seiner Wahrnehmung hatte sich ein rachelüsternes böswilliges Gespenst in eine Seele verwandelt, welche die Hilfe des Freundes brauchte.

Bei Reframing handelt es sich um das positive Umdeuten scheinbar ausschließlich negativer, auswegloser Ereignisse oder Situationen. Wir sind gewohnt, die negativen Seiten an Personen und Situationen zu bemerken. Das Reframing meint, dass jedes Ereignis in irgendeiner Weise gut ist. Langsamkeit und Zögern stellen zum Beispiel Verhaltensweisen dar, die zu Problemen führen können. Die positiven Seiten dieser Gewohnheit spüre ich zum Beispiel, wenn ich zögere, mich impulsiv zu rechtfertigen. Die Entdeckung der Langsamkeit wird in der Managementschulung als Anti-Stress-Technik eingesetzt, um das Bewusstsein und die Achtsamkeit zu erhöhen (Vahland 1999, V1/1).

Umdeuten sollte jedoch nicht mit Rechtfertigung verwechselt werden. Jemand, der das Prinzip der Langsamkeit für sich entdeckt hat, sollte es nicht als Ausrede benutzen, Aufgaben unerledigt zu lassen. Rowshan gibt einige Beispiele für erfolgreiche Umdeutungen (Rowshan 1999, 104):

> (1) „Wenn ich etwas vor mir her schiebe, könnte das bedeuten, dass die Aufgabe mich nicht genug reizt. Ich setze mir für die Fertigstellung einen früheren Termin.
>
> (2) Unter Stress verspanne ich mich. Ist es nicht großartig, dass mein Körper mir genau zeigt, wann ich mich entspannen muss?

(3) Ich habe in letzter Zeit viele Fehler gemacht. Das heißt, dass ich in den letzten Jahren so viel gelernt habe, wie nie zuvor.

(4) Meine Arbeit gefällt mir nicht. Es ist gut, dass mir klar wird, dass ich etwas Besseres verdient habe. Ich kann entweder etwas tun, um meine Einstellung zu meiner Arbeit zu ändern oder ich kann an der Arbeit etwas ändern."

Die Ankertechnik:
Die Ankertechnik beruht auf dem Konditionierungsprinzip (siehe das Kapitel Lernpsychologie). Konditionierungen spielen in unserem Leben eine große Rolle. Wir halten automatisch vor einer roten Ampel. Wenn uns jemand die Hand reicht, ergreifen und schütteln wir sie. Krebspatienten befällt bereits vor ihrer Behandlung Übelkeit. Eine antizipatorische Konditionierung liegt vor, wenn ich an den Schmerz beim Zahnarzt denke und beim ersten leichten Schmerz durch den Bohrer in Ohnmacht falle. Bestimmte Anblicke, Klänge oder Gerüche oder nur die Vorstellung davon, erinnern uns an bestimmte Erlebnisse und lösen Reaktionen aus.

Konditionierungen werden – zum größten Teil unbewusst – gelernt. Wenn wir in der Lage sind, uns selbst so zu konditionieren, dass wir automatisch vor einer roten Ampel halten, können wir uns auch so konditionieren, dass wir bei einem bestimmten Signal Entspannungsreaktionen zeigen. Das Gefühl der Entspannung kann man an einem bestimmten Punkt des Körpers durch Druck „verankern". Man beginnt mit Entspannungsübungen, die einem Spaß machen. Während des Zustandes der Entspannung achtet man bewusst auf Geräusche, Tastwahrnehmungen, Gerüche oder Geschmack. In der Phase der höchsten Entspannung bei gleichzeitig hoher Bewusstheit der sinnlichen Wahrnehmungen, drückt man sanft aber nachdrücklich mit einem Fingerknöchel auf eine beliebige Stelle des Körpers. Andere entspannende Erfahrungen werden ebenfalls an diesem Körperpunkt verankert. Die Wiederholung verstärkt die Wirksamkeit. Wenn der Anker auf diese Weise „sitzt", kann man, wenn man unter Stress steht, die Körperstelle in der gleichen Art mit dem gleichen Druck berühren. Damit werden Gefühle der Entspannung und des Wohlbefindens freigesetzt.

Zusammenfassend kann man feststellen, dass die psychologische Stressbewältigung mit zahlreichen Techniken einen Entspannungszustand herbeiführen möchte, der von Personen, die in Erschöpfungszustände oder in Hektik geraten, nicht mehr aus eigener Kraft erreicht werden kann. Erfolgreich können solche Anwendungen letztlich nur sein, wenn das Individuum daran glaubt, das heißt, wenn die Selbstbeeinflussung als wirksam und entspannend empfunden wird.

Zur Stressbewältigung gibt es zahlreiche Bucherscheinungen. Es werden Anti-Stress-Techniken vorgeschlagen, die vom Autogenen Training bis zur Biopsychologie reichen (Birkenbihl 1998; Böning 1992; Olschewski 1995). Das gemeinsame Ziel der unterschiedlichen Entspannungsübungen besteht darin, mehr Ruhe und Gelassenheit zu finden, Ängste abzulegen und überzogene Erwartungen abzubauen. Die Literatur zur Stressbewältigung entdeckt immer neue Zielgruppen. Nach den Vielbeschäftigten („Workaholics") wurde Stress bei Jugendlichen (Golten/Gore 1991), bei Lehrern (Hennig/Keller 1995), bei Frauen (Sprinkle 1999; Schonert-Hinz 1995), bei Eltern (Barrett 1997), Polizisten (Kraheck-Brägelmann/Pahlke 1997), in Partnerschaften (Bodenmann 1995) und sogar bei Reitern (Gohl 1992) behandelt. In den letzten Jahren wurden Stresspräventionen für Kinder im Grundschulalter entwickelt. (Hampel/Petermann 1998; Klein-Heßling/Lohaus 1998).

2. Die Psychologie des Helfens

2.1 SOZIALES ENGAGEMENT

Die soziale Hilfstätigkeit ist ein weit verbreitetes Phänomen – in den USA gaben in einer Umfrage 1987 etwa 80 Millionen Bürger an, in irgendeiner Weise karitativ tätig zu sein, ein Viertel von ihnen investierten fünf oder mehr Stunden in der Woche in ehrenamtliche Tätigkeiten (Tietz/Bierhoff 1996,1). Entsprechende Angaben für Deutschland sind widersprüchlich. Während bei einer Umfrage von 1996 lediglich 16% freiwilliges Engagement äußerten (im Vergleich: Niederlande 34%, Großbritannien 27%), lag die Quote der freiwillig Engagierten, die „ehrenamtliche Arbeit im weitesten Sinne des Wortes leisten", in einer Untersuchung von 1998 bei 38% (Müller-Kohlenberg 1999,1).

Getragen wird das soziale Engagement oft von einer Steigerung des Wohlbefindens für den Helfenden. Die Intention, anderen eine Wohltat zu erweisen, hebt das Selbstwertgefühl. Helfende machen die Erfahrung, dass sie gebraucht werden, für andere wichtig sind und Leid mindern können (Tausch 1996, 177). Sie erfahren eine öffentliche Anerkennung ihrer Tätigkeit und ihrer Person.

Das Helfen ist eine bedeutende Sinnquelle und gibt dem Leben eine Zielrichtung. Wer einen Sterbenden begleitet, Besuche bei einsamen Menschen macht, körperlich Behinderte im Rollstuhl ausfährt oder in der Telefonseelsorge ehrenamtlich tätig ist, stellt sein Ego, seine persönlichen Perspektiven und sein Karrieredenken in den Hintergrund, um für andere da zu sein. Personen in sozialen Berufen – Krankenschwestern und -pfleger, Ärzte, Sozialarbeiter und Psychologen – geben häufiger als andere Berufe an, dass sie ihr Alltagsleben als sinnerfüllt betrachten (Tausch 1996, 180). Was Hilfe jedoch konkret bedeutet, hängt von dem gesellschaftlichen Kontext ab, in welchem soziale Probleme gelöst werden.

Die Erfahrung von Sinn bildet eine wichtige Voraussetzung für die psychische und körperliche Gesundheit. Helfen macht das Leben wertvoll. Das Ergreifen von Berufen der Sozialen Arbeit kann als Projektion einer tiefen menschlichen Sehnsucht nach vertrauensvollem Umgang mit Menschen und sozialer Heimat verstanden werden (Maier 1995, 29). Angehende SozialarbeiterInnen/SozialpädagogInnen zeigen in allen Untersuchungen eine hohe soziale Motivation (Maier 1995,61).

Die Zunahme gesellschaftlicher Komplexität hat dazu geführt, dass unmittelbare Beziehungen von Helfer und Hilfeempfänger abgelöst worden sind durch distanzierte Formen der Sozialen Arbeit, die überwiegend im Rahmen gesellschaftlicher Institutionen organisiert sind. Für die helfenden Berufe ergeben sich aus dieser Tatsache zahlreiche Widersprüche, die zu Identitätskrisen führen können. Im Zuge der Professionalisierung der Sozialen Arbeit geht die ursprüngliche „Menschlichkeit", das heißt die emotionale Basis der helfenden Beziehung zwischen Helfer(in) und Klient(in) verloren. Personen in helfenden Berufen sollen eine Identifikation mit den Klienten vermeiden und emotionale Distanz üben. Eine gemeinsame Interessensbasis beziehungsweise eine gemeinsame Handlungsgrundlage soll es nicht geben (Gildemeister 1983, 69). Als Repräsentant einer sozialen Institution agiert der Helfende aus der Distanz und übt Macht aus – gleichzeitig möchte er in eine menschliche Beziehung mit dem Hilfeempfänger treten. Diese Antinomie kann sich in dem schlechten Gewissen äußern, nicht genügend für den Klienten tun zu können (Gildemeister 1983, 70).

Das Basiskonzept der Sozialen Arbeit, „Hilfe zur Selbsthilfe" enthält einen weiteren Widerspruch, der sich psychologisch störend für den Helfer auswirken kann. Helfende treten in der Regel als Experten des Alltags auf, wobei sie den Hilfeempfängern gegenüber als Fremde erscheinen, da sie nicht deren Lebenswelt angehören. Da viele Betroffene das Bedürfnis nach persönlichem Kontakt, nach Freundschaft und Bekanntschaft haben, entsteht ein widersprüchliches Abhängigkeitsverhältnis. Der Helfende, der die Autonomie des Betroffenen stärken möchte, wird in eine Rolle gedrängt, in welcher er einen festen Bezugspunkt im Leben des Hilfeempfängers darstellt, ohne wirklich in Beziehung zu sein. Die Betroffenen werden als Akten geführt und es entsteht ein auf Dauer angelegter Beratungsprozess. Verstärkend tritt das Phänomen auf, dass die Handlungs- und Interaktionskompetenz von Hilfeempfängern in dem Maße geschwächt wird, je kompetenter der Helfer im Leben des Betroffenen agiert. Das Bestreben, sich aus dieser Rolle zu lösen, gleichzeitig aber die Bedürfnisse des Klienten nach Reziprozität, Intensität und Kontinuität der Beziehung zu erfüllen, kann auf seiten des Helfenden zu einem ernsthaften psychologischen Dilemma führen (Gildemeister 1983, 74).

Das Selbstverständnis der heutigen Sozialen Arbeit wird angesichts der zunehmenden Risiken der Industriegesellschaft immer mehr personenbezogen und therapieorientiert. Betroffenen, deren biografische Bewältigungsmöglichkeiten gestört sind, soll geholfen werden, ihre lebenslange Sozialisation fortzusetzen. Eine wesentliche Voraussetzung dieses Hilfeverständnisses ist die Akzeptanz. Die biografischen Bewältigungsstrategien von Betroffenen sind Teil ihres selbstbestimmten Lebensprozesses und sollten vom Helfer nicht in Frage gestellt werden. Im Widerspruch zu diesem Selbstverständnis steht jedoch die Tatsache, dass Einmischung und Beeinflussung Bestandteil jeder Intervention darstellen. Das Konzept der Nichteinmischung hat zum Ziel, dass sich der Hilfeempfänger freiwillig verändert. Da der Helfer jedoch strategisch auf das Ziel hinsteuert, vorhandene Blockaden im Leben des Betroffenen zu lösen, und als professioneller Helfer auftritt, gerät er selbst in Gegensatz zu seinem Konzept des „So-sein-Lassen-Könnens". Auch diese Antinomie führt zu psychologischen Belastungen (Wagner 1993, 88).

2.2 Das Helfersyndrom

Die Solidarität gegenüber dem anderen entspringt der tief empfundenen eigenen Verletzbarkeit. Der in Not geratene andere verdient aus diesem Verständnis dieselbe Hilfe, wie ich sie beanspruchen würde, wenn ich in Not gerate. Eine Studie aus dem Jahre 1994 unterscheidet vier Motivationstypen für freiwillige ehrenamtliche Tätigkeiten (Jugendwerk der Deutschen Shell 1997, 325):

(1) Personen, die durch krisenhafte Erlebnisse veranlasst werden, sich zu engagieren,

(2) Menschen, die nach einer sinnvollen Beschäftigung in ihrer Freizeit suchen,

(3) Helfer, die durch die Notlage anderer aktuell herausgefordert wurden und

(4) Personen, die nach eigenen Angaben in helfende Tätigkeiten „hineingerutscht" sind.

Die Helferpersönlichkeit ist durch widersprüchliche Bestrebungen gekennzeichnet. Als Grundmotiv kann das Bedürfnis gelten, mit einer mo-

241

ralisch hoch angesehenen, sozial verantwortlichen und gesellschaftlich sinnvollen Tätigkeit identifiziert zu werden (Wertausdrucksfunktion). Die Basis dieses Bedürfnisses nach gesellschaftlicher Anerkennung als altruistisch und verantwortlich handelnder Bürger, das sich in der häufig geäußerten Formulierung ausdrückt, „gern mit Menschen" zu arbeiten und Menschen kennen lernen zu wollen (Tietz/Bierhoff 1996,2), besteht oft aus einer Abwehrhaltung gegenüber eigenen Ängsten und ungelösten inneren Konflikten (Ichabwehrfunktion). In der Projektion des „geliebten" sozialen Ich wird das durch mangelnde Erfahrung von Liebe in der frühen Kindheit beschädigte personale Ich des Helfers ausgeblendet. Die „Liebe" des Helfers gegenüber Betroffenen entspricht der versagten Liebe in der eigenen Kindheit.

Der Widerspruch von altruistischen und egoistischen Motiven hat zu der Formulierung des „Helfersyndroms" geführt (Schmidbauer 1977): Menschen, die sich das Helfen zum Ziel setzen, suchen andere Befriedigungen als Geld und Erfolg. Ihr Einsatz wird getragen von dem Glauben an sich selbst, anderen im einsamen Alter, bei leidvollen Krankheiten oder in sozialer Not helfen zu können. Helfende verfügen über weniger Zeit, sich mit sich selbst zu beschäftigen. In einem ARD-Interview im Juli 1999 hob der Chef der Hilfsorganisation Cap Anamur hervor, dass das Wort, das er am meisten ablehne, die so genannte „Selbstverwirklichung" sei. Personen, die nach Selbstverwirklichung strebten, stellten sich selbst in den Mittelpunkt, indem sie nach Erfolg, Ruhm und Macht strebten. Seine Tätigkeit sei allein am Menschen orientiert. Von Mitarbeitern wurde sein Führungsstil allerdings als autoritär beschrieben. Als Herr über 25 Millionen DM Hilfsmittel im Jahr hat er Macht – auch wenn er sie nicht zur „Selbstverwirklichung" nutzt. Als Gegenleistung erwarten Helfer Anerkennung und Dank – bei religiös motivierten Helfern auch die „Belohnung" der guten Tat im Jenseits. In der hingebungsvollen Aufopferung spiegeln sie sich zugleich mit der Rolle des (übermenschlich) Mächtigen, der vor dem Grauen von Verstümmelung, Siechtum, Tod und dem Elend sozialer Not nicht zurückschreckt (Wüstner 1999, 2).

Der Psychologe Schmidbauer vermutet, dass dieses „selbstlose" Verhalten seine Wurzel in der frühkindlichen Erfahrung von Angst und Ich-Abwehr hat. Persönlichkeiten mit einem „Helfersyndrom" flüchten sich demnach in die sozial anerkannte und mit Macht über die Hilfeempfänger ausgestattete Rolle des Helfers, um von ihrer eigenen Ichschwäche abzulenken. Schmidbauer definiert den Begriff des „Helfersyndroms"

als „die zur Persönlichkeitsstruktur gewordene Unfähigkeit, eigene Gefühle und Bedürfnisse zu äußern, verbunden mit einer scheinbar omni-
potenten, unangreifbaren Fassade im Bereich der sozialen Dienstleistungen …" (Schmidbauer 1977, 12).

Menschen mit einem Helfersyndrom versuchen eine Fassade der Stärke
aufrecht zu erhalten, weil sie die eigene Schwäche und Hilfsbedürftigkeit nicht zulassen können. Schmidbauer führt Ärzte und auch eigene Erfahrungen als Therapeut dafür an, dass Beziehungen gesucht werden, in
denen der Partner der Schwächere und Hilfsbedürftige ist. So lassen sich
psychologische Schwankungen bei manchen Helfern zwischen übersteigerten Größenvorstellungen und extremen Minderwertigkeitsgefühlen
bis zur Neigung zur Depression oder sogar zum Selbstmord bei Menschen mit Helferberufen erklären (Schmidbauer 1977, 56).

Die Ursache für die Entstehung der Helfer-Syndrom-Persönlichkeit
sieht Schmidbauer in frühkindlichen Erlebnissen, bei denen ein Mensch
nur für Leistungen und Anpassung Liebe erfahren hat, nicht aber um seiner selbst willen geliebt wurde. Das Selbst dieses Menschen erfährt dabei gerade in dem entscheidenden Bedürfnis nach Nähe und Liebe von
vertrauten Personen eine tiefe Verletzung. Der erwachsene Mensch versucht eine erneute Verletzung dadurch zu vermeiden, dass er Nähe und
Liebe in der Partnerschaft nur zulässt, wenn er selbst nicht in Abhängigkeit gerät, zum Beispiel bei Hilfsbedürftigen, die in Abhängigkeit zu ihm
stehen. So kann er Nähe und Liebe erfahren, gleichzeitig aber vermeiden, dass er selbst in Abhängigkeit zu geliebten Personen gerät und seine
Verletzung, nicht um seiner selbst willen geliebt zu werden, erneut erfahren muss. Schmidbauer weist darauf hin, dass auch die Freund-
schafts- und Liebesbeziehungen von „Helferpersönlichkeiten" diese
asymmetrische Struktur aufweisen: Persönliche Nähe wird nur zugelas-
sen, wenn der Partner in einem Abhängigkeitsverhältnis steht.

Manche Menschen mögen Hilfe nicht in Anspruch nehmen, weil sie intuitiv die Abhängigkeit durch den Helfer spüren. Tatsächlich kann Hilfe
die Selbsthilfe schwächen, wenn die eigenen Kräfte des Hilfeempfängers nicht entwickelt werden. Wird die Hilfe wiederholt in Anspruch genommen, bildet sich ein Beziehungsverhältnis, in dem der Helfende seine Individualität zum Ausdruck bringen kann und der Hilfeempfänger
zum Objekt der Hilfe degradiert wird.

Zusammenfassend kann man feststellen, dass die Eigenart helfender
Berufe darin besteht, am Wohl des anderen orientiert zu sein und das ei-

gene Selbst beziehungsweise den Ichausdruck bewusst zurückzustellen. Die helfende Person gefällt sich darin, sich mitleidend in die Situation des anderen zu versetzen. In der Empathie liegt die Qualität des Helferverhaltens. Es gibt zweifellos Persönlichkeiten in sozialen Berufen, die auf eine natürliche und freudige Art diese Wärme in ihre Arbeit mit betroffenen Menschen einfließen lassen und ihnen Beispiel und Mut geben, sich positiv mit ihrer Not auseinander zu setzen. Das aufopferungsvolle Verhalten eines Helfers kann aber auf subtile Weise verdecken, dass er von seinen eigenen Gefühlen ablenkt und sich im „Mitgefühl" verströmt (Willig 1987, 100). In dem Wort „Selbstlosigkeit" wird dieser Umstand treffend ausgedrückt. Ein Helfer kann sich so in die Notlage von Menschen versetzen, dass er „ohne Selbst" handelt. Ehrenamtlichen Helfern wird daher häufig unterstellt, sie wollten von eigenen Problemen ablenken (Müller-Kohlenberg 1999, S. 2).

Der Begriff „Helfersyndrom" ist mittlerweile weit verbreitet und ein Bestandteil der Identität von Helfern, die ihre Rolle in der gegenwärtigen „Risikogesellschaft" ständig neu definieren müssen. In dem Begriff kommt zum Ausdruck, dass bei Angehörigen helfender Berufe ein Selbstreflexionsprozess darüber eingesetzt hat, dass die Zurückstellung der eigenen Bedürfnisse und Gefühle zugunsten von Betroffenen einen Schein von Hinwendung erzeugt, der sich schließlich als innere Leere und als ein Gefühl des Ausgelaugt- oder Ausgebranntseins äußert. Auf der subjektiven Seite entsteht angesichts der Tatsache, dass man aufgrund der veränderten gesellschaftlichen Verhältnisse oft nicht mehr wirklich helfen kann, das Gefühl der eigenen Hilflosigkeit. In der Reflexion über das „Helfersyndrom" wird aber gleichzeitig die Lösung des Problems sichtbar: Menschen in helfenden Berufen werden sich bewusst, dass sie ihre eigenen Gefühle und ihre eigene (innere) Not nicht mehr länger verschweigen wollen, sich von der idealisierten Rolle des allmächtigen Helfers zu distanzieren beabsichtigen und in ihrem Beruf mit ihren Stärken und Schwächen persönlich sichtbar werden möchten. Dieser Prozess verlangt ein kritisches Verhältnis zur eigenen Biografie. Der Helfer ist angelangt, wo der Hilfeempfänger ist. Er benötigt Hilfe, um die eigene lebenslange Sozialisation erfolgreich fortsetzen zu können. In dem Maße, wie Menschen in helfenden Berufen in ihrer Arbeit mit Klienten auch eigene Schwächen eingestehen, kann das Dilemma der unpersönlichen Hilfe, an dem sie leiden, gelöst werden. Der Helfende löst den Schein einer neutralen, selbstlosen und mächtigen Persönlichkeit, mit dem er sich umgibt, auf, und gibt sich zu erkennen – als Hilfebedürftiger.

2.3 DAS BURNOUT-SYNDROM IN HELFENDEN BERUFEN

Seit Mitte der 70er Jahre – in Deutschland seit den frühen 80er Jahren – ist die besondere Form eines Stresssyndrom bekannt, das vor allem in sozialen und pädagogischen Berufen in Erscheinung tritt: Das Gefühl, „ausgebrannt" zu sein. Gemeinsam ist den Berufen des Sozialarbeiters, des Lehrers oder der Pflegekraft eine idealistische Grundeinstellung. Personen, die diese Berufe ergreifen, wollen in der Regel „gern mit Menschen arbeiten" und diesen in Bezug auf Hilfe, Lernen und Pflege etwas geben. Der Alltag dieser Berufe steht oft im Gegensatz zur idealisierten Vorstellung. Das war früher nicht anders als heute. Der Verfasser erinnert sich an Lehrer, die sich nicht anders zu helfen wussten, als ihren Frust herauszuschreien, kauzig wurden, unvermittelt einen Schüler ohrfeigten oder sinnlose Geschichtszahlen auswendig lernen ließen. Auch diese Pädagogen hatten ihren Beruf vermutlich als Idealisten gewählt. Während früher die Rollen des Lehrers und des Schülers jedoch klar definiert und mit Statussymbolen versehen waren, muss heute, nach dem Wegfall traditioneller Werte und Rollen, jeder darum kämpfen, wahrgenommen zu werden. Pädagogen, Pflegekräfte, Sozialarbeiter, Schüler und Klienten sind zu Einzelkämpfern in Sachen Selbstwertgefühl und Selbstverwirklichung geworden. Sie reagieren im höchsten Maße sensibel, wenn ihnen die soziale Anerkennung versagt wird. Schüler und Hilfebedürftige lassen sich durch die Autorität des Lernstoffes oder Hilfeangebotes nicht beeindrucken, sondern verlangen nach einem persönlichen Engagement ihrer Betreuer. Lehrern fehlt angesichts eines oft überalterten Kollegiums, überfüllten Klassen und emotional engagierten Schülern häufig die Kraft, die Interessen der Schüler aufzugreifen, neue Unterrichtsformen auszuprobieren und mit den Schülern zu lernen. Diese mangelnde geistige Flexibilität kann dazu führen, dass sie die Grundbedingung ihrer Arbeit aus dem Auge verlieren: Mitgefühl. Für Abhängige und Hilfebedürftige, die sich unter Druck fühlen, kann es eine entscheidende Erfahrung sein, dass der Helfer zu erkennen gibt, dass er sich persönlich auf sie einlässt, um Konflikte mit ihnen zu bearbeiten (Edmundts 1999, 3).

Empirische Untersuchungen über „Teacher Burnout" konnten zeigen, dass vor allem männliche Lehrer an diesem Syndrom leiden. Die signifikant höhere Rate an emotionaler Erschöpfung von männlichen Lehrern wird von einigen Forschern auf die ineffektiven Anstrengungen zur Überwindung der Schwierigkeit gewertet, Gefühle aus der Arbeit herauszuhalten (Greenglas, Fiksenbaum, Burke 1994, 219). Störende Schüler sind nach übereinstimmender Meinung der Teacher-Burnout-Studien der entscheidende Faktor für das Entstehen des Lehrer-Burnout-Syndroms (Burke, Greenglass, Schwarzer 1996, 8). Am häufigsten korrespondiert das Lehrer-Burnout mit Depressionen.

Mitarbeiter in Krankenhäusern, Heil- und Pflegeeinrichtungen, Sozialarbeiter sowie Arbeitsberater an den Arbeitsämtern müssen menschliche Anteilnahme berufsmäßig ausüben. Wer solche Tätigkeiten zehn, zwanzig oder noch mehr Jahre ausübt, kann einen Zustand emotionaler Überforderung erleben, denn er gibt ständig mehr an emotionaler Zuwendung ab, als er zurück erhält. Ein Warnsignal des Burnout in Berufen mit hohem sozialen Engagement ist eine häufige rasche Ermüdung und Erschöpfung. Die Betroffenen fühlen sich in einem andauernden nervösen Spannungszustand (Sozialnetz-Hessen 1999, Burnout, 1). Helfen-Wollen – und Nicht-Helfen-Können, kann zu Selbstzweifeln, Versagensängsten und dem Gefühl der Vergeblichkeit des oft emotional gesteuerten Arbeitseinsatzes führen.

Lehrer als Zirkusdompteure?
(Edmundts 1999, 3)

Was die 55-jährige Lehrerin Gisela Sembritzki an einer Münchner Hauptschule jeden Tag in der Klasse erlebt, hat wenig mit dem Ideal zu tun, die Kinder daran zu gewöhnen, im Team zu arbeiten und sich selbständig Informationen zu beschaffen. „„Dass der Lehrer Hilfestellung bietet für selbständiges Lernen, das funktioniert nicht." Man muss ihr nur ein paar Stunden in der Hauptschule zusehen, dann ahnt man, was sie meint. Sie kämpft darum, dass ihre Achtklässler überhaupt irgend etwas tun. Wie sie da vorne am ersten Tisch lehnt und versucht, eine geometrische Formel mit den Schülern zu entwickeln, wirkt sie wie eine Zirkusdompteuse. Kaum einen Satz kann sie zu Ende sprechen, ohne einen Schüler mahnen zu müssen. „Man ist nicht Lehrer, sondern Polizist, das ist das Ermüdende an der täglichen Arbeit". Die eine tuschelt, der nächste spielt mit dem Taschenrechner, ein anderer verschwindet unter dem Tisch. Aufmerksamkeit erreicht sie nur bei dem, den sie gerade anspricht oder anschaut. Einer hat nach einer Viertelstunde weder Hefte noch Stift auf dem Tisch. Geodreiecke, Spitzer und Radiergummi fliegen durchs Zimmer. Während ein Schüler eine Aufgabe beantwortet, hört keiner richtig zu – selbst die Lehrerin nicht, weil sie die anderen zugleich ermahnen muss. Ihre Schüler seien das Fernsehen gewohnt, aber nicht das Lesen. Oft beschäftige die Schüler das pure Entziffern der Buchstaben so sehr, dass sie gar keinen anderen Inhalt aufnehmen könnten. „Es gibt Tage, an denen man nach Hause geht und sich fragt, wozu man aufgestanden ist".

Eine andere Variante des Burnout-Gefühls lässt sich in kreativen Berufen beobachten. Therapeuten, Manager, Ärzte, Erzieher, aber auch EDV-Spezialisten, Journalisten, Architekten oder Designer sind Ideenproduzenten, deren Kreativität ständig anderen zugute kommt. Sie können sich nach vielen Jahren ausgelaugt, ausgesogen, leer fühlen, während ihre Klienten oder Auftraggeber als Nutzer der Ideen ein erfülltes Leben führen.

2.4 KONZEPTE DER BURNOUTPRÄVENTION

Es gibt eine Vielzahl von Vorschlägen zur Verhinderung beziehungsweise zur Intervention von Burnout. In den meisten Fällen handelt es sich um individuumzentrierte Bewältigungsstrategien, die sich auf die Psychohygiene der Helfer beziehen. Die Copingforschung, das heißt die Untersuchung, welche Anpassungsleistungen Personen in belastenden Situationen entwickeln, nimmt deutlich zu (Fries/Bergup 1998, 9). Entspannungstechniken, die Reduktion der täglichen Arbeit, ausreichende Zeit für das Privatleben oder neue Visionen können im Einzelfall helfen, den Energieverlust durch Burnout auszugleichen (Real World University 1999,1). Eine zweite Gruppe von Vorschlägen bezieht sich auf die Veränderung der institutionellen und arbeitsorganisatorischen Determinanten von Arbeitsstress und Burnout. Der Rollendruck, die Rollendiffusion und die Ambiguität in Rollen sowie das fehlende Feedback sollen bei gleichzeitiger Steigerung der Fähigkeiten zum Umgang mit Stress durch geeignete Freiräume kompensiert werden (Wagner 1993, 101). Das Modell der Burnout-Prävention des Amerikaners Cary Cherniss steht für zahlreiche Versuche, durch welche die Belastungsdimensionen am Arbeitsplatz reduziert werden sollen (siehe den Kasten auf der folgenden Seite sowie Friesdorf 1997).

Die Verminderung von äußeren Stressoren am Arbeitsplatz kann eine wirksame Hilfe der Prävention von Stress und Burnout darstellen. Sie verschafft dem Individuum notwendige Freiräume und Perspektiven. Institutionelle Reformen entwickeln sich jedoch nur langsam und können den Gestaltungsfaktoren der gegenwärtigen Arbeitsorganisation – Personalabbau, zunehmender Leistungsdruck und Privatisierung beziehungsweise „Outsourcing" von Dienstleistungen – keine wirkliche Alternative entgegensetzen. Da von Stress und Burnout geplagte Menschen in erster Linie das Gespräch suchen, in welchem sie sich öffnen und neue Energie für den Alltag gewinnen können, hat sich die Supervision als ein gutes Mittel gegen Burnout erwiesen (Fries/Bergup 1998, 10; vgl. Wagner 1993, 102). Steitz Kalenbach spricht von „der wohltuenden Wirkung der Supervision" (Steitz-Kalenbach 1993).

Bei Burnout handelt es sich jedoch in erster Linie um eine Diskrepanz in der Wahrnehmung des Selbstbildes. Wichtig sind daher Erfahrungsberichte, die sich mit der Biografie einzelner Burnout-Geschädigter befassen, um den komplexen Prozess des Zusammenwirkens von bestimmten Stressoren und Persönlichkeitsmerkmalen bewusst zu machen (Fries/Bergup 1998, 11). Es gibt selbstbewusste und anpassungsfähige Personen in helfenden Berufen, die dem Stress und der Gefahr des Ausbrennens ein starkes Ich entgegensetzen können. Andere halten an einer traditionellen Rollenvorstellung und einem idealisierten Selbstbild fest. Sie geraten damit in Konflikt zu ihren Klienten, die in Not geraten sind, weil sie von den Veränderungen der Gesellschaft betroffen wurden und nichts entgegenzusetzen hatten. Rollenfixierte Helfer leiden an demselben Problem wie die Empfänger ihrer Hilfe: ihre biografischen Bewältigungsstrategien sind blockiert.

In der atomisierten Gesellschaft wächst gleichzeitig mit dem Druck das Bedürfnis nach Nähe. Das Burnoutsyndrom spiegelt dieses Dilemma wider.

Strategien zur Burnout-Prävention

Personalentwicklung

- Reduziere die Anforderungen, denen sich die Arbeitenden selbst aussetzen, indem Du sie ermutigst, sich realistische Ziele zu setzen.
- Ermutige die Arbeitenden, sich neue Ziele zu setzen, die alternative Belohnungen versprechen.
- Hilf den Mitarbeitern, auf Nahziele bezogene Selbstüberprüfungs- und Rückmeldungsstrategien zu entwickeln und sie zu benutzen.
- Ermögliche viele Gelegenheiten für betriebliche Weiterbildung, die die Wirksamkeit der beruflichen Funktionen (role effectiveness) erhöhen.
- Gib den Beschäftigten Orientierungsmöglichkeiten anhand von Broschüren, in denen typische Frustrationen und Schwierigkeiten in der Arbeit realistisch beschrieben werden.
- Ermögliche dem Personal in regelmäßigen Zeitabständen eine Einschätzung ihres „Burnout".
- Ermögliche einem Mitarbeiter, der in der Arbeit in großem Ausmaß Stress ausgesetzt ist, arbeitsbezogene Beratungsgespräche und Konsultationen.
- Fördere die Entwicklung von Unterstützungsgruppen und /oder Netzwerken gegenseitiger Hilfe.

Veränderung von Arbeits- und Rollenstrukturen

- Begrenze die maximale Anzahl von Klienten, für die jemand gleichzeitig verantwortlich sein kann.
- Teile die schwierigste und undankbarste Arbeit unter allen Teammitgliedern auf und fordere sie auf, in mehr als eine Funktion und mehr als einem Projekt zu arbeiten.
- Gestalte jeden Tag so, dass sich befriedigende und unbefriedigende Aktivitäten abwechseln.

- Strukturiere die Rollenverteilung so, dass es den Mitarbeitern möglich ist, sich freizumachen, wann immer es nötig ist.
- Stelle zusätzliches Personal (zum Beispiel Ehrenamtliche) ein, um dem Personal Gelegenheit für sog. „time-outs" zu geben.
- Ermutige die Mitarbeiter gelegentlich, Urlaub zu machen, wenn nötig auch kurzfristig.
- Begrenze die Stundenzahl, die ein Mitarbeiter arbeitet.
- Gib jedem Mitarbeiter die Möglichkeit, neue Projekte zu starten.
- Schaffe Aufstiegsmöglichkeiten für das gesamte Personal.

Managemententwicklung

- Schaffe für das gegenwärtige und zukünftige leitende Personalmanagement Trainings- und Entwicklungsprogramme, in welchen der Schwerpunkt auf die Aspekte gelegt wird, mit denen die Leiter die größten Probleme haben.
- Schaffe Überprüfungssysteme für das leitende Personal wie zum Beispiel Personalumfragen und gib dem leitenden Personal ständig Rückmeldungen über ihre Leistungen.

Institutionelle Problemlösungs- und Entscheidungsfindungsprozesse

- Etabliere gruppen- und institutszentrierte Problemlösungs- und Entscheidungsfindungsstrukturen.
- Ermögliche dem gesamten Personal das Training in gruppenbezogener Konfliktlösung.
- Maximiere die Autonomie des Personals und seine Beteiligung an der Entscheidungsfindung.

Ziele der Institution und Arbeitsphilosophie

- Formuliere die Ziele so klar und widerspruchsfrei wie möglich.
- Entwickle eine überzeugende spezifische Arbeitsphilosophie.

- Mache Forschung und Weiterentwicklung zum Kern- und Brennpunkt des institutionellen Konzepts.

- Teile die Verantwortlichkeit für Fürsorge und Behandlung mit dem Klienten, seiner Familie und der Gemeinschaft.

(Cherniss 1980/1999, 184f)

Die Zielrichtung eines Rollenbegriffs der 70er Jahre, in welchem mit modischem Habitus die Fähigkeiten zur Ambiguitätstoleranz, zur Flexibilität und zum Aufschieben der eigenen Bedürfnisse verlangt wurden, wird deutlich: maximale Entpersönlichung der Beziehungen. Dieses Rollenverständnis ist mittlerweile konservativ. Wer es verinnerlicht hat, leidet an der Gesellschaft, in welcher Statussymbole kaum noch den Stoff bilden, aus dem eine tragende Identität entwickelt werden kann. Lehrer, Sozialpädagogen/Sozialarbeiter, Psychologen, Therapeuten oder Krankenpfleger werden von den Betroffenen in dem Maße akzeptiert, wie sie kompetentes Mitgefühl entwickeln.

Das Ideal einer sinnvollen Tätigkeit in helfenden Berufen ist oft zu hoch gesteckt. Es wird im Laufe des Arbeitslebens mehr Energie verausgabt als zurückfließt. Das liegt oft nicht an den Klienten. Wenn der Helfende sich nicht öffnet, nicht persönliche Erfahrungen, eigene Schwächen und Stärken erkennen lässt, entsteht eine Blockade, die ein Feedback verhindert. Im Erleben des Burnout verbrennt das Ideal. Übrig bleibt häufig eine Person, die sich ausschließlich durch die Arbeit beziehungsweise durch Hilfeleistungen, pädagogische Bemühungen und kreative Leistungen identifiziert hat. Burnout kann daher auch eine heilsame Komponente enthalten: sich auf die eigenen Interessen und Gefühle zu besinnen, innere Zufriedenheit statt äußerer Anerkennung anzustreben, neue Visionen für das Leben zu entwickeln und das persönliche Wohlbefinden an die erste Stelle zu setzen.

Das Kernproblem von Jugendlichen ist die Identität. Die Erfahrung von Freundschaft, meist zunächst in der „Clique", ist für das Erkennen des persönlichen Werts von großer Bedeutung. Haltende und brechende Freundschaften zählen zu den tiefen Erlebnissen von Jugendlichen. In der Clique finden sie Anerkennung. Schulerfolg und Herkunftsfamilie (soziale Bindung) sind längst kein Garant mehr für soziales Ansehen. Aufgrund dieser Erfahrung verlangen Schüler von Erwachsenen und vor allem vom Lehrer die Bereitschaft, sie persönlich zu akzeptieren. Er soll ihr Freund sein. Beharrt der Lehrer auf seinem „neutralen" Rollenverständnis und gibt er zu erkennen, dass er für die Vermittlung des Lernstoffs, nicht aber für Gefühle und Emotionen zuständig ist, kann der Schüler dies als persönliche Missachtung verstehen.

Wird die Anerkennung verletzt, ist auch die Verletzung von Normen nicht weit. Der Lehrer gerät durch sein Festkrampfen an überlieferten Regeln des Rollenverhaltens nur scheinbar in die Rolle des Dompteurs. In Wirklichkeit ist das in dem Kasten geschilderte Klassenzimmer angefüllt mit Individuen, die ausnahmslos um Anerkennung kämpfen, den Lehrer eingeschlossen – wobei die Wahl der Mittel unterschiedlich ausfällt. Der Lehrer, der über die Disziplinlosigkeit, Gewaltbereitschaft, fehlende Lernmotivation und Fernsehbesessenheit seiner Schüler klagt, beschwört lediglich die Ideale, mit denen er aufgewachsen ist. Sein Leiden an der Welt stellt sich daher oft als ein Ausdruck von Selbstmitleid dar.

Zusammenfassend kann man feststellen, dass die Personen in helfenden Berufen in eine Krise geraten sind, die sich subjektiv als „Helfersyndrom" oder in dem Gefühl des „Ausgebranntsein" manifestiert. Nicht alle sind davon betroffen. Helfen wollen, ohne wirklich helfen zu können, ist das Schicksal von Psychologen, Therapeuten, Arbeits- und Berufsberatern, Sozialarbeitern und Krankenpflegern geworden. Die Ursache der Krise geht vom gesellschaftlichen Wandel aus, durch welchen das biografische Risiko für den Einzelnen dramatisch wächst. In Nervenkliniken nimmt die Gruppe der bislang dauerhaft Beschäftigten wie Ingenieuren, Architekten oder Apothekern zu, deren Unternehmen durch die Globalisierung der Wirtschaft in die Krise getrieben wird. Das Krankenhauspersonal ist den Auswirkungen der Gesundheitsreform bei anhaltender Dauerbelastung kaum noch gewachsen. Lehrer verzweifeln, weil die bisher erfolgreichen Unterrichtsmethoden nicht genügen, um den Schülern Spaß zu machen. Sozialarbeiter haben es mit einer veränderten Klientel zu tun, das von Dauerarbeitslosigkeit betroffen ist.

Angesichts dieser gesellschaftlichen Veränderungen scheint eine psychologische Bearbeitung von Stress und Burnout nur geringe Erfolgsaussichten zu haben. Dennoch: Trotz der gesellschaftlichen und technologischen Veränderungen können Psychologen, indem sie den komplexen Zusammenhang aller „Stressoren" transparent zu machen suchen, dem einzelnen Individuum helfen, ein Bewusstsein seiner Sozialisation und der Blockaden in der eigenen Biografie zu vermitteln.

Für die Angehörigen helfender Berufe ist entscheidend, dass sie die krisenhaften Entwicklungen ihrer Berufsrolle reflektieren. Sie selbst brauchen, nicht weniger als ihre Klienten, *Hilfe zur Selbsthilfe*, um Hemmungen in ihrer lebenslangen Sozialisation zu überwinden.

Übungsfragen

Stress

1. Seit wann gibt es den Begriff „Stress"?
2. Welche Arten von Stressoren können Sie unterscheiden?
3. Wird Stress objektiv oder subjektiv ausgelöst?
4. Ordnen Sie Stress nach dem Grad der Dauer!
5. Welche Wirkungen hat Dauerstress?
6. Wie erholt man sich am schnellsten von Stress?
7. Entwickeln Sie einen Plan zur Bewältigung von Stress!
8. Welche großen Bereiche der „Stresshygiene" können sie unterscheiden?
9. Was bedeutet „Reframing"?
10. Wie funktioniert die „Ankertechnik"?

Helfen

11. Was macht Helfen attraktiv?
12. Welchen Wandel erfährt das Helfen durch die Professionalisierung der Sozialen Arbeit ?
13. Worin besteht das Helfersyndrom?
14. Nennen Sie Strategien zur Burnout-Prävention nach Chernis!
15. Sind Lehrer Dompteure?
16. Welche Aufgabe können Psychologen bei der Burnout-Bewältigung übernehmen?

Literatur

Althoff, K. und M. Thielepape: Psychologie in der Verwaltung, 2. überarb. Aufl., Herford: Maximilian, 1985

AOK: Zeitmanagement: Tipps. Erkennen Sie sich selbst, in: AOK, Heft 4/1999, zit n. http://www.aok.de/magazine/vigo/zeitmanagement/tipps.htm

Asendorp, J. B. & M. Baudonniere: Self-awareness and other-awareness: Mirror self-recognititon and synchronic imitation among unfamiliar peers. Developmental Psychology 29/1993, S. 88-95 und Developmental Psychology 32/1993, S. 313-321

Augustinus: Bekenntnisse, Stuttgart: Reclam, 1989

Baacke, D.: Die 12- bis 18jährigen: Einführung in die Probleme des Jugendalters. Weinheim und Basel: Beltz, 1994

Baacke, D.: Die 6- bis 12jährigen: Einführung in Probleme des Kindesalters. 6. Aufl. Weinheim und Basel: Beltz, 1995

Baltes, M. M.: Verlust der Selbständigkeit im Alter: Theoretische Überlegungen und empirische Befunde, in: Psychologische Rundschau 46/1995, S. 159-170

Baltes, P. B. & J. Smith: Weisheit und Weisheitsentwicklung: Prolegomena zu einer psychologischen Weisheitstheorie, in: Zeitschrift für Entwicklungspsychologie und Pädagogische Psychologie 22/1990, S. 95-135

Baltes, P. B.: Entwicklungspsychologie der Lebensspanne: Theoretische Leitsätze, in: Pädagogische Rundschau 41/1990, S. 1-24

Bandura, A.: Lernen am Modell, Stuttgart 1976

Bandura, A.: Sozial-kognitive Lerntheorie, Stuttgart 1979

Barrett, Kimberley: Eltern sein ohne Streß. München: Goldmann, 1997

Beller, K.: Intervention in der frühen Kindheit, in: Oerter/Montada, Entwicklungspsychologie, S. 789-813

Bijou, S. W.: Ages, stages and the naturalization of human development, in: American Psychologist, 23/1968, S. 419-427

Binswanger, Ludwig: Grundformen und Erkenntnis menschlichen Daseins. München; Basel: Reinhardt, 1962

Birkenbihl, V. F.: Freude durch Streß, 12. Aufl., Landsberg am Lech: mvg-Verlag, 1998

Bischof-Köhler, D.: Selbstobjektivierung und fremdbezogene Emotionen, In: Zeitschrift für Psychologie 202/1994, S. 349-377

Bischof-Köhler, D.: Über den Zusammenhang von Empathie und der Fähigkeit, sich im Spiegel zu erkennen, in: Schweizerische Zeitschrift für Psychologie 47/1988, S. 147-159

Bodenmann, G.: Bewältigung von Streß in Partnerschaften. Göttingen: Huber, 1995

Boeree, C.G.: Personality Theories, in: www.ship.edu/~cgboeree/perscontents. html, 1999

Böhnisch, L.: Sozialpädagogik der Lebensalter, Weinheim; München: Juventa, 1997

Böning, U.: Umgehen mit Streß, Düsseldorf; Wien; New York; Moskau: Econ, 1992

Bollnow, Otto Friedrich: Das Wesen der Stimmungen. 7. Aufl. – Frankfurt am Main: Klostermann, 1988

Boss, Medard: Grundriss der Medizin. Bern: Huber, 1971

Brainerd, C. J.: Varieties of Strategy Training in Piagetian Concept Learning, in: Presley, M. & J. R. Levon (Hrsg.): Cognitive Strategy Research, New York: Springer, 1983, S. 3-22

Brandstädter, J.: Entwicklung im Lebenslauf. Ansätze und Probleme der Lebensspann-Entwicklungspsychologie, in: Kölner Zeitschrift für Soziologie und Sozialpsychologie, Sonderheft 31: Lebensläufe und Sozialer Wandel, S. 332-350

Buggle, F.: Die Entwicklungspsychologie Jean Piagets, 2. überarb. Aufl., Stuttgart; Berlin; Köln: Kohlhammer, 1993 (Urban-Taschenbücher, Bd. 368)

Burke, R. J. und E. R. Greenglas, York University, Toronto, Canada, Ralf Schwarzer, Freie Universität Berlin: Predicting teacher burnout over time: effects of work stress, social support, and self-doubts on burnout and its consequences, in: Anxiety, Streß, and Coping: An international Journal, Vol. 9, 1996, Issue 3, zit. n. http.//userpage.fu-berlin.de~gesund/publicat/ burke9. htm

Case, R.: Neo-Piagetian theory: Retrospect and prospect. In: Demetriou, A. (Hrsg.): The Neo-Piagetian Theories of Cognitive Development: Toward an Integration. North-Holland: Elsevier Science Publischers, 1988, S. 65-101

Cherniss, C.: Staff Burnout. Job Streß in the Human Service, Beverly Hills, CA: Sage, 1980

Ciompi, Luic: die emotionalen Grundlagen des Denkens. Entwurf einer fraktalen Affektlogik. 2. durchges. Aufl. Göttingen: Vandenhoek & Ruprecht, 1999

Colten, M. A. & Susan Gore: Adolescent Streß. Berlin: de Gruyter, 1991

Damasio, Antonio R.: Ich fühle, also bin ich. Die Entschlüsselung des Bewusstseins. München: List, 2002

Damon, W.: Early conception of positive justice as related to the development of logical operations, in: Child Development 46/1975, S. 301-312

Datané, U.: Burnout als Chance: Kräfte mobilisieren für Beruf und Privatleben. Wiesbaden: Gabler, 1994

Dewe, B. & W. Ferchhoff & A. Scherr & G. Stüwe: Sozialpädagogik, Sozialarbeitswissenschaft, Sozialarbeit, Soziale Arbeit? Die Frage nach der professionellen Identität (Manuskript 1999)

Dtv-Atlas zur Psychologie 1993

Eberhard, K.: Einführung in die Erkenntnis- und Wissenschaftstheorie, Stuttgart; Berlin; Köln; Mainz: Kohlhammer, 1987

Eckhart, Meister: Deutsche Predigten und Traktate, Zürich: Diogenes, 1979.

Eckhart, Meister: Predigt 52: Beati pauperes spiritu, quoniam ipsorum est regnum caelorum < Matth. 5,3>, in: Meister Eckhart, Werke I, 1. Aufl., Frankfurt/M.: Deutscher Klassiker Verlag, 1993, S. 551-563

Edelmann, W.: Eine Meditation zum Problem der entwicklungsorientierten Didaktik, in: http://www.uni-potsdam.de/u/izllf/we_9.htm, November 1994, S. 1-7

Edelmann, W.: Lernpsychologie. Eine Einführung. 4. überarb. Aufl. Weinheim: Beltz, 1996

Edelwich, J. & A. Brodsky: Ausgebrannt – Das Burn-Out-Syndrom in den Sozialberufen, Salzburg: AVM-Verlag, 1984

Emundts, C.: Ausbrennen im 45-Minuten-Takt, in Süddeutsche Zeitung vom 17./ 18.4.1999, S. 3

Endepohls, M.: Lebensphasen im Wandel. Alltagspsychologische Definitionen des Jugend- und Erwachsenenalters. Holos Verlag, 1995

Erikson, E. H.: Identität und Lebenszyklus, Frankfurt: Suhrkamp, 1977

Erikson, E. H.: Jugend und Krise, Weinheim: Klett-Cotta, 1981

Erikson, E. H.: Kindheit und Gesellschaft, Zürich: Pan, 1957

Fachbereich Entwicklungspsychologie Universität Osnabrück: Was verstehen wir unter Entwicklungspsychologie, Stand: 1996, in: http//www.psycho.uni-Osnabrück.de/fach/entwickl/www /entw_1.htm

Ferchhoff, W.: Jugend an der Wende des 20. Jahrhunderts. Lebensformen und Lebensstile. Opladen: Leske+Budrich, 1993

Finck, H.: Sexualität im Alter: Zärtlich bis zum Ende, in: Psychologie heute 2/ 1993, S. 42-45

Fischer, D.: Los-Lassen können und selbständig werden - als Aufgabe für Eltern und Lehrer behinderter Kinder und Jugendlicher, in: Ders.: Ich setzte meinen Fuß in die Luft - und sie trug. Leben und Lernen behinderter Menschen, Bd. 3, Würzburg: Edition Bentheim, 1992, S. 345-366

Fisseni, H.-J.: Persönlichkeitspsychologie. Ein Theorienüberblick, 2. Aufl., Göttingen; Toronto; Zürich: Hogrefe, 1991

Flammer, A.: Entwicklungstheorien. Psychologische Theorien der menschlichen Entwicklung, Bern; Stuttgart; Toronto: Huber, 1988

Fremmer-B., E. & K. E. Grossmann: Frühe Formen empathischen Verhaltens, in: Zeitschrift für Entwicklungspsychologie und Pädagogische Psychologie 23/ 1991, S. 299-317

Freud, S.: Gesammelte Werke, Band 1-13, Frankfurt, Fischer 1964

Fries, A. und A. Bergup: „Der Tank ist leer" – Belastungen und „Burnout" an Schulen zur Erziehungshilfe, in: Behindertenpädagogik 37. Jg., Heft 2/1998, S. 189- 205, zit. n. http://bidok.uibk.ac.et/bhp2-98-burnout.html

Friesdorf, W.: Arbeitsplatz Krankenhaus, in: http://wwwifa.kf.tu-berlin.de/ ARBEITSWISS/FORSCHUNG/aplatz_krankenhaus.html

Fuhrer, U.F.G. Kaiser & U. Hangartner: Wie Kinder und Jugendliche ihr Selbstkonzept kultivieren: Die Bedeutung von Dingen, Orten und Personen, in:
Psychologie in Erziehung und Unterricht 42/1995

Gildemeister, R.: Als Helfer überleben. Beruf und Identität in der Sozialarbeit/
Sozialpädagogik, Neuwied: Luchterhand, 1983

Gohl, C.: Entspannt Reiten. Weniger Streß im Umgang mit Pferden. Stuttgart:
Kosmos, 1992

Goleman, Daniel: Emotionale Intelligenz EQ. München: Hanser, 1996

Greenglass, E.R., Fiksenbaum, L., & Burke, R. J.: The relationship between social support and burnout over time in teachers, in: Journal of Social Behavior
and Personality, 9,1994, 219-230

Gröschke, D.: Psychologische Grundlagen der Heilpädagogik, Bad Heilbrunn
1992

Halisch, F.: Beobachtungslernen und die Wirkung von Vorbildern, in: Hans
Spada (Hrsg.): Allgemeine Psychologie, Bern; Stuttgart; Toronto: Huber,
199, S. 373- 402

Halisch, F.: Beobachtungslernen und die Wirkung von Vorbildern, in: Hans
Spada (Hrsg.): Allgemeine Psychologie, Bern; Stuttgart; Toronto: Huber,
1990, S. 373- 402

Harnach-Beck, V.: Psychosoziale Diagnostik in der Jugendhilfe: Grundlagen
und Methoden für Hilfeplan, Bericht und Stellungnahme, 2. Aufl., Weinheim; München: Juventa, 1997 (Soziale Dienste und Verwaltung)

Harris, A. B. und T. A. Harris: Einmal o.k. immer o.k. Transaktionsanalyse für
den Alltag, Reinbek bei Hamburg: Rowohlt Taschenbuch Verlag GmbH,
1990 (Sachbuch 18788)

Havel, V.: Auf der Suche nach Transzendenz in der postmodernen Welt. Das
Wunder des Seins, in: die tageszeitung vom 16.7.94, S. 10

Heidegger, Martin: Sein und Zeit. 18. Aufl. – Tübingen: Niemeyer, 2001

Henning, C. & G. Keller: Anti-Streß-Programm für Lehrer. Erscheinungsbild,
Ursache, Bewältigung von Berufsstreß. Donauwörth: L. Auer, 1995

Heraklit – Fragmente, Griechisch und Deutsch, hrsg. von Bruno Snell, Zürich:
Artemis & Winkler 1995

Hjelle, L.A. und D.J. Ziegler: Personality theories: Basic assumptions, research
and applications, New York: McGraw Hill, 1976

Hoffman, M. L.: Empathy, development and prosocial implications, in: Keasy,
C.B.: (Ed): Nebraska Symposion on Motivation, Vol. 25, Lincoln: University of Nebraska Press, 1976

Hoffmeyer, M.: Der trainierte Geist bleibt jung, in: die tageszeitung vom
29.10.94, S. 20

Hornung, R. und J. Lächler: Psychologisches und soziologisches Grundwissen
für Krankenpflegeberufe, Weinheim; Basel: Beltz, 1982, S. 36

Jäger, R.S. (Hrsg.): Psychologische Diagnostik – ein Lehrbuch. München: Psychologie Verlags Union, 1988

Juchli, L.: Krankenpflege: Praxis und Theorie der Gesundheitsförderung und Pflege Kranker, 6. überarb. und erw. Aufl., Stuttgart; New York: Thieme, 1991

Jugendwerk der Deutschen Shell (Hrsg.): Jugend '97. Zukunftsperspektiven, Gesellschaftliches Engagement, Politische Orientierungen. Gesamtkonzeption und Koordination: A. Fischer und R. Münchmeier, Opladen 1997

Kaiser, H.J.: Selbstreflektierendes Denken als Element klugen Handelns – Ein Beitrag zur Frage der „Weisheit" (des Alters), in: Report Psychologie 19/10/1994, S. 24-35

Klein-Heßling, J. & A. Lohaus: Bleib locker. Eine Streßprävention für Kinder im Grundschulalter. Göttingen; Toronto; Zürich: Hogrefe, 1998

Kliegl, R. & P.B. Baltes: Testing the limits kognitiver Entwicklungskapazität in einer Gedächtnisleistung, in: Zeitschrift für Psychologie, Suppl., 11/1991, S. 84-92

Klusmann, Dietrich: Warum gibt es Gefühle? Eine Einführung in die Evolutionspsychologie (Unveröffentlichtes Manuskript). In: http://www.uke.uni-hamburg.de

Kohlberg, L.: Die Psychologie der Moralentwicklung. Frankfurt am Main: Suhrkamp, 1990

Kohnstamm, R.: Praktische Kinderpsychologie. Die ersten 7 Jahre. Göttingen: Huber, 1990

Kracke, B. & R.K. Silbereisen: Körperliches Entwicklungstempo und psychosoziale Anpassung im Jugendalter: ein Überblick zur neueren Forschung, in: Zeitschrift für Entwicklungspsychologie und Pädagogische Psychologie 26/4/1994, S. 293-330

Kraheck-Brägelmann, S. & C. Pahlke: Betreuungskonzepte für die Polizei. Streß, Alltag, Sucht: Hilfen für die Helfer. Hilden: Deutsche Polizeiliteratur, 1997

Krapp, A.: Interesse und intrinsische Lernmotivation: Ein Überblick über neuere Forschungsansätze in der Pädagogischen Psychologie. Kongreßbericht der Deutschen Gesellschaft für Psychologie, 1996, abgedruckt in: http://www.hogrefe.de/buch/online/kongress_40/36.htm

Kraus, W. & B. Mitzscherlich: Identitätsdiffusion als kulturelle Anpassungsleistung, in: Psychologie in Unterricht und Erziehung 42/1995, S. 65-72

Krishnamurti: The awakening of intelligence, 2. Aufl. London: Victor Gollancz, Ltd, 1991

Kruse, A. und G. Rudinger: Berufliche Leistungsfähigkeit im Erwachsenenalter, in: dieselben: Lernen und Leistung im Erwachsenenalter, http://www.psychologie.uni-bonn.de/online-documents/Literat.htm, vom 26.3.98, S. 1-4, hier S. 1

Kruse, A. und G. Rudinger: Lernen im Erwachsenenalter: Angebote und Aufgaben von Bildungseinrichtungen, in: dieselben: Lernen und Leistung im Erwachsenenalter, http://www.psychologie.uni-bonn.de/online-documents/Literat.htm, S. 1-3

Kuhn, T. S.: Die Struktur wissenschaftlicher Revolutionen. 2. rev. und um das Postskriptum von 1969 erg. Aufl., 12. Aufl. - Frankfurt am Main: Suhrkamp, 1993

Lang, F. R. & C. Tesch-Römer: Erfolgreiches Altern und soziale Beziehungen: Selektion und Kompensation im sozialen Kontaktverhalten, in: Zeitschrift für Gerontologie 26/1993, S. 321-329

Langfeldt, H.-P. (Hrsg.): Psychologie. Grundlagen und Perspektiven, Neuwied; Kriftel; Berlin: Luchterhand, 1993

Laucken, U. und A. Schick: Einführung in das Studium der Psychologie. Eine Orientierungshilfe für Schüler und Studenten, 5. Aufl. Stuttgart: Klett-Cotta, 1985

Legewie, H. und W. Ehlers: Knaurs moderne Psychologie. Von den Autoren überarbeitete Taschenbuchausgabe, München: Knaur, 1994

Lehr, U.: Psychologie des Alterns. Wiesbaden: Quelle & Meyer Heidelberg, 1987

Levy, B.: Improving Memory in Old Age Through Implicit Self-Stereotyping, in: Journal of Personality and Social Psychology 71/6/1996, S. 1092-1107

Lersch, Philipp: Aufbau der Person. 10. Aufl. München: Barth, 1966

Maier, K.: Berufsziel Soziale Arbeit/Sozialpädagogik. Biographischer Hintergrund, soziale Lage während des Studiums, Studienverhalten und Berufseinmündung angehender SozialarbeiterInnen/SozialpädagogInnen. Mit einem ergänzenden Beitrag von U. Lückenhoff zur Situation studierender Mütter. Freiburg: Kontaktstelle für praxisorientierte Forschung e. V. an der Evangelischen Fachhochschule, 1995 (Forschungs- und Projektbericht 4/95)

Mandela, N.: Der lange Weg zur Freiheit, Frankfurt am Main: Fischer, 1994

Martin, M. & O. Ewert: Problemlösen im Alltag älterer Erwachsener: Eine deutsche Adaption des Everyday Problem Solving Inventory, in: Zeitschrift für Entwicklungspsychologie und Pädagogische Psychologie 28/4/1996, S. 380-399

Maslach, C. & S. E. Jackson: Burnout in organizational settings, in: Oscamp, S. E. (Ed): Applied Social Psychology Annual, Bverly Hills, CA: Sage, 1984 Vol 5, Seite 133-153

Maslow, G. H.: Motivation und Persönlichkeit, Freiburg im Breisgau und Olten: Walter, 1977

Mechsner, F.: Wissen ist ein Kinderspiel. In: Geo 3/24. August 1992, S. 44-51

Montada, L.: Themen, Traditionen, Trends, in: Oerter/Montada, Entwicklungspsychologie, S. 1-86

Montada, L.: Die geistige Entwicklung aus der Sicht Jean Piagets, in: Oerter/Montada, Entwicklungspsychologie, S. 413-462, hier S. 414; vgl. Franz Buggle: Die Entwicklungspsychologie Jean Piagets, 2. überarb. Aufl., Stuttgart; Berlin; Köln: Kohlhammer, 1993 (Urban-Taschenbücher, Bd. 368)

Müller-Kohlenberg: Freiwilligkeit und Kompetenz: Einwände, Erfahrungen, Visionen, in: http://www.ehrenamt.de/sec4/item8g/htm

Nolting, H.-P. und P. Paulus: Psychologie lernen. Eine Einführung und Anleitung, 6. Aufl. Weinheim: Beltz/Psychologie Verlags Union, 1996

Novak, F./Finster, H./Schneider, K.-H.: Psychologie 1, 2. Aufl., München: Hueber Holzmann Verlag, 1989, S. 241

O.V.: Rentner schicken sich E-Mails, in: Hamburger Abendblatt vom 15.1.98

Oerter, R. und L. Montada: Entwicklungspsychologie. Ein Lehrbuch, 4. Aufl. München: PVU, 1995

Oerter, R.: Entwicklung der Motivation und Handlungssteuerung, in: Ders. u.a. (Hrsg.): Entwicklungspsychologie: Ein Lehrbuch, 2. Aufl., München; Weinheim: Psychologie-Verl.-Union, 1987, S. 637-695

Olschewski, A.T: Streß bewältigen: Ein ganzheitliches Kursprogramm. Hrsg. von W. Knörzer und A. Olschewski, Heidelberg: Haug, 1995

O.V.: Schöner Schein. Wie Placebos gegen Depressionen helfen. In: SZ Nr. 18 vom 22.01.2002

Pines, A.M., E. Aronson und D. Kafry: Ausgebrannt. Vom Überdruß zur Selbstentfaltung, 5. Aufl.-Stuttgart: Klett-Cotta, 1990

Ramachandran, Vilaynur S.: Die blinde Frau, die sehen kann. Rätselhafte Phänomene unseres Bewusstseins. Reinbek: Rowohlt 2001

Rauh, H.: Frühe Kindheit, in: Oerter/Montada, Entwicklungspsychologie, S. 131-203

Real World University: Avoiding Burnout, in: wysiwyg://13/http://www.rwuniver- sity.com/solutions/burnout.htm

Reinmann-Rothmeier, G. & H. Mandl: Nachgefragt: Das Phänomen Weisheit und seine Entstehung. Alltagsverständnis von Studierenden (Forschungsbericht Nr. 52), München: Ludwig-Maximilian-Universität. Lehrstuhl für Empirische Pädagogik und Pädagogische Psychologie, 1995

Remschmidt, H. (Hrsg.): Kinder- und Jugendpsychiatrie, Stuttgart; New York 1987

Rogers, C.R.: A theory of therapy, personality, and interpersonal relationships, as developed in a client-centered framework, in: S. Koch (Ed.): Psychology: A study of science. Vol. 3. New York: McGraw Hill, 1959, S. 184-256

Rogers, C.R.: Die Kraft des Guten. Ein Appell an die Selbstverwirklichung, Frankfurt: Fischer, 1985

Rogers, C.R.: Eine Theorie der Psychotherapie, der Persönlichkeit und der zwischenmenschlichen Beziehungen. 2. Aufl., Köln: Gesellschaft für wiss. Gesprächstherapie, 1989 (Original 1959), S. 26

Rogers, C.R.: Entwicklung der Persönlichkeit, 4. Aufl. Stuttgart: Klett-Cotta, 1982

Roth, Gerhard: Die Vernunft spielt immer eine Nebenrolle. In: SZ Nr. 85 vom 11.04.2000

Rowshan, A.: Das Streß Handbuch, Frankfurt am Main: Zweitausendeins, 1999

Sartre, J.P.: Der Idiot der Familie, Band 1 (Die Konstitution), Reinbek bei Hamburg: Rowohlt, 1977

Schenck-Danzinger, L.: Entwicklungspsychologie, 20. völlig neu bearb. Aufl., Wien: Österreichischer Bundesverlag, 1988

Schmalt, H. D. und H. Heckhausen: Motivation, in: Hans Spada (Hrsg.): Lehrbuch einer allgemeinen Psychologie. Bern; Stuttgart; Toronto: Huber, 1990, S. 451-494

Schmidbauer, W.: Die hilflosen Helfer. Über die seelische Problematik der helfenden Berufe, Reinbek bei Hamburg: Rowohlt, 1977

Schneewind, K. A.: Persönlichkeitstheorien II, Organismische und dialektische Ansätze, 3. Aufl., Darmstadt: Wiss. Buchgesellschaft, 1996

Schonert-Hinz, S.: Der Brigitte-Streß-Ratgeber für Frauen, München: Goldmann, 1995

Schönpflug, W.: System Mensch, 2. Aufl. Stuttgart: Klett Cotta, 1980, S. 106

Schröder, E.: Vom konkreten zum formalen Denken. Bern: Huber, 1989

Selman, R. L.: The growth of interpersonal understanding, New York: Academic, 1980 (deutsch: Die Entwicklung des sozialen Verstehens. Frankfurt: Suhrkamp, 1984)

Selye, H.: Streß beherrscht unser Leben, München: Heyne, 1991

Senioren im Internet: http://www.senioren-net.de/index.htm

Sharabany, R. und D. Bar-Tal: Theories of development of altruism, in: International Journal of Behavioral Development 5/1982, S. 49-80

Solomon, Robert C.: Gefühle und der Sinn des Lebens. Frankfurt am Main: Zweitausendeins, 2001

Sowarka, D.: Weisheit und weise Personen.: Common-sense-Konzepte älterer Menschen, in: Zeitschrift für Entwicklungspsychologie und Pädagogische Psychologie 21/1989, S. 87-109

Sozialnetz-Hessen: Grundwissen Burnout, in: http://www.sozialnetz-hessen.de/ergo-online/kranl-beschw/g_burnout.htm

Sozialnetz-Hessen: Grundwissen Streß am Arbeitsplatz und seine Folgen, in: www.sozialnetz-hessen.de/ergo-online/krasnk-beschw/g_stress.htm

Sozialnetz-Hessen: Praktische Tips: Streßbewältigung im Alltag, in: http://www. sozialnetz-hessen.de/ergo-online/ges-Vorsorge/stress-bewaelt.htm

Sprinkle, Patricia H.: Abschied von der Superfrau. Befreien Sie sich von übersteigerten Erwartungen. Verlag Schulte und Gerth, 1999

Staudinger, U.M., J. Smith & P. B. Baltes: Wisdom-related knowledge in a life review task: Age differences and the role of professional specialization, in: Psychology and Aging 7/2/1992, S. 271-281

Steitz-Kalenbach, J.: Von der wohltuenden Wirkung der Supervision. Ein persönlicher Erfahrungsbericht, in: H. Gudjons (Hrsg.): Entlastung im Lehrerberuf, Hamburg, 1993, Kap. 16

Stern, W.: Die menschliche Persönlichkeit: Leipzig: Barth, 1923

Stress Management: Ten self-Care techniques, in: http://www.ucc.vt.edu/ stdysk/stresmgt.html (Virginia Polytechnic Institute and State University, Division of Student Affairs)

Tausch, R.: Hilfen bei Streß und Belastung. Reinbek: Rowohlt 1996

Thomas, W.I.: The Child in America, New York, Knopf, 1928

Thorndike, E.L.: The Psychology of Learning. New York, 1913

Tietz, W. und H.W. Bierhoff: Motive ehrenamtlicher Helfer: Wie entsteht soziales Engagement und wie wird es aufrechterhalten? In: http://www. hogrefe.de/buch/onlione/kongress_40/68htm#_VPID_141

Tolman, E.C.: Purposive behavior in animals and men, New York, 1932

Ulich, D.: Einführung in die Psychologie, 2. Aufl., Stuttgart; Berlin; Köln: Kohlhammer, 1993, S. 175ff.

Vahland, K.: Die Entdeckung der Langsamkeit, in: Süddeutsche Zeitung vom 10./11. April 1999, S. V1/1

Von Sydow, K.: Lebenslust. Bern: Huber, 1993

Wagner, P.: Ausgebrannt: Zum Burnout-Syndrom in helfenden Berufen, Bielefeld: Böllert KT-Verl., 1993

Wahl, H.W. & M.M. Baltes: Die soziale Umwelt alter Menschen: Entwicklungsanregende oder -hemmende Pflegeinteraktionen? In: Zeitschrift für Entwicklungspsychologie und Pädagogische Psychologie 22/4/1990, S. 266-283

Waterman, A.S. & S.L. Archer: A life-span perspective on identity formation: Developments in form, function and process, in: P. Baltes, D. L. Featherman & R.M. Lerner (Eds.): Life Span development and behavior. Hillsdale, New York: Erlbaum, Vol 10/1990, 29-57

Watson, J.B. und R. Rayner: Conditioned emotional reactions, in: Journal of Experimental Psychology 3/1920, S. 1-14

Wawrinowski, U.: Grundkurs Psychologie. Eine Einführung für Berufe im Gesundheitswesen, München: Bardtenschlager, 1985

Wedekind, E.: Beziehungsarbeit. Zur Sozialpsychologie pädagogischer und therapeutischer Institutionen, Frankfurt a. M.: Brandes & Apsel, 1986

Willig, W.: Arbeitstexte für Psychologie, Soziologie, Pädagogik an Pflegeschulen. Ein praxisorientiertes Lehrbuch für Schüler an Krankenpflegeschulen, 5. Auflage, 1987

Wirsing, K.: Psychologisches Grundwissen für Altenpflegeberufe: Ein praktisches Lehrbuch, 4. Aufl., Weiheim: Beltz, 1993

Wüstner, K.: Wenn die Arbeit die Freizeit frißt … Gedanken zu Burnout und dessen Implikationen auf die Fähigkeit des Freizeitausgleichs, in: http://www.wiso.uni- augsburg.de/sozio/stengel/fl3wuest.html

Zahn-Waxler, C. M. Radke-Yarrow, E. Wagner & M. Chapman: Development of concern for others. Developmental Psychology 28/1992, S. 126-136

Zimmer, K.: Das Leben vor der Geburt, hrsg. vom Bundesministerium für Familie, Senioren, Frauen und Jugend, Bonn 1998

Der Autor

Dr. Hans Peter Steden ist Professor an der Evangelischen Fachhochschule in Bochum und lehrt dort das Fach „Psychologie" im Studiengang Sozialpädagogik.

Nach Abschluss seiner Studien der Psychologie und Erziehungswissenschaften an der Universität Marburg war er zunächst Pädagogischer Leiter eines Weiterbildungslehrgangs zur Fachkrankenschwester, zum Fachkrankenpfleger für Psychiatrie im Rheinland, danach Assistent im Institut für Medizinische Psychologie des Universitätsklinikums Essen und elf Jahre lang Leiter eines Heilpädagogischen Heimes für Menschen mit geistiger Behinderung in Viersen.